Charles Berlitz

Das Bermuda Dreieck

FENSTER ZUM KOSMOS?

Charles Berlitz

Das Bermuda Dreieck

FENSTER ZUM KOSMOS?

Weltbild Verlag

Genehmigte Lizenzausgabe für
Weltbild Verlag GmbH, Augsburg 1994
Originaltitel: The Bermuda Triangle

Umschlaggestaltung: Adolf Bachmann, Reischach
Gesamtherstellung: Wiener Verlag, Himberg bei Wien
Printed in Austria
ISBN 3-89350-175-4

Dem Meer und seinen Geheimnissen —
deren Lösung zu unserem Wissen über uns selbst
beitragen könnte

Inhalt

Bilderverzeichnis

I

Das Bermuda-Dreieck: Mysteriöse Unfälle auf dem Meer und in der Luft

Im westlichen Atlantik vor der Südostküste der Vereinigten Staaten liegt ein Gebiet, das gewöhnlich als »Bermuda-Dreieck« bezeichnet wird. Es erstreckt sich von den Bermuda-Inseln im Norden bis Südflorida, von dort nach Osten, bis zu einem Punkt, der ungefähr am vierzigsten westlichen Längengrad jenseits der Bahamas und Puerto Ricos liegt, und von dort zurück zu den Bermudas. Dieses Gebiet nimmt unter den ungeklärten Rätseln unserer Erde einen besonderen Rang ein. Hier sind mehr als hundert Schiffe und Flugzeuge spurlos verschwunden — die meisten von ihnen nach 1945 —, und hier haben während der letzten sechsundzwanzig Jahre mehr als tausend Menschen das Leben verloren. Man fand weder eine einzige Leiche noch ein Wrackteil eines der verunglückten Flugzeuge oder Schiffe. In jüngster Zeit kommt es mit zunehmender Häufigkeit zu Ereignissen dieser Art, obwohl der Luftraum und die Wasserstraßen stärker befahren werden, die Suchaktionen gründlicher und die Berichte und Aufzeichnungen über solche Vorkommnisse genauer sind als in früheren Jahren.

Einige der Flugzeuge hatten bis zum Zeitpunkt ihres Verschwindens normalen Funkkontakt mit ihrem Stützpunkt oder ihrem Zielflughafen, während andere die seltsamsten Meldungen durchgaben — ihre Instrumente funktionierten nicht mehr, die Kompasse drehten sich wie Kreisel, der Himmel sei gelb und neblig (bei klarem Wetter) und das Meer (das ganz in der Nähe ruhig war) sehe »ungewöhnlich aus« —, ohne weiter zu erklären, was nicht stimmte.

Am 5. Dezember 1945 brach ein Schwarm von fünf Flugzeugen der amerikanischen Marine vom Typ TBM Avenger zu einer Mission vom Stützpunkt Fort Lauderdale auf. Als er verschwand und ein als Suchflugzeug eingesetzter Martin Mariner ebenfalls nicht mehr auftauchte, wurde eine großangelegte Rettungsaktion zur See und in der Luft gestartet, die gründlichste, die jemals durchgeführt wurde. Die Mannschaften sichteten weder Rettungsflöße noch Wrackteile oder Ölflecken. Andere Flugzeuge, auch Passagiermaschinen, verschwanden, während sie ihre Landeinstruktionen erhielten, fast als ob sie »durch ein Loch in der Atmosphäre geflogen seien«, wie es in einem Untersuchungsbericht der Marine heißt. Schiffe jeder Größe verschwinden spurlos, als seien sie und ihre Besatzung in eine andere Dimension eingegangen. So große Schiffe wie die *Marine Sulphur Queen*, ein 129 Meter langer Frachter, und die U.S.S. *Cyclops*, ein 19 000-Tonner mit 309 Menschen an Bord, wurden nie mehr gesehen. Andere wieder wurden im Dreieck treibend aufgefunden, manchmal mit einem Tier als Überlebenden, einem Kanarienvogel oder einem Hund, die natürlich nicht sagen konnten, was geschehen war — allerdings verschwand in einem Fall ein sprechender Papagei zusammen mit der Besatzung.

Auch heute noch kommt es im Bermuda-Dreieck zu unerklärlichen Zwischenfällen. Jedesmal wenn ein Schiff oder Flugzeug bei der Küstenwache als überfällig gemeldet wird und es schließlich »Suche abgebrochen« heißt, herrscht bei den Rettungsmannschaften und der Allgemeinheit die Meinung vor, daß hier ein Zusammenhang mit einem von alters her bekannten Phänomen besteht. Der Öffentlichkeit wird in zunehmendem Maße bewußt, daß in diesem Gebiet etwas Seltsames vorgeht. Dazu tragen vor allem die Berichte jener Flugzeug- und Schiffsbesatzungen bei, die im Dreieck unglaubliche Erlebnisse hatten und mit dem Leben davonkamen. So bildet sich hier ein neuer Legendenkreis, denn die Ursache der unbekannten Gefahr in diesem Meeresgebiet ist immer noch ein Rätsel.

Man versuchte eine Erklärung für die seltsamen Unfälle und

vermutlichen Verluste von Menschenleben zu finden (»vermutlich« deshalb, weil keine Leichen entdeckt werden konnten). Die verschiedenartigsten und phantasievollsten Hypothesen wurden aufgestellt und einer ernsthaften Prüfung unterzogen. Dazu zählen unter anderem: durch Erdbeben ausgelöste Flutwellen, Meteore, Angriffe von Seeungeheuern, aber auch eine Raum-Zeit-Verschiebung, die zu einer anderen Dimension überleitet, sowie Wirbel im elektromagnetischen oder Schwerkraftfeld, die Flugzeuge zum Abstürzen und Schiffe zum Versinken bringen. Ferner die Eroberung und Gefangennahme durch fliegende oder unterseeische UFOs, bemannt mit Wesen von überlebenden Kulturen der Antike, des Weltraums oder der Zukunft, die nach Exemplaren der gegenwärtigen Erdbewohner suchen. Eine der überraschendsten Vermutungen wurde von Edgar Cayce angestellt, dem »schlafenden Propheten«, einem im Jahre 1944 verstorbenen Spiritisten und Wunderheiler. Jahrzehnte bevor man etwas von der Möglichkeit der Laserstrahlen ahnte, behauptete Cayce, daß die Bewohner der alten Atlantis im Gebiet von Bimini Kristalle als Energiequellen benutzt hätten. Diese seien später wahrscheinlich in der Tongue of Ocean versunken, einem Graben in der Nähe der Insel Andros in der Bahama-Gruppe, wo es zu zahlreichen Unglücksfällen kam. Cayce vertrat die Ansicht, daß es in eineinhalb Kilometer Tiefe am Meeresgrund eine unbekannte Energiequelle gibt, die heute noch die Kompasse und Elektronik moderner Schiffe und Flugzeuge beeinflußt.

In jedem Fall ist die Lösung oder Erklärung dieses Rätsels mit dem Meer verbunden, das selbst das letzte große Rätsel der Menschheit ist. Obwohl wir darangehen, den Weltraum zu erobern, und glauben, daß die so gründlich erforschte Erde uns keine Geheimnisse mehr zu bieten hat, ist die Tatsache unbestreitbar, daß wir über die Tiefen des Meeres, die drei Fünftel der Erdoberfläche ausmachen, weniger wissen als über die Krater des Mondes. Die Geographie des Meeresbodens haben wir allerdings schon seit langem aufgezeichnet, zunächst durch mechanische Lotungen, in neuerer Zeit mittels Echolot und Untersuchungen durch U-Boote und Tiefseetaucherkugeln. Der Verlauf der verschiedenen Meeresströmungen an der Oberfläche und tiefer unter dem Meeresspiegel wurde mit Tiefseekameras festgehalten, und zur Zeit suchen wir auf den Kontinentalsockeln und bald vielleicht in der Tiefsee nach Öl.

Im Zeitalter des kalten Krieges gewannen die U-Bootflotten stark an Bedeutung, trotz der unterseeischen Gefahren, denen die französische Flotte im Mittelmeer und die amerikanische im Atlantik begegnete. Wenn das von ihnen gesammelte Material veröffentlicht wird, kann es viel zu unserem Wissen über die Tiefsee beitragen. Dennoch bergen die tiefsten Teile des Meeres wahrscheinlich noch einige Überraschungen für uns. Der Meeresgrund und die ihn durchfurchenden Gräben und Tiefen sind möglicherweise Lebensraum einer uns völlig fremden Tierwelt. So wurde der »ausgestorbene« Coelacanth, ein als prähistorisch angesehener Fisch mit Gliederstummeln, 1938 frisch und munter im Indischen Ozean entdeckt. Dieser vierbeinige Blaufisch lebte vor ungefähr 60 Millionen Jahren. Das zuletzt entdeckte Fossil, bevor der lebende Fisch gefangen wurde, datierte man auf 18 Millionen Jahre v. Chr.

Viele verläßliche Beobachter, die durch Erzählungen über »Seeschlangen« nichts zu gewinnen, aber viel zu verlieren haben, beschrieben oder zeichneten genau und mit allen Einzelheiten Seegeschöpfe, die in ihrem Körperbau stark dem Monosaurus oder Ichthyosaurus des Pliozän ähneln und die sich offenbar noch lebend in der Tiefe des Meeres aufhalten. Diese Lebewesen wurden des öfteren von Hunderten Zuschauern gesehen, als sie sich Stränden oder Häfen näherten, und zwar an verschiedenen Punkten der Erde, von Tasmanien bis Massachusetts. Das Ungeheuer von Loch Ness, von den Schotten zärtlich »Nessie« genannt und regelmäßig, wenn auch verschwommen fotografiert, ist möglicherweise eine kleinere Form dieser riesigen »Fischeidechsen«, wie die Übersetzung des griechischen Namens »Ichthyosaurus« lautet.

Der dänische Ozeanograph Anton Bruun beobachtete einmal eine 18 Meter lange aalartige Kaulquappe, die einem Trawler

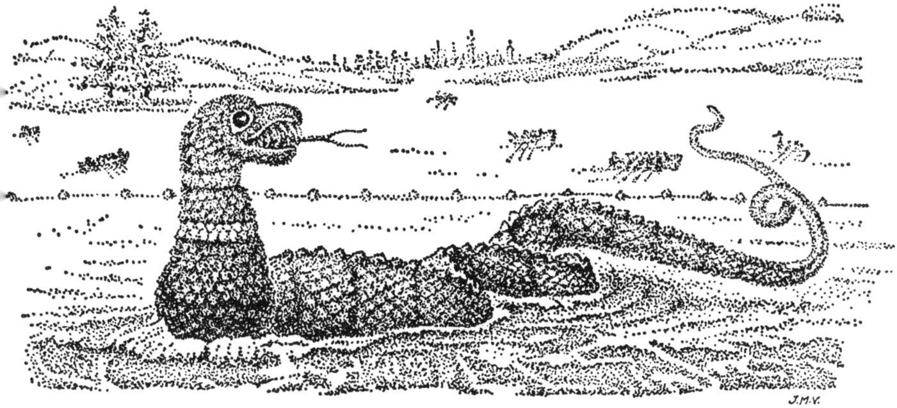

Kopie einer zeitgenössischen Zeichnung der Seeschlange von Gloucester, eine der authentischsten und am besten bezeugten Entdeckungen von »Seeschlangen« im Lauf der Jahrhunderte. Im August 1917 soll sie von so vielen Menschen in der Nähe von Cape Ann in Massachusetts gesehen worden sein, daß die Bostoner *Society of Naturalists* eine Untersuchung vornahm. Vertreter der Gesellschaft kamen nach eigener Aussage ungefähr 140 Meter an das Ungeheuer heran, schätzten es auf 30 Meter Länge und maßen seine Schwimmgeschwindigkeit mit 45 Kilometer in der Stunde. Bald nach dem Besuch der Naturforscher verschwand das Tier aus der Gegend.

ins Netz gegangen war, sowie die Larvenform derselben Spezies, die ausgewachsen eine Länge von 22 Metern erreichen würde.

Obwohl noch kein Exemplar des Riesentintenfisches gefunden wurde, gibt es Anzeichen, daß er ebenso groß werden kann wie manche der sagenhaften »Seeschlangen« und daß er mit diesen oft beobachteten Ungeheuern identisch ist. Man kann die Größe dieser Tintenfische berechnen, und zwar aufgrund von Skelettfunden und anhand der Spuren am Rücken von Walen, denen die Tintenfische beim Kampf in der Tiefe des Meeres mit ihren Tentakeln das Pigment zerstört haben, so daß scheibenförmige Umrisse zurückgeblieben sind.

Obwohl wir immer mehr über das Leben in der Tiefsee lernen, sind unsere Beobachtungen und die Entdeckungen von Tierarten unzusammenhängend und bruchstückhaft, so ähnlich, als hätten Forscher aus dem Weltraum an verschiedenen Punkten der Erde Netze aus ihrem Flugobjekt herabgelassen und dann aufgesammelt, was sich zufällig an dieser Stelle befand.

Selbst die uns bekannten Meerestiere geben uns mit ihren Wanderungen und Brutgewohnheiten Rätsel auf: die Aale aus Europa und Amerika, die sich zur Fortpflanzung in der Sargasso-See treffen, von wo nur die Jungen die Lebensräume der Eltern wieder erreichen; die Thunfische, die von der Küste Brasiliens nach Nova Scotia und später nach Nordeuropa ziehen, von wo aus manche — aber nur manche — ins Mittelmeer weiterziehen; die Langusten, die am Meeresgrund den Abhang des Kontinentalsockels hinunterwandern, zu einem unbekannten Ziel in der Tiefsee.

Ein weiteres Rätsel sind die Gräben auf dem Meeresgrund, die seltsamerweise alle ungefähr dieselbe Tiefe haben — 11 Kilometer —, und die Lebewesen, die hier unter einem so unglaublichen Druck existieren können. Auch die Meeresströmungen, die sich wie große Flüsse im Meer teilweise an der Oberfläche und teilweise Tausende von Metern in der Tiefe bewegen, sind noch nicht völlig erforscht. Da gibt es beispielsweise das Rätsel der Cromwell-Strömung im Pazifik, die vor ein paar Jahren zur Oberfläche stieg und später wieder zu ihrer gewohnten Tiefe absank. Fast alle Meeresströmungen drehen sich, diejenigen auf der nördlichen Hemisphäre im Uhrzeigersinn, die auf der südlichen Hemisphäre im Gegensinn. Aber warum bildet der sich nicht drehende Benguela-Strom eine Ausnahme?

Der Wind und die Wellen bergen andere Geheimnisse: Die heftigsten und am wenigsten vorhersehbaren Stürme treten nur an zwei Stellen auf: die Hurrikane in der Karibik und die Taifune im Südchinesischen Meer. Dennoch bilden sich manchmal bei völlig ruhiger See riesige Wogen, die sogenannten Seiches oder Schaukelwellen. Man nimmt an, daß sie von unterseeischen Erdrutschen oder Erdbeben hervorgerufen werden.

Der Reichtum an Bodenschätzen auf dem Grund der Ozeane ist bis jetzt nicht abzuschätzen, und die Ausnutzung dieser

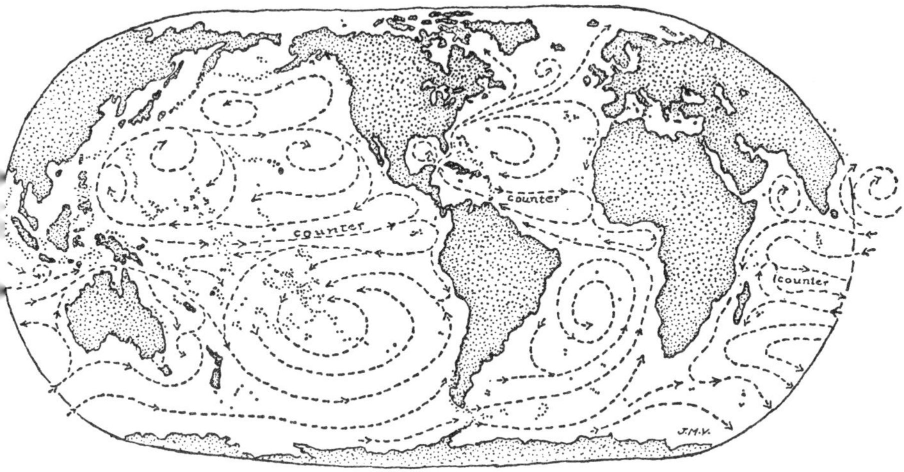

Die Hauptmeeresströmungen der Welt. Es ist auffällig, daß die Strömungen auf der Nordhalbkugel sich im Uhrzeigersinn drehen, während sich jene auf der Südhalbkugel im Gegensinn drehen, ein Phänomen, das mit der Erdrotation zusammenhängt.

Lager, zusätzlich zur Ölgewinnung, wird möglicherweise einen wichtigen Einfluß auf die Weltfinanz der Zukunft haben. Das schützende Meer bedeckt auch Schätze und Spuren verschwundener Zivilisationen. Viele davon sind in den seichten Küstengewässern des Mittelmeeres und des vom Atlantik bespülten Kontinentalsockels erkennbar, andere liegen möglicherweise in Tiefen von mehr als tausend Metern. An der peruanischen Küste wurden beispielsweise Säulen zwischen versunkenen Gebäuderesten fotografiert, was auf ein starkes Absinken des Landes in historischer Zeit hinweist. In vielen Weltmeeren halten sich Sagen von versunkenen Kulturen — von der untergegangenen Atlantis in der Mitte des Atlantischen Ozeans, bei den Bahamas oder im östlichen Mittelmeer, über die Geheimnisse der Osterinsel und anderer verschwundener Kulturen im Südpazifik bis zu einer hypothetischen Kultur unter dem antarktischen Eis, die ihre Blütezeit vor der Polverschiebung erlebte.

Einzelne Gebiete des Meeresgrundes scheinen ständig in Bewegung zu sein; im Mai 1973 hoben sich Teile des Bonin-Grabens bei Japan um fast zweitausend Meter. Der größte Teil der rund hunderttausend Erdbeben pro Jahr ereignet sich am Mittelatlantischen Rücken, wo seit alters her die legendäre Atlantis vermutet wird. Dann gibt es das Rätsel des »falschen Meeresgrundes«, ein Phänomen bei Messungen mit dem Echolot, wo bei einer Versuchsreihe plötzlich eine geringere Tiefe gemessen wird und spätere Messungen wieder das ursprüngliche Ergebnis zeigen. Es wird angenommen, daß dieser »falsche Grund« von gelegentlich auftretenden Fischbänken oder von anderen organischen Schichten gebildet wird, die so dicht sind, daß der Schall zurückgeworfen wird und sich auf diese Weise falsche Meßwerte ergeben. Ein ebenso verblüffendes Rätsel sind die seltsam leuchtenden Streifen von »weißem Wasser« im Golfstrom. Man nimmt an, daß es sich dabei entweder um Schwärme von kleinen phosphoreszierenden Fischen, um von Fischen aufgewirbelten Mergel oder um Radioaktivität im Wasser handelt. Kolumbus beobachtete dieses Phänomen vor fünf Jahrhunderten, und für die Astronauten auf ihrem Weg in den Weltraum war es das letzte Licht von der Erde. Schließlich gibt es noch die Theorie von der Kontinentaldrift, die besagt, daß die Kontinente von ihrer ursprünglichen Lage als zusammenhängender »Superkontinent« auseinandertreiben. Diese Theorie wurde erst in letzter Zeit allgemein anerkannt und kann möglicherweise Bezug auf die Rotation, Struktur und das Verhalten der Erde selbst haben.

Es besteht jedoch ein Unterschied zwischen diesen Rätseln, die mit der Zeit wahrscheinlich gelöst werden (und bis dahin zum Nachdenken anregen), und demjenigen des Bermuda-Dreiecks, bei dem das Element der Gefahr für Reisende hinzukommt. Es stimmt natürlich, daß Flugzeuge Tag für Tag das Dreieck überfliegen, daß kleine und große Schiffe seine Gewässer befahren und zahllose Reisende Jahr für Jahr dieses Gebiet ohne Zwischenfall besuchen. Außerdem verunglücken auf allen Meeren der Welt Schiffe und Flugzeuge aus den verschiedensten Gründen (und wir müssen zwischen »verunglückt«, wobei Treibgut oder Wrackteile gefunden wurden, und »verschwunden«, wo nichts dergleichen auftauchte, gut unterscheiden), aber in keinem anderen Gebiet waren diese Vorkommnisse so zahlreich, so gut bezeugt, so plötzlich und erfolgten unter solch seltsamen Umständen, die manchmal den Zufall bis an die Grenze des Unglaublichen treiben.

Natürlich werden Luftfahrt- und Marinebehörde feststellen, daß es ganz natürlich ist, wenn Flugzeuge, Schiffe oder Jachten in einem Gebiet verlorengehen, wo der Verkehr in der Luft und auf dem Wasser so dicht ist und wo außerdem plötzliche Stürme und Fehler in der Navigation auftreten können. Dieselben Behörden werden wahrscheinlich behaupten, daß es das Bermuda-Dreieck überhaupt nicht gibt, die Bezeichnung irrtümlich und das ganze Geheimnis nur zur Unterhaltung neugieriger und phantasievoller Leser fabriziert worden sei. Die Luftverkehrsgesellschaften, auf deren Route das Bermuda-Dreieck liegt, stimmen dieser Meinung mit begreiflicher Begeisterung zu, obwohl viele erfahrene Piloten von der Nichtexistenz des Dreiecks keineswegs überzeugt sind. In gewissem Sinne haben diejenigen recht, die behaupten, es gäbe das Dreieck gar nicht, denn es handelt sich bei dem Gebiet, in dem die rätselhaften Unfälle passieren, möglicherweise gar nicht um ein Dreieck, sondern eher um eine Ellipse oder ein riesiges Kreissegment. Der Mittelpunkt liegt in der Nähe von Bermuda, der geschwungene untere Rand verläuft von Florida über Puerto Rico in einer Kurve nach Südosten, durch die Sargasso-See und zurück nach Bermuda.

Der Personenkreis, der sich mit dem Phänomen dieses Gebietes beschäftigt hat, stimmt im allgemeinen — wenn auch nicht in allen Einzelheiten — hinsichtlich seiner Lokalisierung überein. Ivan Sanderson, der sich in *Invisible Residents* und zahlreichen Artikeln mit diesem Gegenstand auseinandersetzt, behauptet, daß das Dreieck in Wirklichkeit eher eine Ellipse oder ein Rhombus sei und daß es noch zwölf andere solcher Gebiete in regelmäßigen Abständen auf der ganzen Erde verteilt gäbe, darunter Japans berüchtigtes »Teufelsmeer«. John Spencer meint, daß das Gefahrengebiet der Linie des Kontinentalsockels folge, beginnend bei einem Punkt an der Küste Virginias, entlang dem amerikanischen Festland nach Süden, an Florida vorbei und rund um den Golf von Mexiko, einschließlich der Landsockel der Karibischen Inseln und der Bermudas. Vincent Gaddis, der Autor von *Invisible Horizons* und des Artikels in der Zeitschrift *Argosy*, der möglicherweise dem Dreieck seinen Namen gab, fixierte dessen Grenzen innerhalb »einer Linie von Florida nach den Bermudas, einer anderen von den Bermudas nach Puerto Rico und einer dritten zurück nach Florida über die Bahamas«, während John Goodwin, in *This Baffling World*, annimmt, daß das »Geistermeer« ein »unregelmäßiges Rechteck sei, das sich zwischen den Bermudas und der Küste von Virginia erstreckt« und dessen südliche Grenze »von den Inseln Kuba, Haiti und Puerto Rico gebildet wird«. Selbst die Küstenwache der Vereinigten Staaten, die nicht an die Existenz des Dreiecks glaubt, gibt freundlicherweise in einem Formularbrief — Akte 5720 — des Siebenten Küstenwachendistrikts eine Ortsbestimmung bekannt. Der Brief beginnt folgendermaßen:

> Das Bermuda- oder Teufelsdreieck ist ein imaginäres Gebiet in der Nähe der südöstlichen Atlantikküste der Vereinigten Staaten, das wegen der hohen Zahl ungeklärter Verluste von Schiffen, kleinen Booten und Flugzeugen bekannt ist. Die Eckpunkte des Dreiecks sollen, wie allgemein angenommen wird, die Bermuda-Inseln, Miami in Florida und San Juan in Puerto Rico sein.

Meteorologen erwähnen das »Teufelsdreieck« häufig als ein Gebiet, dessen Grenzen von den Bermuda-Inseln nach Norden bis New York und nach Süden bis zu den Jungferninseln verlaufen und das sich fächerförmig nach Westen bis zum 75. nördlichen Breitengrad erstreckt.

Anhand der Karte auf Seite 48, welche die wichtigsten

Punkte zeigt, an denen Schiffe und Flugzeuge verschwunden sind, kann der Leser selbst die Gestalt des »Bermuda-Dreiecks« bestimmen: Ob es ein Dreieck ist oder nicht, ob es sich vielleicht um ein kleines Dreieck innerhalb eines größeren handelt, um eine große Ellipse, ein Rechteck, oder ob das Gebiet mit den Umrißlinien des Festlandsockels identisch ist.

Unter Seeleuten war es schon seit langem bekannt, daß in diesem Teil des Ozeans zahlreiche Schiffe verschwanden, und manche jener Vorfälle haben vielleicht zur Legende des »Meeres der verlorenen Schiffe« oder des »Schiffsfriedhofs« beigetragen, wie die Sargasso-See bezeichnet wird, die zum Teil im Dreieck liegt. Seit 1830 häufen sich hier die Berichte über verschwundene Schiffe, möglicherweise wegen der genaueren Aufzeichnung in neuerer Zeit. Die ersten Schiffe verschwanden nach dem Sezessionskrieg, zu einem Zeitpunkt also, wo sie nicht mehr den Angriffen der Konföderierten zum Opfer gefallen sein konnten. Etwa hundert Jahre später, einige Monate nach Ende des Zweiten Weltkriegs, zeigte sich, daß auch Flugzeuge, die dieses Gebiet überflogen, ebenso spurlos und vielleicht aus denselben Gründen vom Himmel verschwanden, wie Schiffe vom Meer verschwunden waren. Dieses Ereignis gab dann dem Bermuda-Dreieck seinen Namen.

2

Das Dreieck der verschwundenen Flugzeuge

Das Bermuda-Dreieck erhielt seinen Namen, als am 5. Dezember 1945 sechs Flugzeuge der amerikanischen Marine mit ihren Mannschaften verschwanden. Die ersten fünf Flugzeuge, die offenbar gleichzeitig verunglückten, waren auf einem routinemäßigen Trainingsflug unterwegs. Ihr Flugplan sah einen dreieckigen Kurs vor: vom Marinestützpunkt Fort Lauderdale in Florida 160 Meilen nach Osten, 40 Meilen nach Norden und dann in südwestlicher Richtung zurück zum Stützpunkt. Das Gebiet, das sie überflogen, wurde früher »Teufelsdreieck«, »Todesdreieck«, »Geistersee« oder »Friedhof des Atlantik« genannt. Die Bermuda-Inseln gaben ihm ihren Namen, weil man damals bemerkte, daß der höchste Punkt der Flugroute von Fort Lauderdale in einer Ebene mit den Bermudas lag, und zum Teil auch deswegen, weil die Bermuda-Inseln der nördlichste Punkt des Gebietes zu sein scheinen, in welchem vor und nach 1945 Flugzeuge und Schiffe unter außergewöhnlichen Umständen verschwanden. Aber keines dieser Ereignisse zu früherer oder späterer Zeit war so merkwürdig wie das völlige Verschwinden einer ganzen Gruppe von Flugzeugen und eines zur Rettung eingesetzten Martin Mariner mit dreizehn Mann Besatzung, der auf rätselhafte Weise während der Rettungsaktion verschwand.

Flight 19 war die Bezeichnung jener schicksalhaften fünf Flugzeuge, die am Nachmittag des 5. Dezember Fort Lauderdale verließen. Ihre Besatzung bestand üblicherweise aus fünf Offizieren und zehn Mann, von denen je zwei auf die Flugzeuge verteilt waren. An diesem Tag fehlte jedoch ein Mann.

Er hatte wegen einer Vorahnung gebeten, vom Flugdienst abgelöst zu werden, und war nicht ersetzt worden. Die Flugzeuge waren Torpedobomber der amerikanischen Marine vom Typ TBM 3 Avenger. Jede Maschine hatte genug Treibstoff für mehr als 1000 Meilen an Bord. Das Thermometer zeigte 29 Grad, die Sonne schien, einzelne Wolken waren zu sehen, und ein leichter Nordostwind wehte. Piloten, die an diesem Tag früher aufgebrochen waren, meldeten ideales Flugwetter. Die Flugzeit für die Mission sollte zwei Stunden betragen. Die Flugzeuge rollten um 14 Uhr auf die Piste und starteten um 14 Uhr 10. Der Kommandant, Lieutenant Charles Taylor, ein Mann mit mehr als 2500 Stunden Flugerfahrung, führte den Schwarm zu den Chicken Shoals nördlich der Insel Bimini, wo er Übungsangriffe auf einen Schiffsrumpf als Ziel durchführen sollte. Sowohl die Piloten wie auch die Besatzung waren erfahrene Flieger, und es bestand kein Grund, auf dieser Routinemission etwas Außergewöhnliches zu erwarten.

Es ereignete sich jedoch etwas Außergewöhnliches, etwas, wovon man nicht einmal zu träumen gewagt hätte. Um etwa 15 Uhr 15, als die Übung beendet war und der Schwarm weiterflog, bekam der Funker am Kontrollturm des Flughafens von Fort Lauderdale, der auf eine Meldung der Formation betreffs der geschätzten Ankunftszeit und der Landeinstruktion gewartet hatte, eine seltsame Nachricht vom Schwarmführer. Das Gespräch verlief nach der Tonbandaufzeichnung wie folgt:

Schwarmführer (Lieutenant Charles Taylor): Wir rufen den Turm ... Eine Notsituation. Wir scheinen vom Kurs abgekommen zu sein. Wir können kein Land sehen ... Wiederhole ... Wir können kein Land sehen.

Turm: Wie ist Ihre Position?

Kommandant: Wir sind uns bezüglich der Position nicht sicher. Wir sind nicht einmal sicher, wo wir sind ... Es sieht aus, als hätten wir uns verirrt.

Turm: Drehen Sie nach Westen ab.

Kommandant: Wir wissen nicht, in welcher Richtung Westen

ist. Alles ist falsch ... Seltsam ... Wir können keine Richtung feststellen – sogar das Meer sieht nicht so aus, wie es sollte ...

Etwa um 15 Uhr 30 fing der leitende Fluglehrer auf seinem Gerät einen Funkspruch auf und hörte, wie jemand Powers, einen Flugschüler, rief und nach seinen Kompaßablesungen fragte. Der Fluglehrer hörte Powers sagen: »Ich weiß nicht, wo wir sind. Wir müssen uns nach der letzten Kurve verirrt haben.« Es gelang dem Fluglehrer, mit dem Ausbilder von Flight 19 Kontakt zu bekommen. Dieser sagte ihm: »Meine Kompasse sind beide ausgefallen. Ich versuche, Fort Lauderdale zu finden ... Ich bin sicher, daß wir über den Keys sind, weiß aber nicht, wie weit südlich ...« Der leitende Fluglehrer riet ihm daraufhin, nach Norden zu fliegen — mit der Sonne an der Backbordseite —, bis er Fort Lauderdale sehen könne. Aber später hörte er: »Wir sind gerade über eine kleine Insel geflogen ... Sonst kein Land in Sicht ...« — ein Zeichen dafür, daß das Flugzeug des Ausbilders nicht über den Keys war und der ganze Schwarm sich verirrt hatte, da er sonst beim Weiterfliegen Land in Sicht bekommen hätte.

Wegen atmosphärischer Störungen wurde es immer schwieriger, Meldungen von Flight 19 zu empfangen. Der Schwarm konnte die Funksprüche vom Turm offenbar nicht mehr hören, aber der Turm hörte Gespräche zwischen den einzelnen Flugzeugen. Manche dieser Funksprüche bezogen sich auf drohenden Treibstoffmangel — daß nur noch Treibstoff für 114 Kilometer vorhanden sei, Bemerkungen über einen Wind von 100 km/h und die beunruhigende Beobachtung, daß alle Kreiselkompasse und magnetischen Kompasse in den Flugzeugen außer Betrieb seien — »verrückt spielten«, wie man die Besatzung sagen hörte —, jeder zeigte eine andere Richtung an. Während dieser ganzen Zeit konnte der starke Sender von Fort Lauderdale keinen Kontakt zu den Flugzeugen herstellen, obwohl die Gespräche zwischen den Flugzeugen ziemlich gut hörbar waren.

Als sich die Meldung verbreitete, daß Flight 19 in Schwierigkeiten sei, geriet das Personal des Stützpunktes begreiflicherweise in große Erregung. Alle möglichen Vermutungen über feindliche Angriffe (obwohl der Zweite Weltkrieg seit einigen Monaten beendet war) oder sogar über Angriffe seitens neuer Feinde tauchten auf. Suchflugzeuge wurden ausgeschickt, darunter vom Marineflughafen Banana River ein zweimotoriges Martin-Mariner-Flugboot mit 13 Mann Besatzung.

Um 16 Uhr hörte der Turm plötzlich, daß Lieutenant Taylor einem anderen Piloten, Captain Stiver, das Kommando übergeben hatte. Eine Meldung von diesem konnte aufgefangen werden, obwohl sie wegen der Sendestörung und der erregten, undeutlichen Stimme des Sprechers kaum verständlich war: »Wir wissen nicht genau, wo wir sind ... Möglicherweise befinden wir uns 225 Meilen nordöstlich vom Stützpunkt ... Wir müssen über Florida hinausgeflogen sein und uns jetzt im Golf von Mexiko befinden ...« Der Kommandant entschloß sich dann wahrscheinlich zu einer Wendung von 180 Grad, um über Florida zurückzufliegen, aber während dieses Manövers wurde die Funkverbindung schwächer, was anzeigte, daß der Schwarm eine falsche Wendung vollzogen hatte und von der Küste Floridas weg nach Osten ins offene Meer hinausflog. Einigen Berichten zufolge hätten die letzten Worte von Flight 19 gelautet: »... Es sieht aus, als wären wir ...« Andere Zeugen erinnern sich, mehr gehört zu haben, wie zum Beispiel: »... Wir kommen in weißes Wasser ... Wir haben uns völlig verirrt ...«

Inzwischen erhielt der Turm kurz nach dem Start eine Meldung von Lieutenant Come, einem der Offiziere des Martin Mariner, jenes Suchflugzeugs, welches in das Gebiet entsandt worden war, in dem man den Schwarm vermutete. Come sagte, daß in einer Höhe von 1800 Meter starker Wind aufgetreten sei. Das war die letzte Nachricht, die man vom Suchflugzeug empfing. Kurz danach wurde allen anderen Suchmannschaften die Alarmnachricht übermittelt, daß jetzt sechs statt fünf Flugzeuge vermißt würden. Das Suchflugzeug mit seinen 13 Mann Besatzung war ebenfalls verschwunden.

Weder von Flight 19 noch vom Martin Mariner kam eine

weitere Meldung. Irgendwann nach 19 Uhr empfing der Opa-Locka-Marineflughafen bei Miami einen schwachen Funkspruch, der aus den Buchstaben ». . . FT . . . FT . . .« bestand. Das war ein Teil der Kennbuchstaben des Schwarms, da das Flugzeug des Ausbilders das Kennzeichen FT-28 hatte. Falls dies wirklich eine Meldung von den Vermißten war, so mußte man nach der abgelaufenen Zeitspanne annehmen, daß sie zwei Stunden nach Versiegen der Treibstoffvorräte durchgegeben wurde.

Die erste Suche am Tag des Verschwindens wurde wegen Dunkelheit abgebrochen, obwohl Küstenwachschiffe auch während der Nacht nach Überlebenden Ausschau hielten. Am nächsten Tag, einem Donnerstag, setzten bei Tagesanbruch umfangreiche Suchmaßnahmen ein. Aber trotz einer der intensivsten Suchaktionen in der Geschichte, mit 240 Flugzeugen, 67 zusätzlichen Maschinen des Flugzeugträgers *Solomons*, vier Zerstörern, mehreren U-Booten, achtzehn Schiffen der Küstenwache, Such- und Rettungskuttern, Hunderten von privaten Flugzeugen, Jachten und Booten, zusätzlichen Maschinen vom Marineflughafen Banana River und Hilfe von Einheiten der britischen Flotte und Luftwaffe auf den Bahamas, wurde nichts gefunden.

Ein Tagesdurchschnitt von 167 Flügen, vom Morgen bis zum Abend, zirka 90 Meter über dem Wasserspiegel durchgeführt, eine genaue Überprüfung von 100 000 Quadratkilometern Land und Meer, über dem Atlantik, der Karibik, dem Golf von Mexiko, dem Festland von Florida und der benachbarten Inseln, eine Suchzeit von 4100 Stunden, alle diese Anstrengungen brachten keine Ergebnisse — weder Überlebende noch Rettungsflöße, Wrackteile oder Ölflecken. Die Strände von Florida und der Bahamas wurden mehrere Wochen hindurch täglich nach identifizierbarem Treibgut, das von den verschwundenen Flugzeugen stammen konnte, abgesucht, jedoch ohne Ergebnis.

Man verfolgte alle möglichen Spuren. Die Besatzung eines Frachtflugzeugs berichtete, sie hätte am Tag des Verschwindens der Flugzeuge einen roten Feuerschein über dem Festland gesehen. Zuerst nahm man an, er hätte von der Explosion des

Martin Mariner hergerührt, später wurde die Meldung jedoch dementiert. Noch später meldete ein Handelsschiff, an diesem Tag um 19 Uhr 30 eine Explosion am Himmel beobachtet zu haben. Falls dies das Ende der fünf Avenger gewesen sein sollte, müßten sie Stunden nach Versiegen ihrer Treibstoffreserven noch in der Luft gewesen sein. Wenn man außerdem das Verschwinden aller fünf Flugzeuge auf diese Weise erklären wollte, müßte man annehmen, daß sie zusammenstießen und auf einmal explodierten. Es ist ferner bemerkenswert, daß weder von Flight 19 noch vom Suchflugzeug eine SOS-Meldung durchgegeben wurde. Was eine Notlandung im Meer betraf, so konnten die Avenger auf dem Wasser eine reguläre Landung durchführen und 90 Sekunden auf der Oberfläche bleiben. Die Besatzung war darauf trainiert, das Flugzeug in 60 Sekunden zu verlassen. Rettungsflöße waren an der Außenseite des Flugzeugs angebracht. Sie würden also bei fast jeder Art von Notlandung auf dem Wasser treiben und später gefunden werden. Während der ersten Stunden der Suchaktion sah man von den Flugzeugen aus hohe Wellen, aber die Täler dazwischen waren so breit, daß die Bomber im Notfall hätten landen können. Die seltsame Erwähnung von »weißem Wasser« in der letzten Meldung von Flight 19 kann mit dem verwirrenden dichten weißen Nebel zusammenhängen, der in dieser Gegend oft auftritt. Mit diesem Nebel könnten die mangelnde Sicht sowie die Worte des Funkers, daß »die Sonne nicht richtig aussehe«, erklärt werden, aber er würde die Kompasse und Kreisel nicht beeinflussen. Es gibt allerdings einen Punkt zwischen Florida und den Bahamas, von dem aus kein Funkkontakt möglich ist, aber die Schwierigkeiten des Flugzeugs hatten schon begonnen, ehe der Funkkontakt abbrach.

Nachdem eine Untersuchungskommission der Marine alles vorhandene Beweismaterial überprüft und außerdem ein Kriegsgerichtsverfahren gegen den für die Instrumentenkontrolle verantwortlichen Offizier in Betracht gezogen hatte (er wurde später von aller Schuld freigesprochen, als sich zeigte, daß die Instrumente sämtlicher Flugzeuge vor dem Start überprüft wurden), war sie am Ende ebenso im unklaren über die ganze Angelegenheit wie vor Beginn der Untersuchung. In ihrem Schlußbericht heißt es: »Aus den Funkmeldungen ist zu entnehmen, daß die Flugzeuge sich verirrt hatten und ihre Kompasse versagten.« Captain W. C. Wingard drückte sich in einem Presseinterview später etwas deutlicher aus: »... Die Mitglieder der Untersuchungskommission konnten nicht einmal eine halbwegs annehmbare Vermutung über den Vorfall äußern.« Ein anderes Mitglied der Kommission stellte etwas dramatisch fest: »Sie verschwanden so spurlos, als seien sie zum Mars geflogen.« Damit brachte er das faszinierende Element der Weltraumfahrt und möglicher Angriffe der UFOs ins Gespräch, das inzwischen zu einem festen Bestandteil der Legende um das Bermuda-Dreieck geworden ist. Ernstzunehmende Forscher und Ozeanographen haben verschiedene Hypothesen erarbeitet, wie diese und viele andere Flugzeuge und Schiffe mitsamt Besatzung und Passagieren so spurlos und vollständig verschwinden konnten. Lieutenant Commander R. H. Wirshing, der zur Zeit des Vorfalls Ausbilder in Fort Lauderdale war und sich lange Jahre mit dieser Frage beschäftigt hat, ist der Meinung, daß der Begriff »verschwinden« ein wichtiger Faktor bei Vermutungen über das Schicksal der Mannschaft von Flight 19 ist, da noch kein Beweis für ihren Tod gefunden wurde. (Die Mutter eines der vermißten Piloten sagte damals, daß sie den Eindruck habe, »ihr Sohn sei irgendwo im Weltraum noch am Leben«.) In ähnlichem Sinn wurde Dr. Manson Valentine, der das Gebiet von Miami aus viele Jahre beobachtet hat, in den *Miami News* zitiert: »Sie sind noch da, aber in einer anderen Dimension eines magnetischen Phänomens, das von einem UFO verursacht worden sein könnte.« Ein Offizier der Küstenwache, Mitglied der Untersuchungskommission, drückte sich mit erfrischender Ehrlichkeit aus, als er einfach sagte: »Wir haben nicht den Schimmer einer Ahnung, was dort draußen vor sich geht.« Und eine etwas formellere, abschließende Feststellung eines anderen Offiziers stellt die übereinstimmende Meinung der Kommission dar: »... dieses noch nie dagewesene Ereignis, der Verlust eines

Bomberschwarms in Friedenszeit, scheint ein unlösbares Rätsel zu sein, das seltsamste, das von der Marine jemals untersucht wurde.«

Bei Katastrophen gibt es oft unglaubliche Zufälle, vor allem auf See. (Beim Zusammenstoß des Frachters *Stockholm* mit dem Passagierdampfer *Andrea Doria* wurde ein junges Mädchen, das nur spanisch sprach, vom Bug der *Stockhol*m aus ihrer Kabine auf der *Andrea Doria* gerissen und mit Teilen der Kabine in ein Schott der *Stockholm* geschleudert, neben die Kajüte eines Matrosen, der als einziger auf seinem Schiff spanisch sprach.) Dieses Element des Zufalls könnte auch beim Verschwinden von Flight 19 eine Rolle spielen.

Commander R. H. Wirshing, zu dieser Zeit noch Lieutenant, der uns wertvolle Informationen über den Fall geben konnte, erinnert sich, daß am Morgen desselben Tages ein Trainingsflug durchgeführt wurde, bei dem sich ebenfalls ungewöhnliche Vorkommnisse ereignet hatten. Während dieses Fluges, der wesentlich weniger sensationell war und in den Presseberichten über die Katastrophe meist übersehen wurde, funktionierten die Kompasse ebenfalls nicht, und die Landung erfolgte nicht am Stützpunkt, sondern 76 Kilometer weiter nördlich.

Mindestens zwei Mitglieder der Mannschaft von Flight 19 scheinen eine Vorahnung der Gefahr empfunden zu haben. Einer davon war der Fluglehrer selbst. Um 13 Uhr 15 kam er verspätet zur Flugbesprechung und bat den Offizier vom Dienst, von diesem Einsatz abgelöst zu werden. Er gab keine Erklärung zu diesem Ansuchen, sondern sagte nur, daß er an der Mission nicht teilnehmen wolle. Da kein Ersatz vorhanden war, wurde das Ansuchen abgelehnt.

Ein zweiter Fall, bei dem Lieutenant Wirshing Zeuge war, wurde damals viel besprochen. Er betraf den Korporal Allan Kosnar, der mit Flight 19 fliegen sollte, sich aber nicht zum Abflug meldete. Die Presse zitierte ihn: »Ich kann nicht sagen, warum, aber aus irgendeinem Grund wollte ich an diesem Tag nicht am Flug teilnehmen.« Nach Lieutenant Wirshing hatte der Korporal, ein Guadalcanal-Veteran, nur noch vier Monate

Dienstzeit bis zu seiner Abrüstung abzuleisten und schon vor einigen Monaten angesucht, nicht mehr als Pilot eingesetzt zu werden. Am Tag des Flugs war die Angelegenheit wieder zur Sprache gekommen, und Lieutenant Wirshing hatte Kosnar gesagt, er solle sich beim Truppenarzt melden und um seine Ablösung vom Flugdienst ansuchen. Das tat Kosnar, und der Schwarm startete mit einem Mann weniger. Als sich die ersten Anzeichen von Schwierigkeiten bei Flight 19 zeigten, ging Lieutenant Wirshing in die Unterkunft der Soldaten, um Freiwillige für die Suchaktion auszuwählen. Als ersten traf er dort den kurz vorher zum Bodendienst versetzten Kosnar, der sagte: »Erinnern Sie sich, wie Sie mir befahlen, zum Arzt zu gehen. Ich bin gegangen, und er hat mich von der Pilotenliste gestrichen. Das ist mein Schwarm, der da vermißt wird.«

In einer Meldung vom Flughafen hieß es jedoch, daß der Schwarm mit vollzähliger Mannschaft gestartet sei, als hätte jemand anders in letzter Minute den offenen Platz eingenommen. Auf dem Stützpunkt fanden daraufhin stündlich Appelle statt, um herauszufinden, ob noch jemand abgängig sei. Als sich herausstellte, daß kein weiteres Mitglied der Mannschaft fehlte, gesellte sich die Meldung über die »vollzählige Besatzung« zu den übrigen unerklärlichen Begleitumständen dieses Unglücks.

Ein anderer rätselhafter Vorfall im Zusammenhang mit dem Verschwinden von Flight 19 wurde neunundzwanzig Jahre nach dem Ereignis bekannt, als Art Ford, ein Reporter und Schriftsteller, der den Fall seit 1945 verfolgte, im Jahr 1974 im amerikanischen Fernsehen eine überraschende Enthüllung machte. Lieutenant Taylor sollte über Funk gesagt haben: »Kommt mir nicht nach ... Sie sehen aus, als ob sie aus dem Weltraum wären ...« Ford erklärte, daß er die Information ursprünglich zum Zeitpunkt des Unfalls von einem Funkamateur erhalten habe. Er habe sie aber nicht besonders beachtet, weil es für einen Amateurfunker schwierig ist, von einem Flugzeug in der Luft Meldungen aufzufangen, und auch wegen der damals herrschenden Aufregung und der vielen Gerüchte.

Bei seinen späteren Nachforschungen fand Ford jedoch eine unerwartete Bestätigung in einem Protokoll der Gespräche zwischen dem Kontrollturm und den Flugzeugen. Ford verwendete dieses Material in einem Bericht, der unter dem Druck der Verwandten der verschwundenen Männer zustande kam. Das offizielle und früher geheimgehaltene Gesprächsprotokoll, das Ford, seinen Worten zufolge, nur teilweise lesen durfte, enthielt mindestens einen Satz, der mit dem Funkspruch des Kurzwellenamateurs übereinstimmte — »Kommt mir nicht nach.« Dieser Satz war früher niemals offiziell publiziert worden. Aber auch in anderen Fällen, bei denen Schiffe oder Flugzeuge in diesem Gebiet verschwunden waren, zeigt sich dasselbe rätselhafte Phänomen, diese Andeutung vom Eingreifen außerirdischer Mächte.

Während Dutzende von Schiffen und Jachten im Bermuda-Dreieck vor und nach dem Zwischenfall mit Flight 19 verlorengegangen sind, ist es doch bemerkenswert, daß das Verschwinden der fünf Avenger und des Martin Mariner der erste Fall ist, in den Flugzeuge verwickelt waren und wo es genügend leistungsfähige Suchmannschaften in der Luft, auf See und an Land gab, um eine derart umfassende und gründliche, wenn auch letztlich erfolglose Suche durchzuführen. Dieser Vorfall bewirkte, daß auch bei anderen Flugzeugunfällen die Suchaktionen noch intensiver durchgeführt wurden, nicht nur mit dem Ziel, die Überlebenden zu finden, sondern auch um herauszufinden, was ihnen zugestoßen sein könnte.

Zusätzlich zu dem seit Jahrzehnten »gewohnten« Verlorengehen von großen und kleinen Schiffen kam es nach dem Unglück von Flight 19 mit erschreckender Regelmäßigkeit zu einem unerklärlichen Verschwinden von privaten, militärischen und Handelsflugzeugen. Jetzt allerdings, mit Rettungsteams in der Luft und auf See, mit Funkkontakt, empfindlicheren und leistungsstärkeren Instrumenten und besser entwickelten Suchmethoden, wurde jeder dieser Fälle weitaus gründlicher untersucht.

Am 3. Juli 1947 verschwand eine C-54 der amerikanischen Armee mit sechs Mann Besatzung auf einem Routineflug von den Bermuda-Inseln zum Militärflughafen Morrison bei Palm Beach. Die letzte bekannte Position des Flugzeuges war etwa 100 Meilen von den Bermudas entfernt. Eine sofort eingeleitete Suchaktion von Armee, Marine und Küstenwache auf See und in der Luft erstreckte sich über 100 000 Quadratmeilen Meeresoberfläche. Es wurden weder Ölflecken noch Wrackteile gesichtet (außer einigen Sitzkissen und einer Sauerstoffflasche, die nicht als Ausrüstungsgegenstände des verschwundenen Flugzeugs identifiziert werden konnten).

Als Fälle dieser Art sich häuften, wurde man auf einen weiteren alarmierenden Umstand aufmerksam. Die Mehrzahl der Unglücksfälle im Bermuda-Dreieck ereignete sich während der Touristen-Hochsaison, zwischen November und Februar. Es war auch auffallend, daß zahlreiche Verluste in die Wochen vor und nach Weihnachten fielen. Die *Star Tiger,* ein viermotoriges Passagierflugzeug der British South American Airways vom Typ Tudor IV, ein umgebauter Lancaster-Bomber, verschwand am 29. Januar 1948 auf einem Flug von den Azoren nach den Bermuda-Inseln. An Bord der Maschine waren eine sechsköpfige Besatzung und fünfundzwanzig Passagiere, darunter Sir Arthur Cunningham, Generalleutnant der britischen Luftwaffe im Zweiten Weltkrieg und früherer Befehlshaber der Zweiten Taktischen Luftflotte. Die *Star Tiger* sollte am Flughafen Kinley auf den Bermudas landen. Kurz vor ETA *(estimated time of arrival,* erwartete Ankunftszeit) um 22 Uhr 30 gab der Pilot dem Kontrollturm eine Meldung durch, die die Sätze enthielt: »Wetter und Flugbedingungen ausgezeichnet« und »Erwarte planmäßige Landung«. Die Position des Flugzeuges wurde mit 380 Meilen nordöstlich der Bermudas angegeben.

Es erfolgte keine weitere Meldung, aber die *Star Tiger* erreichte ihr Ziel nicht. Es gab kein SOS, keinen Notruf, kein Anzeichen dafür, daß der Flug nicht unter den besten Bedingungen verlaufe. Um Mitternacht wurde die *Star Tiger* als überfällig gemeldet, und am nächsten Tag, dem 30. Januar, lief eine umfassende Hilfsaktion an. Dreißig Flugzeuge und zehn Schiffe suchten mehrere Tage lang erfolglos das Gebiet ab. Am 31. Januar wurden nordwestlich der Bermudas einige Kisten und leere Ölfässer gesichtet. Falls diese von der *Star Tiger* stammten, würde es bedeuten, daß das Flugzeug Hunderte von Meilen vom Kurs abgekommen war, als es zu dem rätselhaften Unfall kam. Man muß dabei bedenken, daß der Pilot bei seinem letzten Kontakt mit dem Kontrollturm nichts Außergewöhnliches über seinen Kurs oder das Funktionieren der Maschine gemeldet hatte.

Während die erfolglose Suche weiterging, fingen zahlreiche Amateurfunker an der Atlantikküste der USA und auch weiter im Inland eine verwirrte, bruchstückhafte Meldung auf, wobei es schien, als ob jemand den Sender verwende, ohne morsen zu können — es wurden nur Punkte verwendet. Die Punkte bildeten das Wort »Tiger«. Noch seltsamer war eine Nachricht von einer Küstenwachstation in Neufundland. Als die Morsezeichen aufhörten, hatte jemand offenbar eine verbale Botschaft übermittelt — er hatte einfach die Buchstaben G-A-H-N-P ausgesprochen. Das waren die Kennbuchstaben der verschwundenen *Star Tiger*.

Es wurde angenommen, daß diese Funkmeldungen ein schlechter Witz seien, vor allem, wenn man das eigenartige Verhalten gewisser Individuen in Betracht zog, die spektakuläre Unglücksfälle genießen. Dennoch gibt es eine beunruhigende Parallele zu dem Verschwinden von Flight 19, wenn man sich an die schwache Funkmeldung erinnert, die in Miami Stunden nach dem Verschwinden aufgefangen wurde und ebenfalls aus den Kennbuchstaben des Schwarms bestand, beinahe, als werde aus einer ungeheuren Entfernung in Zeit und Raum eine letzte Nachricht durchgegeben.

Der britische Minister für Zivilluftfahrt ließ das Verschwinden der *Star Tiger* von einer Kommission unter dem Vorsitz von Lord Macmillan untersuchen. Der Bericht der Kommission wurde acht Monate nach dem Verschwinden des Flugzeugs veröffentlicht. Er stellte fest, daß kein Grund zu der Annahme bestehe, die *Star Tiger* sei wegen Versagens der Funkgeräte oder Motoren, wegen Treibstoffmangels, Abkommen vom Kurs,

Schlechtwetters oder Fehler in der Höhenmessung ins Meer abgestürzt, um nur einige Möglichkeiten zu nennen. Konstruktion und Ausführung der Tudor IV wurden überprüft, und es gab nach den Worten der Kommission keinen Grund, zu vermuten ... »daß es in der Konstruktion der Flugzeuge vom Typ Tudor IV oder im Bau dieses speziellen Flugzeuges, der *Star Tiger,* technische Irrtümer oder Fehlerquellen gebe, wenn man den allgemeinen Standard in Betracht zieht ...«

Die abschließenden Bemerkungen der Kommission könnte man genausogut auch auf andere Flugzeuge anwenden, die sowohl vor als auch nach der *Star Tiger* im Dreieck verschwunden sind.

> Man kann sagen, daß noch nie ein so unglaubliches Rätsel untersucht wurde ... Da jeder verläßliche Hinweis auf Art und Ursache des Unglücks der *Star Tiger* fehlt, konnte die Kommission nichts als mögliche Lösungen vorschlagen, von denen keine auch nur in die Nähe der Wahrscheinlichkeit kommt. Bei allen Tätigkeiten, die eine Zusammenarbeit von Mensch und Maschine erfordern, verbinden sich zwei Elemente von sehr verschiedenem Charakter. Da ist einerseits das nicht berechenbare Element der menschlichen Reaktion, die von nur unvollständig bekannten Faktoren abhängt, anderseits das ganz anderen Gesetzen unterworfene mechanische Element. Eine Störung kann bei jedem der beiden Elemente einzeln oder bei beiden zugleich auftreten. Oder Mensch wie Maschine wurden von etwas betroffen, das von außen einwirkte. Was in diesem Fall geschah, wird nie bekanntwerden.

Es war ein außergewöhnlicher und eher beunruhigender Zufall, als zwölf Tage vor dem ersten Jahrestag des Verschwindens der *Star Tiger,* am 17. Januar 1949, ihre Schwestermaschine, die *Star Ariel,* mit sieben Besatzungsmitgliedern und dreizehn Passagieren an Bord auf einem Flug zwischen den Bermuda-Inseln und Jamaika ebenfalls verschwand. Die *Star Ariel* war von London nach Santiago de Chile unterwegs, und der Aufenthalt auf den Bermudas diente zum Tanken von Treibstoff für die nächsten zehn Flugstunden. Als die *Star Ariel* Bermuda um 7 Uhr 45 verließ, war die See ruhig und das Wetter gut. 35 Minuten nach dem Start funkte der Captain folgende Routinemeldung nach den Bermudas:

> Hier Captain McPhee an Bord der *Ariel* unterwegs von den Bermudas nach Kingston, Jamaika. Wir haben Normalflughöhe erreicht. Schönes Wetter. Geschätzte Ankunftszeit in Kingston wie vorausgesehen ... Ich wechsle die Frequenz, um mit Kingston Kontakt aufzunehmen.

Man hörte jedoch nie wieder eine Meldung von der *Star Ariel.*

Als die Suche nach der *Star Ariel* begann, hielt ein Kampfverband der amerikanischen Marine in diesem Gebiet Manöver ab. Zwei Flugzeugträger entsandten ihre Maschinen zur Rettungsaktion, der sich die Suchmannschaften der Küstenwache, jene der Luftwaffe von zahlreichen Stützpunkten entlang der Atlantikküste und britische Flugzeuge anschlossen, die auf den Bermudas und auf Jamaika stationiert waren. An der Suche beteiligten sich auch Kreuzer, Zerstörer und das amerikanische Schlachtschiff *Missouri*, gemeinsam mit Schiffen der britischen Marine und zufällig in diesen Gewässern befindlichen Handelsschiffen. Eine Funkmeldung an alle Schiffe im Suchgebiet lautete wie folgt:

> Der letzte Funkkontakt mit dem viermotorigen Flugzeug *Star Ariel*/Gagre der British South American Airways, das am 17. Januar 1242 GMT von den Bermudas nach Jamaika aufbrach, auf Kurs zwei eins sechs Grad, erfolgte zuletzt um 1337 GMT am 17. Januar ungefähr 15 Meilen südlich der Bermudas.
>
> Alle Schiffe werden gebeten, dieser Station die Sichtung von Treibgut zu melden, vor allem von Polstern, Flugzeugsitzen und Kissen in blauer Farbe, Rettungsbooten in gelber

Farbe, aufblasbare Schwimmwesten in dunkelbrauner Farbe. Diese Gegenstände müßten die Markierung BSSA tragen. Zu melden auch das Vorhandensein von treibenden Kleidungsstücken.

Zweiundsiebzig Suchflugzeuge in dichter Formation, manchmal fast »Flügel an Flügel«, kontrollierten 150 000 Quadratmeilen Meeresoberfläche. Sie begannen mit der Suche in der Nähe des Punkts, von dem aus man den letzten Funkspruch empfangen hatte, und stießen in südwestlicher Richtung nach Jamaika vor. Sie fanden keinen einzigen Gegenstand, der als Bestandteil des verschwundenen Flugzeugs identifiziert werden konnte. Ein amerikanisches und ein britisches Flugzeug meldeten am 18. Januar ein »seltsames Licht« auf dem Wasser, aber die an diese Stelle entsandte Suchmannschaft fand nichts, und die Luftwaffe brach die Suche am 22. Januar ab.

Da nun fast genau in Jahresfrist zwei britische Passagiermaschinen derselben Luftlinie verschwunden waren, dachte man an einen Sabotageakt. Heute würde man eher eine Entführung in Betracht ziehen. Eine Kommission, das »Brabazon Committee«, untersuchte die Möglichkeit der Sabotage gemeinsam mit allen anderen Umständen des Flugs: der Ausbildung von Pilot und Besatzung, dem Funktionieren der Instrumente und dem Wetter. Es fanden sich jedoch weder Unzukömmlichkeiten noch Anhaltspunkte: ». . . da keine Wrackteile gefunden wurden, ist die Ursache des Unfalls der *Star Ariel* wegen mangelnder Beweise nicht zu klären«, hieß es abschließend.

Es gab damals eine Theorie, daß das Methylbromid aus den Feuerlöschern in das Drucksystem des Flugzeugs gelangt sei und eine Explosion ausgelöst hätte. Für dieses eine rätselhafte Flugzeugunglück wäre das vielleicht eine Erklärung, aber kaum für die vielen anderen, die sich in diesem Gebiet ereignet haben.

Einer der Gründe für die umfassenden Suchaktionen nach der *Star Ariel* war der Verlust einer anderen Passagiermaschine, einer gecharterten DC-3 auf dem Weg von San Juan nach Miami, die am frühen Morgen des 28. Dezember 1948 mit

36 Passagieren und Besatzung ins Nichts verschwunden war. Die erfolglose Suche nach dieser Maschine, die von über vierzig Militärflugzeugen und zahlreichen Schiffen in einem fast 300 000 Quadratmeilen umfassenden Gebiet — Meer und Küste — durchgeführt wurde, war erst eine Woche vor dem Verschwinden der *Star Ariel* aufgegeben worden. Die Umstände beim Verschwinden der DC-3 waren noch seltsamer als in ähnlichen Fällen. Wie bei anderen Flügen war das Wetter ausgezeichnet und der Nachthimmel klar. Die Maschine startete am 27. Dezember um 22 Uhr 30. Irgendwann während des Nachtflugs hatte Robert Lindquist, der Flugkapitän, über Funk gesagt: »Wißt ihr, was?... Wir singen alle Weihnachtslieder!« (Hier fällt wieder auf, daß die meisten Unfälle im gleichen Zeitraum stattfanden.)

Um 4 Uhr 30 empfing der Kontrollturm in Miami einen weiteren Funkspruch von der DC-3. Er lautete: »Wir nähern uns dem Flughafen ... Nur noch 50 Meilen südlich ... Wir können die Lichter von Miami schon sehen. An Bord alles in Ordnung. Wir melden uns später für die Landeinstruktionen.« Man hörte jedoch nie wieder etwas von dem Flugzeug, und eine Suche zu Wasser und Land brachte keine identifizierbaren Wrackteile zutage. Natürlich gab es keine Überlebenden und kein Anzeichen, was den Passagieren und der Mannschaft zugestoßen sein könnte. Der Captain hatte seine Position mit 50 Meilen südlich von Miami angegeben, um so seltsamer erscheint es, daß man keine Explosion, keinen Feuerschein sah, daß man keine SOS- oder MAYDAY-Meldung empfing. Das Flugzeug verschwand, noch dazu über den Florida Keys, wo das klare Wasser nur sieben Meter tief ist und ein abgestürztes Wrack leicht gefunden und identifiziert werden kann. Das war einer der Fälle, wo sich ein Flugzeug samt Passagieren fast in Sichtweite des Flughafens »dematerialisierte«. Wie wir im nächsten Kapitel lesen werden, gab es auch Schiffe, die in Sichtweite ihres Heimathafens verschwanden.

Bei anderen größeren Flugzeugen, die nach der *Star Ariel* verschwanden, zeigte sich immer wieder derselbe Ablauf der

Ereignisse: zuerst normaler Flugverlauf, dann — nichts — und später keine Spur von Wracktrümmern, Ölflecken, Treibgut oder selbst verdächtigen Ansammlungen von Haien.

Auch kleinere Maschinen wurden immer wieder vermißt. Im Dezember 1949 verschwanden nicht weniger als neun kleine Flugzeuge in der Nähe der Küste von Florida, was die Annahme berechtigt erscheinen läßt, daß es sich hier um eine besondere Gefahrenzone handelt, selbst wenn die Parallelen zwischen den einzelnen Unfällen weniger deutlich gewesen wären.

Diese Vorfälle setzten sich in den fünfziger Jahren fort. Im März 1950 verschwand ein U.S.-Globemaster am nördlichen Ende des Dreiecks während eines Flugs nach Irland. Am 2. Februar 1952 verschwand ein Transportflugzeug vom Typ British York mit 33 Passagieren und Besatzung im Norden des Dreiecks auf dem Weg nach Jamaika. Schwache SOS-Signale wurden empfangen, die aber fast sofort abbrachen.

Am 30. Oktober 1954 verschwand eine Super Constellation der amerikanischen Marine mit 42 Passagieren und Besatzung bei schönem Wetter auf einem Flug vom Marinestützpunkt Patuxent River in Maryland zu den Azoren. Mehr als zweihundert Flugzeuge und mehrere Schiffe suchten einige hundert Quadratmeilen Meeresoberfläche ab, ohne etwas zu finden. Wie bei anderen ähnlichen Fällen wurde kurz nach Verschwinden des Flugzeugs von einer Station ein schwaches SOS empfangen.

Am 5. April 1956 verschwand eine zum Frachtflugzeug umgebaute B-25 mit drei Mann Besatzung in der Nähe der Tongue of Ocean, einem unterseeischen, 1500 Meter tiefen Graben östlich der Insel Andros in den Bahamas.

Ein Martin Marlin P5M Patrouillenflugboot der amerikanischen Marine verschwand am 9. November 1956 mit zehn Mann Besatzung auf einer Patrouille über den Bermudas.

Ein KB-50 Tankflugzeug der amerikanischen Luftwaffe, unterwegs vom Luftwaffenstützpunkt Langley in Virginia zu den Azoren, verschwand am 8. Januar 1962 auf ähnliche Weise wie die Super Constellation im Jahr 1954. Wie bei der Super Constellation hörte man einen undeutlichen Funkspruch, der eine nicht näher definierte Störung anzeigte, dann herrschte Stille — und nach dem bekannten Muster gab es keine Wrackteile und kein Anzeichen, was geschehen war. Es muß bei jedem dieser Fälle bedacht werden, daß die Besatzung für den Fall einer Notwasserung über umfangreiche Rettungsausrüstungen verfügte. Was auch immer mit den Flugzeugen geschehen war, mußte sie also völlig unerwartet und sehr rasch getroffen haben.

Einer der Unfälle erinnerte an die verwirrenden Meldungen der Piloten von Flight 19. Es handelte sich um das SOS eines Privatflugzeugs, das nach Nassau auf den Bahamas unterwegs war, sich jedoch in der Nähe der Insel Great Abaco zu befinden schien. Obwohl prächtiges Morgenwetter herrschte, sagte der Pilot, er fliege durch Nebel und könne selbst die Inseln unter sich nicht erkennen, obwohl andere Beobachter in demselben Gebiet tadellose Sicht meldeten. In diesem Fall verschwand das Flugzeug nicht vollständig. Teile eines Flügels wurden später im Meer treibend aufgefunden.

Als am 28. August 1963 zwei Maschinen als vermißt gemeldet wurden, nahm man an, sie seien ebenfalls verschwunden. Als jedoch später Wrackteile identifiziert werden konnten, erleichterte das die Lösung des Rätsels keineswegs. Zwei KC-135, vierstrahlige Düsen-Stratotanker (die ersten Düsenmaschinen, die im Dreieck verlorengingen), waren vom Luftwaffenstützpunkt Homestead in Florida aus in einer Lufttank-Mission unterwegs und verschwanden, kurz nachdem sie ihre Position angegeben hatten: 300 Meilen südwestlich der Bermudas. Nach einer gründlichen Suche fand man 260 Meilen südwestlich der Bermudas Wrackteile, die wahrscheinlich von den vermißten Flugzeugen stammten, und nahm an, sie seien kollidiert. Mehrere Tage später wurden jedoch Teile eines der Flugzeuge in 160 Meilen Entfernung gefunden. Ein offizielles Statement der Luftwaffe besagte, daß sie nicht in dichter Formation flogen. Wenn sie also trotzdem kollidierten, dann mußte etwas die Wrackteile auseinandergetragen haben, und zwar viel schneller, als die Meeresströmung es vermochte. Und wenn beide gleichzeitig abgestürzt waren, wie vielleicht auch die fünf

Avenger, was war dann daran schuld, daß ihre Motoren oder Instrumente zum selben Zeitpunkt versagten?

Im folgenden Monat, am 22. September, verschwand ein C-23 Cargomaster zwischen Delaware und seinem Zielflughafen in den Azoren. Der letzte Funkspruch des Piloten lautete: »Alles in Ordnung.« Er gab seine Position mit etwa 80 Meilen vor der Südküste von Jersey an. Eine intensive Suche durch Flugzeuge, Schiffe der Küstenwache und der Marine dauerte bis zum 25. September, brachte aber nichts zutage, was einen Hinweis auf das vermißte Flugzeug gegeben hätte.

Am 5. Juni 1965 verschwand eine C-119 »Flying Boxcar« mit 10 Mann Besatzung während einer Routinemission zwischen dem Stützpunkt Homestead und der Insel Grand Turk in der Nähe der Bahamas. Im letzten Funkspruch meldete der Pilot, die Position sei 100 Meilen vom Zielort, die Landung werde in etwa einer Stunde erfolgen. Dann riß der Kontakt ab. Nach einer fünf Tage und Nächte dauernden Suche meldete die Küstenwache: »Resultat negativ« mit dem vertrauten Zusatz: »Keine Anhaltspunkte«. Wie im Fall von Flight 19 und anderer verschwundener Flugzeuge wurden schwache, unverständliche Funksprüche aufgefangen, deren Lautstärke rasch nachließ, als ob etwas die Übertragung blockiere oder als ob das Flugzeug weiter und weiter in Raum und Zeit verschwinde. Es ist bemerkenswert, daß ein anderes Flugzeug, das auf der Route der vermißten C-119 in entgegengesetzter Richtung unterwegs war, klaren Himmel und gute Sicht meldete.

Im Zeitraum von 1945 bis 1965 verschwanden in diesem Gebiet vierzehn Linienflugzeuge und zahlreiche Militär- und Privatmaschinen. Und es scheint, als ob das Phänomen weiterbestehen würde.

Einige seltsame Umstände begleiteten das Verschwinden von Carolyn Cascio, einer erfahrenen Pilotin, die am 7. Juni 1964 in einem kleinen Flugzeug mit einem Passagier von Nassau zur Insel Grand Turk in den Bahamas flog. Als sie zu jener Stelle kam, wo nach ihrer Berechnung Grand Turk liegen mußte, funkte sie, daß sie die Orientierung verloren habe und über zwei unbekannten Inseln kreise. Sie fügte hinzu: »Ich kann nichts sehen«, und später »Wie sollen wir da herauskommen?« Seltsamerweise bemerkten Personen auf Grand Turk zu dieser Zeit, daß ein leichtes Flugzeug eine halbe Stunde um die Insel kreiste und dann verschwand. Aber wie kam es, daß man auf Grand Turk das Flugzeug deutlich beobachten konnte, die Pilotin jedoch die Gebäude auf der Insel nicht sah?

Eine Chase YC-122 mit vier Personen an Bord, von Palm Beach in Florida unterwegs nach Grand Bahama, verschwand am 11. Januar 1967 irgendwo nordwestlich von Bimini.

Am 1. Juni 1973 kam es auf dem verhältnismäßig kurzen Flug von Fort Lauderdale nach Freeport zu einem unerklärlichen Zwischenfall. In einer Cessna 180 verschwanden Reno Rigoni und sein Copilot Bob Corner. Im Verlauf einer Suchaktion, die auch die Everglades einschloß, wurden auf der geplanten Route keinerlei Wrackteile gefunden. Rigoni und Corner funkten auch kein Notsignal.

Während die amerikanische Ausgabe dieses Buches vorbereitet wurde, fand ein weiterer seltsamer Unfall statt. Thomas Gatch, der den Atlantik mit einem Ballon überqueren wollte, wurde am 17. Februar 1974 etwa 900 Meilen südwestlich der Azoren zum letztenmal gesehen. Flugzeuge der amerikanischen Marine durchsuchten ein 223 000 Quadratmeilen großes Gebiet — ohne Resultat. Das Verschwinden des Ballons läßt sich durch die großen Entfernungen und plötzlich auftretenden Winde leicht erklären, aber es ist bemerkenswert, daß das Unglück wieder in demselben Gebiet stattfand.

Bei jedem einzelnen dieser ungeklärten Zwischenfälle wurden spezielle Gründe und Ursachen angeführt, es gibt jedoch bestimmte Erklärungsversuche, die in offiziellen Berichten ebenso wie in Büchern und Artikeln immer wieder aufscheinen. Dazu zählen CAT *(clear air turbulence,* Luftwirbel bei klarem Himmel), »Windschere«, »atmosphärische Aberration«, »Unregelmäßigkeiten im Magnetfeld« und »elektromagnetische Störungen«. Mit diesen Phänomenen können einige der Flugzeugunglücke erklärt werden, keineswegs aber alle.

Obwohl die Marine und die Küstenwache Kompaßabweichungen und einen »toten Punkt« für den Funk innerhalb dieses Gebiets als Tatsache bestätigen, läßt sich der offizielle Standpunkt noch immer am besten mit den Worten von Captain W. S. Humphrey ausdrücken:

> Es ist nicht festzustellen, daß in diesem Gebiet eine atmosphärische Aberration existiert oder jemals existiert hat. Patrouillenflüge und Operationen von Luftflotten werden hier regelmäßig und ohne Zwischenfälle durchgeführt.

Die gegenteilige Meinung vertritt der verstorbene Ivan Sanderson, der das Bermuda-Dreieck und mehrere andere Gebiete mit ähnlichen Eigenschaften viele Jahre hindurch beobachtete. Er betont vor allem die große Häufigkeit der rätselhaften Unglücksfälle im unteren Teil des Dreiecks, bei den Bahamas, der Ostküste von Florida und den Florida Keys.

> Die Anzahl der verschwundenen Flugzeuge steht in keinem Verhältnis zur Anzahl der verzeichneten Verluste auf irgendeinem anderen Punkt der Erde.

Dale Titler bemerkte in seinem Buch *Wings of Mystery*, daß nun schon »eine ziemlich große Luftflotte« in diesem kleinen Gebiet spurlos verschwunden ist.

> Alle diese Maschinen wurden von erfahrenen Piloten geflogen, denen gut ausgebildete Navigatoren zur Seite standen. Alle hatten Funk und Rettungsausrüstungen, und alle verschwanden bei gutem Wetter.

Er fügt die interessante Beobachtung hinzu, »daß fast alle Maschinen bei Tageslicht verschwanden«.

Robert Burgess, ein weiterer Autor, der sich mit Phänomenen des Meeres beschäftigt, schreibt in seinem Buch *Sinkings, Salvages and Shipwrecks:*

Es besteht Grund zur Annahme, daß bei diesen geheimnisvollen Unfällen ein weit bedeutenderer Faktor mit einzuberechnen ist als bloßer Zufall.

Er fügt hinzu, daß, wie immer man das Phänomen auch nennt, »ob atmosphärische Aberration oder anders, es jedenfalls mit beunruhigender Plötzlichkeit und Häufigkeit auftritt«.

Wie wir schon erwähnten, sind die Grenzen des Bermuda-Dreiecks ebenso umstritten wie seine Existenz. Es wird als Dreieck bezeichnet, mit den Bermudas als nördlichstem Punkt, als große Ellipse im westlichen Teil des Nordatlantik, als ein Gebiet, das entlang des Kontinentalsockels im Süden der Vereinigten Staaten, im Golf von Mexiko und in den Antillen verläuft, oder als Gefahrenzone ohne feste Grenze zwischen den Bahamas, Florida und dem Golf von Mexiko. Neben der Diskussion über die Grenzen sind jedenfalls eine Menge phantastischer Erzählungen über dieses Gebiet im Umlauf, Geschichten über verschwundene Flugzeuge, Dampfer, Jachten, Segelboote oder auch über verlassene Schiffe, deren Besatzung verschwand. Der Glaube an geheimnisvolle Kräfte im Bermuda-Dreieck hat sich derart verbreitet, daß jedes Verschwinden und jeder rätselhafte Unfall neue Mutmaßungen über die anderen ungelösten Rätsel in diesem Gebiet auslöst.

Wenn im Radio oder Fernsehen Berichte über diese Vorfälle gebracht werden, kommen oft besorgte Anfragen aus dem Publikum, von Leuten, die dieses Gebiet im Flugzeug besuchen wollen. Man versichert den ängstlichen Fragestellern, daß die Reise ohne Gefahr sei, da das Dreieck unzählige Male ohne Zwischenfall überflogen wurde und wird. Reisebüroangestellte werden von Reisenden mit Zielen jenseits des Dreiecks oft zögernd gefragt: »Fliegen Sie über das Bermuda-Dreieck?« — eine Frage, die leicht zu verneinen ist, da die Grenzen des Dreiecks nicht feststehen. Einem wegen einer Flugverspätung beunruhigten Passagier wurde folgende Erklärung zuteil: »Wir mußten um das Bermuda-Dreieck herumfliegen.«

Ein weiterer Grund zur Beruhigung ist die Tatsache, daß die

modernen Flugzeuge über wesentlich mehr Sicherheitsvorkehrungen verfügen als einige der in den vergangenen Jahren verschwundenen. Manche dieser Vorrichtungen waren zur Zeit der sensationellsten Fälle noch nicht in Gebrauch. Dazu gehören Transistoren und Fernbereichs-Navigationssysteme (die allerdings an Bord der *Star Ariel* in Gebrauch waren). Außerdem verwenden auch kleine Flugzeuge heute »omni«, ein Radarzielflugsystem, das es Flugzeugen erlaubt, selbst durch die dichteste Wolkendecke ihren Zielflughafen zu finden.

Trotz all dieser modernen Geräte setzen sich die seltsamen Unfälle im Dreieck und den umliegenden Küstengebieten fort. So verschwanden innerhalb der letzten Jahre auf geheimnisvolle Weise einige Flugzeuge über dem Festland, in der Nähe des Flughafens von Miami, wie etwa am 29. Dezember 1972 eine Lockheed L-1011 der Eastern Airlines (Flug 401) mit über hundert Passagieren und Besatzung. Eine nähere Untersuchung der Umstände ihres Verschwindens bringt vielleicht etwas Licht in das Schicksal der Maschinen, die plötzlich über dem Meer verlorengingen. Dr. Manson Valentine schreibt über diesen Fall:

> Bei Prüfung aller vorhandenen Unterlagen zeigt sich, daß die Maschine während der letzten sieben oder acht Minuten des Flugs so rasch an Höhe verlor, daß weder die Flugkontrolle in Miami noch die Piloten Zeit zum Eingreifen hatten; alle Höhenmesser funktionierten, so daß der Pilot unter normalen Umständen genügend Zeit für Korrekturen gehabt hätte. Der Absturz erfolgte so schnell (in den Berichten wurde nicht darauf hingewiesen, wie ungewöhnlich schnell), daß die Kontrollstation in Miami nur einen einzigen Radar-Ausschlag lang — 40 Sekunden — Zeit hatte, ihn zu verfolgen; beim zweiten Ausschlag war das Flugzeug aus einer Höhe von 270 Meter (wo zuerst bemerkt wurde, daß es nicht die vorgeschriebene Flughöhe von 600 Meter einhielt) auf weniger als 90 Meter abgesunken. Wahrscheinlich war es bereits zerstört. Eine derartige Absturzgeschwindigkeit kann nicht durch das Versagen der automatischen

Steuerung, durch Abrutschen aus überzogener Fluglage oder Unerfahrenheit des Piloten erklärt werden. Auch die Tatsache, daß die Motoren halb gedrosselt waren, ist kein ausreichender Grund. Die Ursache muß atmosphärisch bedingt sein und liegt wahrscheinlich in irgendeiner Anomalie des Magnetfeldes.

Die unerklärlichen Unfälle in diesem Gebiet häufen sich, und immer mehr Beobachter sind nicht sicher, ob sie durch normale Umstände hervorgerufen wurden, das heißt durch ungewöhnliche Wetterlage, Versagen oder Übermüdung des Piloten, Versagen des Motors, fehlerhafte Konstruktion des Flugzeugs und dergleichen, oder ob hier eine unerklärliche Kraft in Aktion tritt, die Schiffe und Flugzeuge zerstört. John Goodwin (Autor von *This Baffling World*) meint, daß die Öffentlichkeit mehr und mehr geneigt sei, der letzteren Hypothese zuzustimmen, und stellt in diesem Zusammenhang auch fest, daß die amerikanischen und britischen Behörden das Dreieck nie offiziell als »Gefahrenzone« deklariert haben. Er setzt hinzu: »Privat haben jedoch sowohl Fachleute der Marine als auch der Luftfahrt zugegeben, daß sie sich hier möglicherweise eher einer Eigentümlichkeit dieses bestimmten Gebietes gegenübersehen als einer Serie von technischen Versagen.« Er meint, daß dieses wie auch immer geartete Phänomen den Menschen heute vielleicht ebenso unerklärlich sei wie den Alchimisten des 15. Jahrhunderts die Kraft des Radiums. Er sagt weiterhin, daß »man zwar keinen sicheren Zusammenhang zwischen den verschwundenen Schiffen und Flugzeugen herstellen kann ... daß aber sie alle in einem geographisch engbegrenzten Gebiet verlorengingen«.

Lange vor den Flugzeugunfällen in den vierziger Jahren und auch nachher war das Meer innerhalb des Bermuda-Dreiecks, einschließlich Kap Hatteras, der Küste von Carolina und der Florida-Straße als »Schiffsfriedhof« bekannt. Die Schiffbrüche in diesem Gebiet wurden meist durch schwere Seen und plötzliche Stürme verursacht. Die Sargasso-See wird ebenfalls

»Schiffsfriedhof« oder »Meer der verlorenen Schiffe« genannt, aber aus dem entgegengesetzten Grund: Hier versanken die Schiffe nicht im Sturm, sondern wegen der Flauten. In diesem Gebiet wurden im Laufe der Zeit schon einige mysteriöse Fälle registriert, wo große Schiffe verschwanden, ohne SOS zu funken und ohne daß man später Treibgut gefunden hätte. Aber erst seit im Jahr 1945 und in den darauffolgenden Jahren derart viele Flugzeuge und auch Schiffe jeder Größe verlorengingen, begannen Forscher, sich mit der Regelmäßigkeit dieses Phänomens auseinanderzusetzen. Eine Schlagzeile im *Manchester Guardian* anläßlich des Verschwindens von Flight 19 ist für diese Reaktion typisch. Sie lautet: »Der Friedhof der Sargasso-See verschlingt jetzt nicht nur Schiffe, sondern auch Flugzeuge.«

Die verschwundenen Flugzeuge brachten dem Bermuda-Dreieck weltweite Aufmerksamkeit. Allerdings verschwanden schon seit mehr als 170 Jahren — vielleicht auch seit Jahrhunderten, nur besitzen wird darüber keine Aufzeichnungen mehr — in diesem Gebiet Schiffe mitsamt der Mannschaft (manchmal verschwand auch nur die Mannschaft). Einige Umstände bei diesen Schiffsunglücken erinnern stark an die rätselhaften Unfälle in der Luft, während andere überraschende Eigentümlichkeiten zeigen.

Die wichtigsten im Bermuda-Dreieck verschwundenen Flugzeuge

(Auf der Karte: Ziffern in Kreisen)

1. 5. Dezember 1945: Fünf TBM-Avenger-Bomber der amerikanischen Marine auf einem Trainingsflug von Fort Lauderdale, Florida; Besatzung: vierzehn Mann; zwei Stunden normaler Flug; verschwanden ungefähr 225 Meilen nordöstlich ihres Stützpunktes.
2. 5. Dezember 1945: PBM-Martin-Mariner-Bomber, mit dreizehn Mann Besatzung auf die Suche nach den fünf

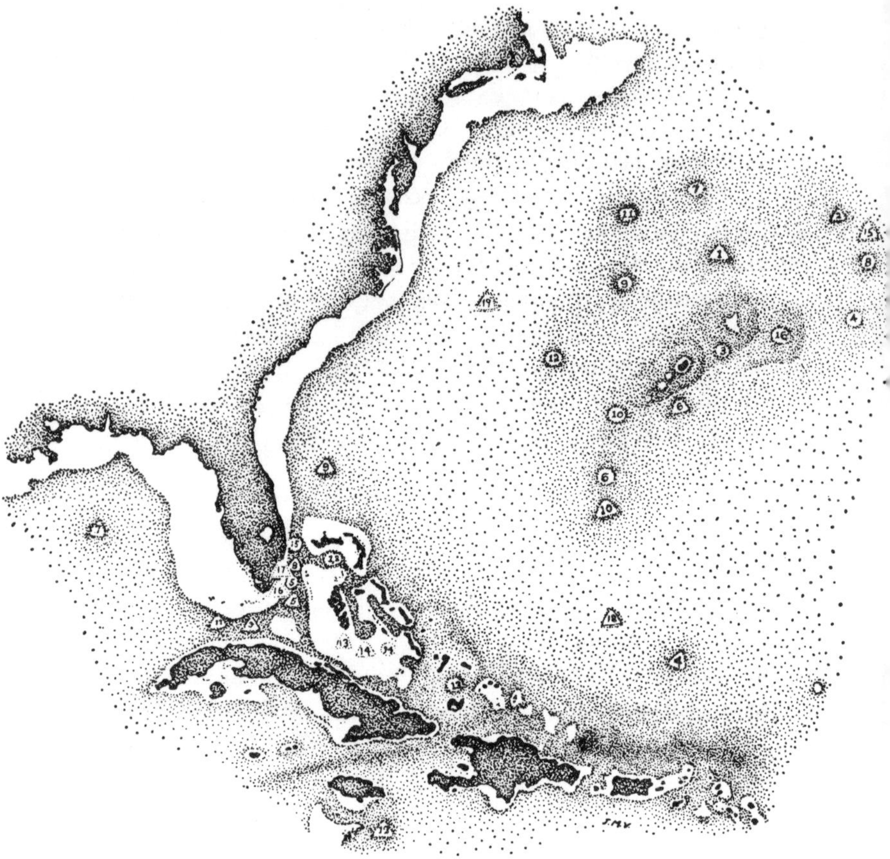

Annähernde Positionen der wichtigsten im Bermuda-Dreieck verschwundenen Flugzeuge und Schiffe zum Zeitpunkt ihres Verschwindens. Die Flugzeuge sind mit Ziffern in Kreisen bezeichnet, die Schiffe mit Ziffern in Dreiecken.

TBM Avenger entsandt; zwanzig Minuten später Funkkontakt unterbrochen und Flugzeug verschwunden.

3. 1947: Superfort (C-54 der amerikanischen Armee); verschwand 100 Meilen von den Bermudas entfernt.
4. 29. Januar 1948: *Star Tiger*, viermotorige Tudor IV; verlor den Funkkontakt nach letzter Meldung 380 Mei-

len nordöstlich der Bermudas; Maschine verschwand mit 31 Passagieren und Besatzung.

5. 28. Dezember 1948: DC-3, privates Charterflugzeug, von San Juan auf Puerto Rico unterwegs nach Miami; 32 Passagiere und Besatzung.
6. 17. Januar 1949: *Star Ariel*, Schwestermaschine der *Star Tiger;* unterwegs von London nach Santiago de Chile via Bermudas und Jamaika; Funkkontakt 380 Meilen südwestlich der Bermudas auf dem Kurs nach Kingston abgebrochen.
7. März 1950: Globemaster (amerikanische Maschine); verschwand am nördlichen Ende des Dreiecks auf dem Weg nach Irland.
8. 2. Februar 1952: Frachtflugzeug vom Typ York (britische Maschine); verschwand im Norden des Dreiecks auf dem Weg nach Jamaika; 33 Mann an Bord.
9. 30. Oktober 1954: Super Constellation (Flugzeug der amerikanischen Marine) verschwand im Norden des Dreiecks mit 42 Mann an Bord.
10. 9. November 1956: P5M-Patrouillenflugboot der amerikanischen Marine; verschwand mit zehn Mann Besatzung in der Nähe der Bermudas.
11. 8. Januar 1962: KB-15-Tankflugzeug der amerikanischen Luftwaffe; unterwegs vom Stützpunkt Langley Field in Virginia zu den Azoren.
12. 28. August 1963: zwei neue vierstrahlige Stratotanker vom Typ KC-13 der amerikanischen Luftwaffe; unterwegs vom Luftwaffenstützpunkt Homestead, Florida, zu geheimer Lufttank-Position im Atlantik; verschwanden 300 Meilen südwestlich der Bermuda-Inseln.
13. 5. Juni 1965: C-119 Flying Boxcar; zehn Personen an Bord; in den südöstlichen Bahamas verschwunden.
14. 5. April 1965: zu ziviler Frachtmaschine umgebauter B-25-Bomber; südöstlich der Tongue of Ocean verschwunden; drei Mann Besatzung.
15. 11. Januar 1967: Chase YC-22, zu Frachtmaschine um-

gebaut; vier Personen an Bord; im Golfstrom zwischen Palm Beach und Grand Bahama verlorengegangen.

16. 22. September 1963: C-132 Cargomaster verschwand auf dem Weg zu den Azoren.

Größere Schiffe, die im Bermuda-Dreieck verschwanden oder verlassen aufgefunden wurden

(Auf der Karte: Ziffern in Dreiecken)

1. 1840: *Rosalie,* ein französisches Schiff; auf dem Weg von Havanna nach Europa im Gebiet des Dreiecks verlassen aufgefunden; Segel gesetzt, Ladung intakt, die Besatzung verschwunden.
2. Januar 1880: die britische Fregatte *Atalanta;* verließ mit 290 Personen an Bord die Bermudas mit dem Ziel England; verschwand vermutlich nicht weit von den Bermudas.
3. Oktober 1902: Die deutsche Bark *Freya;* wurde bald nach Verlassen des Hafens Manzanillo auf Kuba gefunden, mit starker Schlagseite, Masten teilweise fehlend, der Anker nachschleifend; der Kalender in der Kabine des Kapitäns zeigte den 4. Oktober, den Tag nach der Abfahrt.
4. März 1918: Versorgungsschiff der amerikanischen Marine U.S.S. *Cyclops;* 152 Meter lang, 19 000 Tonnen; fuhr am 4. März mit 309 Personen an Bord von Barbados nach Norfolk; kein Schlechtwetter, keine Funkmeldungen; Wrack nicht gefunden.
5. 1925: S.S. *Cotopaxi;* verschwand auf dem Weg von Charleston nach Havanna.
6. April 1932: Zweimaster *John and Mary;* registriert in New York; wurde leer 50 Meilen südlich der Bermudas treibend gefunden; Segel eingerollt, Schiffsrumpf frisch gestrichen.
7. Februar 1940: Jacht *Gloria Colite;* aus St. Vincent,

Britisch Westindien; wurde 200 Meilen südlich von Mobile in Alabama verlassen aufgefunden; alles an Bord in Ordnung.

8. 22. Oktober 1944: der kubanische Frachter *Rubicon;* wurde von der Küstenwache im Golfstrom in der Nähe Floridas treibend gefunden; bis auf einen Hund kein Lebewesen an Bord.
9. Juni 1950: S.S. *Sandra,* Frachter von 108 Meter Länge; unterwegs von Savannah, Georgia, nach Puerto Cabello in Venezuela; Ladung 300 Tonnen Insektenvertilgungsmittel; passierte St. Augustine, Florida, und verschwand dann spurlos.
10. September 1955: Jacht *Connemara IV;* wurde verlassen 400 Meilen südwestlich der Bermudas aufgefunden.
11. 2. Februar 1963: *Marine Sulphur Queen;* Frachter von 129 Meter Länge; verschwand samt Mannschaft; keinerlei Funksprüche, Wrackteile oder Anhaltspunkte irgendwelcher Art; war auf dem Weg von Beaumont, Texas, nach Norfolk in Virginia; letzte Meldung von einer Position in der Nähe der Dry Tortugas.
12. 1. Juli 1963: *Sno'Boy;* Fischkutter von 20 Meter Länge; 40 Mann Besatzung; auf dem Weg von Kingston, Jamaika, nach Northeast Cay; verschwand mit der gesamten Besatzung.
13. 1924: *Raifuku Maru;* japanischer Frachter; funkte zwischen den Bahamas und Kuba um Hilfe und verschwand anschließend.
14. 1931: *Stavanger;* Frachter mit 43 Mann Besatzung; letzte Meldung aus der Nähe von Cat Island in den Bahamas.
15. März 1938: *Anglo-Australian;* Frachter mit 39 Mann Besatzung; letzte Meldung von einem Punkt westlich der Azoren: »Alles in Ordnung.«
16. Dezember 1967: *Revonco;* 14 Meter lange Rennjacht mit Hochseeausrüstung; verschwand in Sichtweite der Küste.
17. 24. Dezember 1967: *Witchcraft;* Kabinenkreuzer; Passa-

gier und Besitzer verschwanden, während das Schiff an einer Hafenboje 1 Meile vor Miami befestigt war.

18. April 1970: *Milton Iatrides;* Frachter auf dem Weg von New Orleans nach Kapstadt.

19. März 1973: *Anita;* 20 000-Tonnen-Frachter mit 32 Mann Besatzung, auf dem Weg von Newport News nach Deutschland.

3

Das Meer der verlorenen Schiffe

Die meisten ungeklärten Schiffsunglücke im Bermuda-Dreieck fanden in der Sargasso-See statt, einem großen, unbewegten Meeresgebiet im westlichen Atlantik. Wenn irgend etwas das Rätsel noch unlösbarer machen kann, dann die Sargasso-See, die selbst immer wieder Rätsel aufgibt, seit sie vor fünfhundert Jahren von spanischen und portugiesischen Seeleuten erstmals befahren wurde. Wenn wir die Überquerung der Sargasso-See durch phönizische und karthagische Seefahrer dazuzählen — die heute als wahrscheinlich angenommen wird —, so ist man diesem Rätsel schon seit Jahrtausenden gegenübergestanden.

Die Sargasso-See ist also ein riesiges Gebiet im Nordwestatlantischen Becken und hat ihren Namen von der Meeresalge Sargassum. Diese Algen, die entweder einzeln oder in großen Mengen im Wasser treiben, markieren die Grenzen des Gebiets. Als Kolumbus auf seiner ersten Reise in dieses Meer kam und so viele Algen sah, nahm er fälschlich an, daß Land in der Nähe sei. Sein Mut hob sich — ein Gefühl, das von seiner Mannschaft nicht eben geteilt wurde.

Dieses Algenmeer wird im Norden vom Golfstrom begrenzt, der sich zuerst nach Nordost und dann nach Osten bewegt. Die südliche Grenze bilden der zurückkehrende Golfstrom und der nördliche Äquatorialstrom. Die Umrisse dieses Meeres sind nicht genau festgelegt. Es erstreckt sich in der Hauptsache vom 37. nördlichen zum 27. nördlichen Breitengrad und vom 75. zum 40. westlichen Längengrad. Unter der Sargasso-See liegen das Hatteras- und Nares-Tief, die steile Bermuda-Schwelle, zahlreiche »seamounts« (unterseeische Berge), die nicht ganz bis zur Wasseroberfläche reichen und flache Plateaus bilden, als seien sie einst Inseln gewesen) sowie an der Ostgrenze ein Teil des Nordatlantischen Rückens, einer riesigen, in Nord-Süd-Richtung verlaufenden unterseeischen Gebirgskette, deren höchste Gipfel über die Meeresoberfläche ragen und die Azoren bilden. Die Sargasso-See ist ein stagnierendes Meer, in dem es außer in den Randgebieten fast keine Strömungen gibt. Sie erstreckt sich etwa 200 Meilen nördlich der Großen Antillen und etwa 260 Meilen vom Festland Floridas und der Atlantikküste entfernt bis in die Nähe von Kap Hatteras, von dort weiter in den Atlantik in Richtung Iberische Halbinsel und Afrika, bis zum Nordatlantischen Rücken.

Die Sargasso-See wird nicht nur von ihren allgegenwärtigen Algen, sondern auch von ihren tödlichen Flauten charakterisiert, die wahrscheinlich zu den pittoresken, aber furchterregenden Legenden vom »Meer der verlorenen Schiffe«, vom »Schiffsfriedhof« oder vom »Meer der Angst« geführt haben. Diese Seemannssage erzählt von einem großen Friedhof an der Oberfläche des Atlantik, wo Schiffe aus allen Zeitaltern der Seefahrt liegen, gefangen und umklammert von Algenfeldern, langsam verrottend, aber noch immer mit »Mannschaften« besetzt, den Skeletten der Unglücklichen, die sich nicht retten konnten und das Schicksal ihrer Schiffe teilten. In diesem Meer des Todes sollen Jachten zu finden sein, Walfangschiffe, Klipper, Packboote, Brigantinen, Piratenschiffe und, um die Geschichte spannender zu machen, spanische Schatzgaleonen. Je öfter die Geschichte erzählt wurde, von desto mehr Schiffen berichtete sie, Schiffen, die zum Zeitpunkt der Erzählung schon lange verfault und versunken sein mußten, wie die Drachenschiffe der Wikinger, an deren Rudern noch die Skelette der Seefahrer zu sehen waren, arabische Segelgaleeren, römische Triremen mit ihren großen Ruderbänken, phönizische Handelsschiffe mit Silberankern, und selbst die riesigen Schiffe der versunkenen Atlantiks mit goldbeschlagenem Bug — alle dazu verdammt, jahrhundertelang in einem bewegungslosen Meer zu verrotten.

Die ersten Legenden über die Sargasso-See stammen vielleicht von den Phöniziern und Karthagern, die dieses Gebiet vor Tausenden von Jahren befuhren und in Amerika landeten, wie man aufgrund von phönizischen Inschriften in Brasilien, Funden von phönizischen Münzen auf den Azoren, karthagischen Münzen in Venezuela und an der Südostküste der Vereinigten Staaten und bildlichen Darstellungen wahrscheinlich semitischer Besucher in Mexiko annehmen kann. Der folgende Bericht des Karthagers Himilkon aus dem Jahr 500 v. Chr. hat in Hinblick auf die Flauten und die Algenfelder der Sargasso-See einen recht vertrauten Klang.

> Kein Wind treibt das Schiff vorwärts, so still ist die dicke Luft dieses bewegungslosen Meeres... viele Algen treiben auf den Wellen und halten das Schiff wie Gestrüpp zurück... das Meer ist nicht sehr tief, die Oberfläche der Erde ist nur von wenig Wasser bedeckt... die Ungeheuer der See schwimmen herum, und gewaltige Monstren bewegen sich zwischen den langsam und träge dahintreibenden Schiffen...

Man muß Himilkon über die Jahrtausende hinweg eine gewisse verständliche Übertreibung verzeihen. Die phönizisch-karthagischen Seefahrer waren sehr darauf bedacht, andere Reisende davon abzuhalten, an den Säulen des Herakles (Gibraltar) vorbei in den offenen Ozean hinauszusegeln. Dies geschah hauptsächlich, um den vorteilhaften Handel mit den Kulturen der europäischen Atlantikküste, mit Afrika und vielleicht noch weiter entfernten Ländern nicht zu verlieren. Die Karthager verhängten sogar die Todesstrafe über Kapitäne, die ihre Routen oder auch nur ihren Aufenthalt im Atlantik verrieten. Das erklärt die Gewohnheit der Karthager, alle fremden Schiffe in der Nähe Gibraltars zu versenken, oder, wenn das unmöglich war, aus der Sicht zu verschwinden, selbst wenn das eigene Schiff dabei versenkt werden mußte.

Andere Autoren der Antike haben diese frühen Berichte ausgeschmückt. Sie erzählten von den Sandbänken und seichten Stellen im Atlantik, die Reste des versunkenen Kontinents Atlantis, wie auch über die Algen, die sich um die Ruder schlingen und die Fahrt der Galeeren behindern.

Wie viele Legenden kann auch die vom »Meer der verlorenen Schiffe« eine reale Ursache haben, die allerdings von Phantasievorstellungen überwuchert ist. Der Australier Alan Villiers, der die Sargasso-See mit einem Segelboot überquerte und tatsächlich ein verlassenes Schiff in den Algen bemerkte, notierte (in *Wild Ocean*, 1957): »Ein Schiff, das so lange durch Windstille aufgehalten wird, bis alle Vorräte aufgebraucht sind ... würde wahrscheinlich von Seepflanzen und Entenmuscheln überwachsen werden, bis es tatsächlich manövrierunfähig ist ... Die tropischen Bohrwürmer würden die Planken des Schiffs anbohren, bis ... eine verrottende, faulende Masse, bemannt von Skeletten ... unter die glatte Oberfläche des Meeres sinkt.«

Unter den zahlreichen Wracks, die in neuerer Zeit in der Sargasso-See gesichtet wurden, befinden sich einige, die zwar nicht in den Algen hängengeblieben, aber von einer Flaute heimgesucht und von der Mannschaft verlassen wurden.

Selbst der Name »Roßbreiten« für den Hochdruckgürtel über der Sargasso-See ist ein Hinweis auf die Bewegungslosigkeit dieses Meeresgebietes: Wenn spanische Galeonen durch Flauten behindert wurden und das Trinkwasser knapp zu werden begann, waren die Spanier gezwungen, ihre Schlachtrosse zu töten und über Bord zu werfen, um Wasser zu sparen.

Moderne Motorschiffe können durch eine Flaute nicht mehr in Gefahr geraten, eine Tatsache, die das häufige Verschwinden von Schiffen in diesem Gebiet noch rätselhafter erscheinen läßt. In gewissem Sinn sind natürlich alle Schiffbrüche rätselhaft, da ja kein Kapitän die Absicht hat, sein Schiff zu verlieren. Wenn das Schicksal eines Schiffes geklärt ist oder es zumindest Hinweise dazu gibt, endet das Rätsel. Bei den vielen Schiffen, die in der Sargasso-See verschwanden, war das jedoch nicht der Fall.

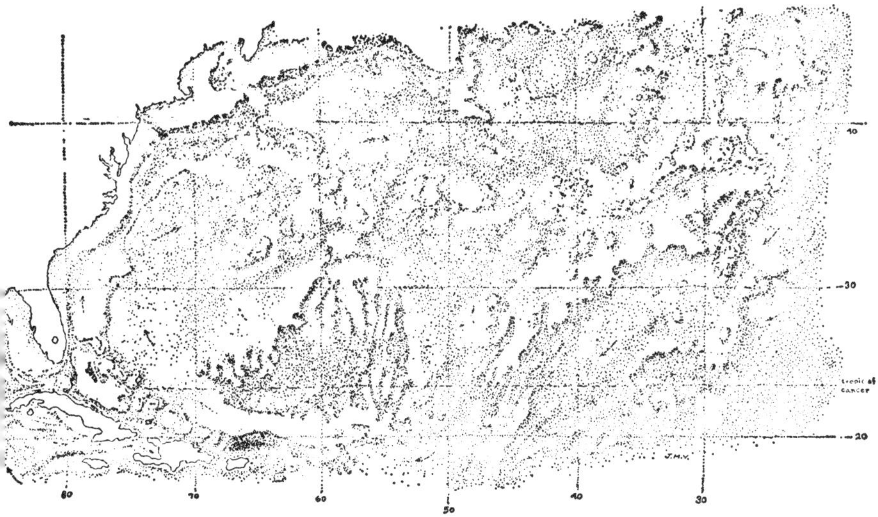

Das Gebiet der Sargasso-See im Atlantischen Ozean. Die Pfeile zeigen die Richtung des Golfstroms und des nördlichen Äquatorialstroms an, die dieses algenbewachsene und unbewegte Meeresgebiet begrenzen, das durch tödliche Flauten charakterisiert ist. Tiefgelegene Teile des Meeresbodens sind auf der Karte dunkel eingezeichnet, die kleinen Inseln, wie die Azoren und die Bermuda-Inseln, dagegen schwarz. In den höhergelegenen Gebieten des Meeresbodens, vor allem zwischen dreißig und vierzig Grad nördlicher Breite, befinden sich die geheimnisvollen »Seamounts«, abgeflachte unterseeische Berge, die möglicherweise früher Inseln waren. Die seichten Gebiete um die Azoren und die Bahamas sind auch ein Zeichen, daß die Inseln wesentlich größer waren, bis das Schmelzen des Inlandeises nach der letzten Eiszeit den Meeresspiegel ansteigen ließ.

In den ersten Jahren, als Berichte über das Verschwinden von Schiffen in der Sargasso-See und den benachbarten Teilen des Golfstroms auftauchten, gab man zumeist dem Wetter oder den Piraten die Schuld, obwohl die Aufzeichnungen der Spanier überraschend gut geführt wurden, zweifellos wegen des hohen Werts der Ladungen, die die jährlichen Schatzflotten nach Spanien brachten. Diese Schiffe kamen aus Mexiko, Panama und dem heutigen Kolumbien, trafen einander in Havanna und segelten durch die Keys und die Straße von Florida, wo viele von ihnen dem Hurrikan zum Opfer fielen. Ihre Schätze lagen auf dem Grund des Meeres und wurden in späteren Jahrhunderten von Tauchern gefunden. Andere Schiffe wurden von Freibeutern oder Piraten versenkt.

Lange nachdem die Piraterei aufgehört hatte, ein erfolgversprechendes Geschäft zu sein, verschwanden weiterhin regelmäßig Schiffe in diesem Gebiet, selbst bei gutem Wetter. In späteren Jahren zeigte sich immer häufiger, daß weder Wrackteile noch Leichen an den Küsten und Inseln des westlichen Atlantik angetrieben wurden.

Viele der verlorengegangenen Schiffe gehörten zur Kriegsmarine der USA oder anderer Staaten. Die Serie der Verluste begann im August 1800 mit dem Verschwinden der U.S.S. *Insurgent*, mit 340 Mann an Bord, und setzte sich fort bis zu dem ungeklärten Unfall, der im Mai 1968 dem U-Boot *Scorpion* mit 99 Mann Besatzung zustieß. Die *Scorpion* blieb jedoch nicht verschwunden, sie konnte schließlich 460 Meilen südöstlich der Azoren in einer Tiefe von 3000 Meter unter dem Meeresspiegel gefunden werden.

In demselben Gebiet sind folgende Schiffe auf unerklärliche Weise verschwunden:

U.S.S. *Pickering;* am 20. August 1800, mit 90 Mann Besatzung auf dem Weg von Newcastle, Delaware, nach Guadeloupe in Westindien.

U.S.S. *Wasp;* am 9. Oktober 1814 in der Karibik, 140 Mann Besatzung.

U.S.S. *Wildcat;* am 28. Oktober 1824, mit 14 Mann Besatzung auf dem Weg von Kuba nach Thompson's Island.

H.M.S. *Atalanta;* Januar 1880, unterwegs von den Bermudas nach England, mit 290 Personen, meist Seekadetten, an Bord. Das Verschwinden der *Atalanta* war Anlaß für eine ausgedehnte Suchaktion der britischen Marine. Sechs Schiffe der Kanalflotte wurden entsandt und durchsuchten in einigen Meilen Abstand voneinander das Gebiet, in dem die verunglückte *Atalanta* vermutet wurde. Diese Art der Suche sollte sich in der Zukunft noch oft wiederholen, wenn Flugzeuge »Flügel an Flügel« das Gebiet durchkämmten. Die Suche nach der *Atalanta* wurde bis Anfang Mai erfolglos fortgesetzt.

U.S.S. *Cyclops;* am 4. März 1918, auf dem Weg von Barbados nach Norfolk in Virginia, mit 309 Personen an Bord. Unter den Verlusten der amerikanischen Marine ist jener der *Cyclops* der am besten dokumentierte und auch seltsamste, wenn man die Kommunikationsmöglichkeiten von Land zu Meer und von Schiff zu Schiff zur Zeit des Ersten Weltkriegs bedenkt. Es traten zusätzlich noch weitere unglaubliche Zufälle auf. Da der Erste Weltkrieg tobte, glaubte man, die *Cyclops* (ein Kohlenschiff und Schwesterschiff der U.S.S. *Langley,* die später in einen Flugzeugträger umgewandelt wurde) könne auf eine Mine gelaufen oder einem deutschen Unterseeboot oder Zerstörer begegnet sein. Auch eine Meuterei vom Typ der »Meuterei auf der Bounty« gegen den despotischen Kapitän schien möglich. Es wurde auch vermutet, daß die *Cyclops* ganz einfach von ihrem deutschstämmigen Kapitän, der seinen Namen vom deutschen Wichmann zum weniger auffallenden Worley geändert hatte, an den Feind verraten worden war. Es gab tatsächlich für jede dieser Vermutungen einige Hinweise, vor allem weil die *Cyclops* sich nach der Ausfahrt aus dem Hafen von Barbados plötzlich nach Süden gewandt hatte, statt auf ihrem vorgeschriebenen nördlichen Kurs zu bleiben, und dann ebenso plötzlich verschwand. Aber eine spätere Durchsicht der Aufzeichnungen der deutschen Marine zeigte, daß es zu dieser Zeit weder deutsche U-Boote noch Minen in diesem Gebiet gab. Ein britisches Schiff, das seltsamerweise auch *Cyclops* hieß, verschwand während des Zweiten Weltkriegs im Nordatlantik. Die U.S.S. *Cyclops* hatte eine Ladung Manganerz an Bord, und nach Kriegsende rühmten sich deutsche Agenten in Südamerika, Zeitbomben in die Ladung praktiziert zu haben (ein Vorgehen, das in Geheimdienstkreisen nach einer erfolgreichen Aktion nicht selten ist).

Auf jeden Fall hatte das Verschwinden der *Cyclops* alle Elemente einer geheimnisvollen, abenteuerlichen Geschichte: der deutsche Kapitän eines amerikanischen Schiffes, der möglicherweise auch geistesgestört war, da er in langer Unterwäsche und Zylinder auf der Brücke spazierenzugehen pflegte; Passagiere, unter denen sich der frühere amerikanische Generalkonsul in Brasilien befand; drei gefangene Seeleute, die des Mordes angeklagt waren, und ein paar Matrosen, die sich ohne Urlaub von der Truppe entfernt hatten.

Der amerikanische Vizeadmiral M. S. Tisdall stellte eine Theorie über das Verschwinden der *Cyclops* auf, die möglicherweise die Idee für einen 1973 gedrehten Film, »Die Höllenfahrt der Poseidon«, geliefert hat. Der Admiral publizierte einen Artikel mit dem Titel »Ist die *Cyclops* gekentert?«, in dem er das starke Rollen des Schiffes erwähnte. Im Film kentert ein Passagierschiff wegen zu hoher Geschwindigkeit und schlechter Verteilung der Ladung, als es von einer Flutwelle getroffen wird. Soweit man es überprüfen kann, geriet die *Cyclops* in keinen Hurrikan, aber eine plötzliche Flutwelle kann sie getroffen und zum Kentern gebracht haben, so daß sie blitzschnell sank und Besatzung und Passagiere in den Strudel mitzog.

Sicher weiß man von der *Cyclops* jedoch nur, daß sie verschwand — wie so viele andere große und kleine Schiffe im Bermuda-Dreieck. In einem Bericht der Marine über diesen Vorfall heißt es:

> ... Seit ihrem Auslaufen aus Barbados zeigte sich keine Spur mehr. Das Verschwinden der *Cyclops* ist eines der verwirrendsten Rätsel in den Annalen der Marine. Alle Versuche, das Schiff zu finden, blieben ohne Ergebnis ... Es gab zahlreiche Theorien, aber keine erklärt das Verschwinden befriedigend.

Das rätselhafte Verschwinden der *Cyclops* hatte später auch politische Folgen. Während einer Debatte im Kongreß über die Notwendigkeit von Staatsvorräten wurde auf die *Cyclops* verwiesen, deren Ladung für die Stahlproduktion und Waffenherstellung von Bedeutung war. Ihr Beispiel zeigte, daß die Vereinigten Staaten während internationaler Konflikte nicht auf den Seeweg zur Beschaffung strategisch wichtigen Materials bauen konnten.

Unter jenen Fällen, die sich nach Ende des Zweiten Weltkriegs im Bermuda-Dreieck ereigneten, ist der Verlust des brasilianischen Kriegsschiffes *Sao Paulo* besonders merkwürdig. Die zum Verschrotten bestimmte *Sao Paulo,* die nur eine Aufsichtsmannschaft von acht Mann an Bord hatte, war an zwei Hochseeschleppern vertäut. Der Verband befand sich südwestlich der Azoren. In der Nacht vom 3. zum 4. Oktober 1951 verschwand das geschleppte Schiff plötzlich. Wegen unruhiger See hatte einer der Schlepper in der Nacht des 3. Oktober die Trossen gelöst. Am Morgen zum 4. Oktober war die See wieder ruhig. Da bemerkte man, daß die Kabel zum zweiten Schlepper zerrissen waren und die *Sao Paulo* fehlte. Während Flugzeuge und Schiffe nach ihr suchten, traten seltsame Phänomene auf: Unerklärliche Lichter wurden in der Nacht und am frühen Morgen gesichtet, und am nächsten Tag meldeten die Schiffe und Flugzeuge das Auftauchen von dunklen Gestalten oder Umrissen auf der Meeresoberfläche, die aber bald verschwanden. Von der *Sao Paulo* und ihrer Mannschaft fand man keine Spur.

Die meisten Kommentare zu den Ereignissen im Bermuda-Dreieck begnügen sich damit, diese als unlösbare Rätsel hinzustellen. Andere aber, und zwar jene, die sich am eingehendsten mit diesem Phänomen befaßt haben, sprechen die Vermutung aus, daß das unerklärliche Verschwinden von Schiffen, Flugzeugen und Menschen in Zusammenhang mit vernunftbegabten irdischen oder außerirdischen Wesen steht. Diese Ansicht wird von einer wachsenden Zahl von Personen geteilt, vielleicht weil es sonst keine logische Erklärung des Phänomens gibt.

Ivan Sanderson und Dr. Manson Valentine stellten die

Theorie auf, daß intelligente Wesen unter der Wasseroberfläche existieren, während eine andere, populäre Theorie hauptsächlich von John Spencer vertreten wird, der zehn Jahre bei der amerikanischen Luftwaffe diente. Spencer nimmt an, daß außerirdische Wesen periodisch die Erde besuchen und Menschen und technisches Material »kidnappen« oder »spacenappen«, um den Stand unserer technologischen Entwicklung festzustellen. Sie tun das nicht, um zu sehen, ob wir schon weit genug gekommen sind, sondern um festzustellen, wann wir in Gefahr sind, zu weit zu kommen. Diese Theorien werden im folgenden noch ausführlich behandelt. Es ist jedoch interessant, die Hypothese eines möglichen inner- oder außerirdischen Forschungslaboratoriums mit dem fortgesetzten Verschwinden von Schiffen und in der Folge auch Flugzeugen in Bezug zu bringen. Die Zeiträume zwischen den einzelnen rätselhaften Unfällen, der Wechsel von Schiffen zu Flugzeugen, wie auch die Verschiedenartigkeit der verschwundenen Schiffe und Jachten, von denen manche nur Passagiere mitführten, andere besondere Ladungen, und auch einige seltsame Umstände, die mit diesen »Unfällen« verbunden sind, geben zu beunruhigenden Überlegungen Anlaß, wenn man sie im Licht dieser Theorie betrachtet.

Einer der ersten unerklärbaren Unfälle, in die ein Handelsschiff verwickelt war, stieß der *Rosalie* zu, einem französischen Frachter, der 1840 nach Havanna unterwegs war. Allerdings verschwand nicht das Schiff, sondern die Mannschaft und mit ihr die Passagiere. Das Schiff wurde mit gesetzten Segeln und intakter Ladung leer aufgefunden. Außer einem Kanarienvogel war kein Lebewesen an Bord. Wenn es sich um Piraterei handelte, hatte der Pirat offenbar größeres Interesse an den Menschen, die an Bord waren, als am Schiff selbst und der Ladung. Wenn eine plötzlich ausgebrochene Krankheit den Tod der Mannschaft und der Passagiere verursacht hätte, wären Spuren zu finden gewesen. (Als Beispiel, wie ein plötzlicher Krankheitsausbruch ein Schiff veröden kann, erwähne ich einen Vorfall, der sich zur Zeit des Sklavenhandels in der Sargasso-See abspielte. Ein Schoner beobachtete ein Sklavenschiff, das ziellos dahintrieb. Als man es anrief, bat der Kapitän um Hilfe. Alle Sklaven und die Mannschaft wären von einer schweren Krankheit befallen worden, die zu Erblindung führte. Der Schoner beantwortete den Hilferuf nicht, sondern machte sich so schnell wie möglich davon und überließ das Sklavenschiff, die Sklaven und die Mannschaft ihrem Schicksal.)

Am 26. Februar 1855 fand die *Marathon* den Dreimaster *James B. Chester*, der ziellos, ohne Mannschaft, aber mit gesetzten Segeln in der Sargasso-See trieb. Bei der Durchsuchung fand man in den Kabinen Tische und Stühle umgeworfen und die persönliche Habe der Mannschaft verstreut. Die Ladung war intakt; die Rettungsboote befanden sich an ihrem Platz. Es gab keinerlei Anzeichen dafür, daß ein Kampf oder Überfall stattgefunden hatte. Die Mannschaft war einfach verschwunden, entweder vom Schiff entführt oder, was eher unwahrscheinlich war, über Bord gesprungen. Die Besatzung der *Marathon* bemerkte allerdings, daß die Schiffspapiere und der Kompaß der *James B. Chester* fehlten.

Ein fast unglaublicher Vorfall ereignete sich im Jahr 1881 mit dem amerikanischen Schoner *Ellen Austin.* Der Schoner begegnete westlich der Azoren einem anderen, verlassenen Schoner. Als Leute von der *Ellen Austin* an Bord des anderen Schiffes gingen, fanden sie es in tadellosem Zustand, mit festgezurrten Segeln und intakter Takelage. Der Kapitän der *Ellen Austin* nutzte den glücklichen Zufall und schickte eine Prisenmannschaft an Bord des verlassenen Schiffes. Bevor die Mannschaft das Schiff noch segelfertig machen konnte, trieb es ein plötzlicher Windstoß davon, und es vergingen zwei Tage, bevor es wieder gesichtet wurde. Als Matrosen an Bord gingen, sahen sie, daß die Prisenmannschaft verschwunden war. Es gab aber keine Hinweise darauf, wie und warum sie von Bord gegangen waren. Der Kapitän der *Ellen Austin* war jedoch hartnäckig; nach langen Bemühungen gelang es ihm, einige zögernde Freiwillige zu überreden, und eine zweite Prisenmannschaft ging an Bord. Kurz darauf erhob sich ein plötzlicher Sturm; die beiden Schiffe verloren zum zweiten Mal den Kontakt, und weder das fremde Schiff noch die Prisenmannschaft wurden je wieder gesehen. Wenn die ganze Idee nicht so phantastisch wäre, könnte man annehmen, daß das verlorene Schiff als Falle diente.

Zu den Schiffen, die leer im Bermuda-Dreieck trieben, gehört auch die deutsche Bark *Freya,* die im Oktober 1902 von Manzanillo auf Kuba zu chilenischen Häfen unterwegs war und mit schwerer Schlagseite verlassen aufgefunden wurde. Das oberste Blatt des Abreißkalenders zeigte den 4. Oktober.

Um diese Zeit hatte sich in Mexiko ein heftiges Erdbeben ereignet, und man vermutete, daß durch die seismischen Verschiebungen eine riesige Flutwelle entstanden sei, welche die Mannschaft der *Freya* über Bord gespült oder die Bark teilweise zum Kentern gebracht habe, und daß das Schiff sich später, als die See wieder ruhig wurde, von selbst aufrichtete.

Wenn von leeren Schiffen erzählt wird, die in der Sargasso-See oder benachbarten Teilen des Atlantischen Ozeans gefunden wurden, wird fast ausnahmslos auch die *Mary Celeste* angeführt, das berühmteste verlassene Schiff in der Geschichte der Seefahrt. Der Fall der *Mary Celeste* ereignete sich nicht in der Sargasso-See, obwohl das Schiff auf seiner Fahrt zu jenem Punkt nördlich der Azoren, wo es im November 1872 von der britischen Brigg *Dei Gratia* gefunden wurde, das nördliche Ende der Sargasso-See berührte. Auf der *Dei Gratia* bemerkte man das ziellose Dahintreiben der *Mary Celeste* und rief sie an. Da keine Antwort erfolgte, gingen Männer an Bord, und die *Mary Celeste* wurde später als Prise übernommen. Die Mannschaft, die an Bord ging, fand die Segel gesetzt und die Alkoholladung sicher verstaut. Es gab ausreichende Vorräte an Wasser und Lebensmitteln, aber die zehn Personen an Bord, einschließlich des Kapitäns, seiner Frau und seiner kleinen Tochter, waren verschwunden. Geld, Pfeifen, persönliche Gebrauchsgegenstände und sogar das Logbuch des Schiffes waren noch an Bord, allerdings fehlte der Sextant. Die größte Kabine war mit Brettern verschlagen, als hätte sich hier jemand gegen einen Angriff verbarrikadiert.

Diese geheimnisvolle Geschichte wurde wieder und wieder erzählt und ausgeschmückt, war der Gegenstand von Untersuchungen und Gerichtsverhandlungen, aber das Rätsel der *Mary Celeste* blieb ungelöst. Das Verschwinden der Mannschaft wurde mit Piraterei erklärt, beziehungsweise mit einer Meuterei, bei der die Mannschaft geflüchtet sei, nachdem sie den Kapitän getötet hatte; es wurde angenommen, die Matrosen hätten eine unmittelbar bevorstehende Explosion der Ladung befürchtet, eine ansteckende Krankheit sei ausgebrochen, oder die Mannschaft sei entführt worden. Die Versicherungsgesellschaft Lloyds, welche die Prämie zahlte, neigte zu der Theorie, daß ein plötzliches Feuer in der Alkoholladung die Mannschaft so in Panik versetzt habe, daß sie das Schiff verließ. Später sei das Feuer erloschen. Es ist tatsächlich eine Eigenschaft des Alkohols, plötzlich aufzuflammen, mit blauer Flamme zu brennen und dann von selbst zu erlöschen. Die Mannschaft konnte aus den Rettungsbooten vielleicht nicht mehr zum Schiff zurückkehren, als der kurze Brand vorbei war. Eine andere mögliche Erklärung für das seltsame Verhalten der Schiffsbesatzung wäre das Vorhandensein von Mutterkorn im Brotvorrat. Mit Mutterkorn gemischtes Brot hatte schon des öfteren das Verhalten von Schiffsbesatzungen verändert und Geistesstörungen, irrationale Handlungen und schließlich den Tod hervorgerufen. Ein solches kollektives Irresein könnte der Grund sein, warum die Mannschaft in einer Panik das Schiff verlassen hatte, und ist vielleicht auch die Ursache, warum die Mannschaften anderer »Geisterschiffe« auf den verschiedenen Meeren der Welt verschwunden sind.

In seinem Buch *Strange Mysteries of Time and Space* stellte Harold Wilkins die glaubhafte Hypothese auf, daß das Schiff von Personen, die der Besatzung bekannt waren, geentert und übernommen wurde. Die Mannschaft sei dann getötet und das leere Schiff auf dem Meer »wiedergefunden« und als Prise genommen worden.

Bei der Entwicklung dieser Theorie weist Wilkins auf viele nicht übereinstimmende Aussagen von Kapitän und Mannschaft der *Dei Gratia* hin und auf die Tatsache, daß die *Dei Gratia* neben der *Mary Celeste* geankert hätte und kurz nach deren Aufbruch ebenfalls abgesegelt war.

Nach der Prisenverhandlung wurde die *Mary Celeste* instand gesetzt und fuhr wieder zur See, aber sie hatte bald den Ruf eines »Unglücksschiffs«, das seiner Mannschaft Gefahr und Tod bringt. Ihr letzter Kapitän, Gilman Parker, ließ das Schiff, nachdem er der ganzen Mannschaft und auch sich selbst äußerst großzügige Alkoholrationen bewilligt hatte, schließlich absichtlich, wie es heißt, auf ein Felsenriff bei Haiti auflaufen und beendete so die unglückliche Karriere der *Mary Celeste.*

Bei anderen verlassenen Schiffen finden sich weniger Anhaltspunkte, was ihrer Mannschaft zugestoßen sein könnte. Zu ihnen zählt die *Carol Deering*, die im Februar 1921 an der Küste von Nordcarolina strandete. Es gab keine Anzeichen, was aus der Besatzung geworden war, außer daß sie das Schiff freiwillig oder unfreiwillig verlassen haben mußte, als gerade das Essen auf dem Tisch stand. Im April 1932 wurde die *John and Mary* 50 Meilen südlich der Bermudas verlassen aufgefunden; am 3. Februar 1940 die *Gloria Colite*, ein 38 Meter langer Schoner. Die *Rubicon*, ein kubanisches Schiff, wurde am 22. Oktober 1944 in der Gegend von Key Largo bei Florida entdeckt, leer, bis auf einen halbverhungerten Hund. Die letzte Eintragung im Logbuch war vom 26. September und besagte, daß das Schiff zu dieser Zeit im Hafen von Havanna lag. Die Rettungsboote fehlten, als hätte die Mannschaft das Schiff überstürzt verlassen. Ivan Sanderson machte darauf aufmerksam, daß es höchst ungewöhnlich ist, daß eine Mannschaft das Schiffsmaskottchen oder ihre eigenen Haustiere zurückläßt, wenn sie von Bord geht. Die Vermutung liegt nahe, daß die Mannschaft gewaltsam entführt wurde, vielleicht von Wesen, die nur der Sprache mächtige Individuen brauchen konnten. Sanderson meint, es sei eigenartig, daß Katzen, Hunde und Kanarienvögel auf Schiffen gefunden wurden, deren Mannschaft verschwunden war, während ... »Papageien offensichtlich gemeinsam mit der Besatzung verschwinden ...«, vielleicht, weil zusammenhängende (oder unzusammenhängende) Sprache ein Merkmal der dominanten Spezies des Planeten Erde ist.

Mannschaft und Passagiere verschwanden auch von vielen kleineren Schiffen und Booten, die später leer treibend aufgefunden wurden, wie die Jacht *Connemara IV* im September 1955, 400 Meilen südwestlich der Bermudas; die 18 Meter lange *Maple Bank,* die am 30. Juni 1960 nördlich der Bermudas ohne Besatzung treibend angetroffen wurde; *The Vagabond,* eine 12 Meter lange, von ihrem Besitzer gesteuerte Jacht, die am 9. Juli 1969 leer treibend, aber in tadellosem Zustand westlich der Azoren gefunden wurde, ohne eine Spur der Mannschaft und des Besitzers, Wallace P. Williams. Manche Boote verschwanden auf ganz kurzen Fahrten, wie zum Beispiel der Kabinenkreuzer des bekannten Jockeis Al Snyder. Der Jockei hatte Miami am 5. März 1948 in Begleitung mehrerer Freunde verlassen, um bei Sandy Key zu fischen. Die Jacht wurde später gefunden, die Passagiere waren verschwunden.

Einige kleine verlassene Boote, die nach der Revolution in Kuba auf hoher See gefunden wurden, stammten wahrscheinlich von kubanischen Flüchtlingen, die von ihren Verfolgern eingeholt worden waren, ein sensationeller Fall in diesem Gebiet hatte jedoch nichts mit der Situation in Kuba zu tun.

Der Vorfall mit der *Witchcraft* ist ein ausgezeichnetes Beispiel für das blitzartige Verschwinden eines kleinen Schiffs, das nicht nur in Sichtweite des Hafens lag, sondern sogar an einer Hafenboje ankerte. Dan Burack, der Besitzer der *Witchcraft,* die übrigens als unsinkbar galt, hatte am Heiligen Abend einen Geistlichen, Father Pat Hogan, eingeladen, sich die Weihnachtsbeleuchtung Miamis vom Meer aus anzusehen. Sie fuhren bei ruhiger See ungefähr eine Meile vor die Küste hinaus und hielten in der Nähe der Boje Nr. 7 an, um die Lichter zu bewundern. Von diesem Punkt aus richtete Burack plötzlich einen Hilferuf an die Küstenwache und gab seine genaue Position an. Es dauerte nur zwanzig Minuten, bis ein Boot der Küstenwache zur Boje Nr. 7 kam, aber von der *Witchcraft* war nichts mehr zu sehen. Als die Suche schließlich abgebrochen wurde, stellte ein

Sprecher der Küstenwache paradoxerweise fest: »Sie werden vermißt, aber wir glauben nicht, daß sie einen Schiffbruch erlitten haben.«

Die Liste der Frachtschiffe, Fischerboote und Jachten, die mit ihren Mannschaften verlorengingen, ist eindrucksvoll. Die meisten Schiffe verschwanden bei gutem Wetter und hinterließen keine treibenden Wrackteile, Ölflecke, Rettungsboote, Schwimmwesten (mit einer bemerkenswerten Ausnahme) oder Leichen, weder auf dem Meer noch an den benachbarten Stränden. So wie die verschwundenen Flugzeuge gaben die Schiffe keine SOS-Meldung und funkten, an Bord sei alles in Ordnung.

Zu diesen Schiffen gehören die *Cotopaxi,* ein Frachter, der 1925 von Havanna nach Charleston unterwegs war; die *Suduffco,* ebenfalls ein Frachter, der 1926 von Port Newark nach Süden fuhr; die *Stavenger,* die mit 43 Personen an Bord im Jahr 1931 verschwand und zuletzt südlich von Cat Island gesichtet worden war; und der Frachter *Anglo-Australian,* mit einer Besatzung von 39 Mann, der im März 1938 »alles in Ordnung« funkte, als er auf seinem Weg nach Westen die Azoren passierte.

Im Winter 1924 funkte der japanische Frachter *Raifuku Maru* eine dramatische letzte Meldung, bevor er zwischen den Bahamas und Kuba verschwand. Die Funkmeldung enthielt einen ungewöhnlichen Hilferuf: ». . . Gefahr wie ein Dolch . . . Kommt schnell . . . wir können nicht fliehen . . .« ohne jedoch näher zu definieren, um welche Art von Gefahr es sich handelte. Falls es ein plötzlich ausgebrochener Sturm oder eine Wasserhose war, würde man von einem Funker normalerweise präzise Informationen erwarten, die später der Rettungsaktion dienlich sein konnten, und nicht phantasievolle Vergleiche.

Das Verschwinden von Schiffen im Atlantik während der Kriegsjahre hatte die verschiedenartigsten Gründe, darunter Angriffe von U-Booten, Minen, Bomben, Sabotage — aber im Bermuda-Dreieck verschwanden noch lange nach Kriegsende größere Schiffe. Der Frachter *Sandra,* der im Juni 1950 mit einer Ladung Insektenvertilgungsmittel von Puerto Cabello nach Savannah unterwegs war, passierte St. Augustine in Florida bei gutem Wetter. Danach wurde der Funkkontakt unterbrochen und nie wieder aufgenommen. Es ist bemerkenswert, daß die S.S. *Sandra,* wie fast alle amerikanischen Schiffe in diesem Gebiet, in Sichtweite des Landes verschwand.

Weiter südlich, zwischen Jamaika und Northeast Cey, verschwand im Jahr 1963 die *Sno'boy,* ein Fischerboot mit 40 Personen an Bord.

Unter den vielen Jachten und Segelbooten, die in diesem Gebiet als vermißt gemeldet wurden (ungefähr ein Schiff pro Monat) erregte der Fall der *Revonoc,* einer 14 Meter langen Rennjacht, die beim Newport-Bermuda-Rennen Preise gewonnen hatte, besonderes Aufsehen. Sie verschwand während einer kurzen Kreuzfahrt zwischen Key West und Fort Lauderdale in der Zeit zwischen Weihnachten und Neujahr 1967 (eine gefährliche Zeit in diesem Gebiet, wie wir schon früher bemerkt haben). Das Aufsehen wurde durch einige seltsame Umstände noch verstärkt. Zunächst war die Jacht so entworfen, daß sie für alle Wetterbedingungen geeignet war. Zweitens war Kapitän Conover (*Revonoc* ist eine Umkehrung des Namens des Besitzers), der Skipper und Eigentümer, ein ausgezeichneter Seemann und Präsident des *Cruising Club of America.* Er hatte zuviel Erfahrung, um auf einer so kurzen Kreuzfahrt einen Unfall zu riskieren. Er segelte jedenfalls nahe an der Küste entlang, und Wrackteile der Jacht hätten am Strand gefunden werden müssen, wenn sie auf ein Riff aufgelaufen wäre. Um das Verschwinden der *Revonoc* irgendwie zu erklären, behauptete der damalige Redakteur der Segelfahrtsabteilung der *New York Herald Tribune,* daß ein Frachter, der sich zu dieser Zeit in der Gegend aufhielt, die Jacht in der Dunkelheit einfach überfahren und auf diese Weise spurlos versenkt habe.

Mehr als ein halbes Jahrhundert vor dem Verschwinden Conovers, im Jahr 1909, unternahm ein anderer berühmter Segler, Joshua Slocum, der zum erstenmal allein eine Weltumseglung durchgeführt hatte, mit seiner 11 Meter langen Jolle *Spray* eine Fahrt in dieses Gebiet. Es wurde gemeldet, er sei von Miami aus nach Süden in das Dreieck gesegelt und kurz darauf mit seinem Schiff verschwunden.

Das Verschwinden kleiner und mittelgroßer Schiffe innerhalb des Dreiecks ist zweifellos in vielen Fällen durch die Wetterbedingungen erklärbar, vor allem im Winter, weil dann die kalten arktischen Luftmassen auf die warme Luftströmung aus den Tropen treffen und das Wetter noch unberechenbarer wird. Das kann die Ursache für den Untergang folgender kleiner Schiffe sein: des Schoners *Windfall* (17 Meter lang, verschwand im Jahr 1962 in der Nähe der Bermudas), der 17 Meter langen *Evangeline* (unterwegs von Miami zu den Bahamas, 1962), der 18 Meter langen *Enchantress* (verschwand 1946 auf dem Weg von Charleston nach St. Thomas) und des 11 Meter langen Küstenschiffs *Dancing Feather* (verschwand 1964 zwischen Nassau und Nordcarolina). Alle diese Vorfälle ereigneten sich in den Wintermonaten, wenn von plötzlichen Sturmböen aufgetürmte hohe Wellen ein kleines Boot zum Kentern bringen können, bevor man noch einen Funkspruch durchgeben kann. Das Verschwinden von Schiffen bei ruhiger See wäre dadurch natürlich nicht erklärt, ebensowenig die Fälle, wo große Frachter oder Kriegsschiffe spurlos verschwanden.

Der Verlust eines 129 Meter langen Frachters mit 39 Mann Besatzung, der *Marine Sulphur Queen,* am 2. Februar 1963, ist wegen der Größe des Schiffes besonders auffällig. Der Frachter war mit einer Ladung von 15 000 Tonnen geschmolzenem Schwefel in Stahltanks von Beaumont in Texas nach Norfolk in Virginia unterwegs. Das Wetter war günstig. Die letzte Meldung des Schiffs kam von einem Punkt in der Nähe der Dry Tortugas im Golf von Mexiko, ein Gebiet innerhalb des Dreiecks oder in seiner Nähe, je nachdem, wie man seine eher fluktuierenden Grenzen festlegt.

Seltsamerweise wurde das Schiff als erstes nicht von seinen Besitzern vermißt, sondern von einer Börsenmaklerfirma, und zwar aufgrund einer Serie ungewöhnlicher Zufälle. Einer der Matrosen auf der *Marine Sulphur Queen* hatte an der Börse in Weizen spekuliert, ein Zeitvertreib, der engen Kontakt mit dem jeweiligen Makler verlangt. Bevor das Schiff den Hafen verließ, hatte er einen Kaufantrag hinterlassen. Die Maklerfirma führte die Order aus und drahtete eine Bestätigung. Als keine Antwort kam, benachrichtigte die Firma die Schiffseigentümer, daß sie die *Marine Sulphur Queen* nicht erreichen konnte: ein erstes Anzeichen dafür, daß etwas nicht stimmte, und der Ausgangspunkt für die erfolglose Suche nach der *Marine Sulphur Queen*, die am 6. Februar von der Küstenwache aufgenommen wurde. Flugzeuge und Schiffe durchkämmten das Gebiet von der Küste Virginias bis zum östlichen Teil des Golfs von Mexiko. Am 15. Februar wurde die Suche abgebrochen, aber fünf Tage später berichtete die Marine, ein Schiff hätte in der offenen See 15 Meilen südlich von Key West eine Schwimmweste der *Marine Sulphur Queen* gefunden. Das löste eine weitere Suche aus, die aber nur eine zweite Schwimmweste zutage brachte. Bei einer darauffolgenden Untersuchung wurden alle möglichen Ursachen für den Unfall in Betracht gezogen: Explosion des Schwefels, Kentern, Auflaufen auf eine Mine, sogar die Kaperung und Entführung durch Kubaner oder ihre Sympathisanten wurde vermutet. Die Untersuchungskommission der Marine bemerkte, »daß die *Marine Sulphur Queen* auf offener See verschwand, ohne SOS zu funken«, bot aber keine stichhaltige Hypothese oder Lösung des Rätsels.

Die Geschichten über das Bermuda-Dreieck waren wieder in aller Munde, als das Atomunterseeboot U.S.S. *Scorpion* am 28. Mai 1966 mit 99 Mann Besatzung nicht zu seinem Heimathafen Norfolk, Virginia, zurückkehrte. Die letzte Routinemeldung war am 21. Mai von einem Punkt 250 Meilen westlich der Azoren an den Stützpunkt gerichtet worden. Am 5. Juni wurde das U-Boot als vermißt aufgegeben, aber mehrere Monate später entdeckte ein ozeanographisches Forschungsschiff der Marine 460 Meilen südlich der Azoren einzelne Wrackteile in einer Tiefe von mehr als 3000 Meter. Unterwasserfotos haben gezeigt, daß sie von der *Scorpion* stammen, man kann hier also nicht von einem Verschwinden sprechen, obwohl die Ursache des Unfalls nicht geklärt werden konnte. Wenn, wie einige der mit dem Phänomen des Bermuda-Dreiecks Befaßten annehmen, eine intelligenzgesteuerte zentrale Kraft die Ursache für das Verschwinden oder Beinahe-Verschwinden ist, so läßt der Verlust einiger Atomunterseeboote im westlichen Atlantik ernstere Gründe als das Versagen von Instrumenten vermuten.

Falls man, wie John Spencer vorschlug, den Golf von Mexiko zu dem Gebiet zählt, in dem Schiffe verlorengehen, dann muß auch das Verschwinden eines Schiffes im Jahr 1966 mit einbezogen werden. Vor allem dann, wenn man untersuchen will, welche Möglichkeiten es gibt, den ungeklärten Gefahren des Dreiecks zu entrinnen, wie es in einem späteren Kapitel geschehen soll. Bei diesem Schiff handelt es sich um den 20 Meter langen Schlepper *Southern Cities,* der am 29. Oktober 1966 mit einem 64 Meter langen Schleppkahn Freeport in Texas verließ. Als die *Southern Cities* ihre tägliche Funkmeldung unterließ, wurde eine Suche eingeleitet und der Schleppkahn gefunden. Er war unbeschädigt, die Ladung von Chemikalien intakt, das Schleppkabel war bis zur Befestigungskette in tadellosem Zustand — aber der Schlepper und seine Mannschaft waren verschwunden. Ein Auszug des Untersuchungsberichts der Küstenwache trifft auch auf alle anderen verschwundenen Schiffe und Flugzeuge zu: »... da das Schiff keinen Hilferuf durchgab, ist die Vermutung berechtigt, der Schiffbruch wäre so rasch erfolgt, daß eine derartige Meldung nicht mehr zustande kommen konnte.«

In jüngster Zeit verschwanden die *Ithaca Island,* im November 1968 mit einer Weizenladung unterwegs von Norfolk nach Manchester; die *Milton Iatrides,* mit einer Ladung Pflanzenöl und Soda auf dem Weg von New Orleans nach Kapstadt; die *Anita,* ein 20 000-Tonnen-Frachter mit 32 Mann Besatzung, die im März 1973 von Newport News mit einer Ladung Kohlen nach Deutschland fuhr und nie mehr gesehen wurde. Nachdem die üblichen gründlichen Suchaktionen durchgeführt worden waren und das Verschwinden der *Anita* endgültig feststand, zahlte Lloyds in London den Besitzern 3 Millionen Dollar aus.

Das Schwesterschiff der *Anita*, die *Norse Variant*, die zwei Stunden vor ihr den Hafen verließ, funkte, daß sie 150 Meilen südöstlich von Cape May im Sinken sei. Zuerst glaubte man, daß alle Besatzungsmitglieder den Tod gefunden hätten, aber einer der Männer kam davon, indem er sich an einen hölzernen Lukendeckel klammerte. Er erzählte, daß das Schiff innerhalb von Minuten gesunken sei. Ein ungewöhnlich heftiger Sturm fegte plötzlich alle beweglichen Gegenstände über Bord. Schwere Seen überschwemmten das Schiff, füllten die Laderäume und brachten es innerhalb von fünf Minuten zum Sinken.

Wenn man bedenkt, daß die Ladungen der verschwundenen Handelsschiffe äußerst vielfältig waren, scheint es nichts zu geben, was auf einen Zusammenhang zwischen der Natur der Ladung und der Art des Verschwindens hinweist, etwa Piraterei, Explosionsgefahr, Meuterei oder ähnliches.

Im Verlauf eines Gesprächs über das Verschwinden von Schiffen und Flugzeugen im Bermuda-Dreieck äußerte ein Offizier des Dritten U.S.-Marineabschnitts eine weitverbreitete, aber sicher unoffizielle Meinung: »Es ist ein echtes Geheimnis. Niemand in der Marine lacht über diese Sache. Wir haben immer gewußt, daß mit dem Bermuda-Dreieck irgend etwas los ist. Aber niemand konnte herausfinden, was. Anscheinend gibt es keine physikalische oder logische Ursache. Es ist fast, als hätte man die Schiffe plötzlich mit irgendeiner Art von elektronischem Tarnnetz bedeckt.«

Mit wenigen Ausnahmen haben sich fast alle Vorfälle mit Schiffen und Flugzeugen in der Sargasso-See oder den angrenzenden Küstengewässern abgespielt. Ivan Sanderson warnte davor, die Untersuchung auf einen einzelnen »sensationellen Fall« zu konzentrieren, er erwähnt aber den »ernsten Aspekt« der Tatsache, daß die Lage der Sargasso-See mit dem geheimnisvollen rhombenförmigen Gebiet übereinstimmt, in dem ». . . die meisten Flugzeuge und seit alters her eine große Menge an Schiffen . . . verschwunden sind«.

Es ist ein ironischer Zufall, daß dieses Gebiet, seit Urzeiten in Legenden berühmt und berüchtigt, die schon vor seiner offiziellen Entdeckung im Umlauf waren, und später jahrhundertelang als »Meer des Todes« gefürchtet, seine unheimliche Aura und viel von seinen Geheimnissen bis ins Zeitalter der Weltraumfahrt bewahren sollte. Das Staunen über diese Rätsel vereint Personen, die man als die entgegengesetzten Pole eines Spektrums der Entdecker bezeichnen könnte — Christoph Kolumbus und die Astronauten von Apollo 12.

Kolumbus war der erste Beobachter, der von diesem unerklärlichen Leuchten im Meer berichtete, dem glänzenden, phosphoreszierenden weißen Wasser der Bahama-Inseln, nahe der Westgrenze der Sargasso-See. Er entdeckte es am 11. Oktober 1492, zwei Stunden nach Sonnenuntergang, von Bord der *Santa Maria* aus. Die Astronauten konnten dieselben leuchtenden Streifen oder Kanäle im Wasser als die letzten von der Erde sichtbaren Lichter erkennen. Man nahm an, daß dieses Phänomen von Mergel herrührte, den Fische aufwirbelten, vielleicht auch von Fischbänken oder anderen Formen organischen Lebens. Jedenfalls ist das seltsame Leuchten vom Wasser her und vor allem aus der Luft deutlich erkennbar. Während der ersten Reise Christoph Kolumbus' zeigten sich auch andere geheimnisvolle Phänomene, die heute noch im Gebiet des Dreiecks auftreten und Gegenstand verschiedener Spekulationen und Vermutungen sind. Am 15. September 1492 beobachteten er und seine verängstigte Mannschaft im westlichen Teil der Sargasso-See einen riesigen Feuerstrahl, der über den Himmel fuhr und im Meer verschwand. Einige Tage später waren die Männer der Besatzung wieder von Schreck gebannt, als der Schiffskompaß eigenartige Unregelmäßigkeiten zeigte — am Vorabend der Entdeckung der Neuen Welt eine seltsame Vorhersage jener elektromagnetischen Störungen, die im Bermuda-Dreieck noch heute die Navigation in der Luft und auf See beeinträchtigen.

Ein weiteres Geheimnis der Sargasso-See, das die Aufmerksamkeit früherer wie heutiger Beobachter auf sich gezogen hat, ist die Fortpflanzung der Aale. Aristoteles (384—322 v. Chr.) war der erste, der die Frage nach den Brutplätzen der europäischen Aale stellte. Man wußte nur, daß die Aale ihre Lebensräume verließen und in den großen Strömen zum Meer wanderten. Für weitere 2500 Jahre war das alles, was über die Brutplätze der Aale bekannt war. Dann entdeckte der dänische Wissenschaftler Dr. Johannes Schmidt, wohin die Aale in all den Jahrhunderten gezogen waren, seit die Frage zum erstenmal gestellt worden war.

Die ausgewachsenen europäischen Aale folgen den Wasserstraßen, die zum Atlantik führen. Dort vereinigen sie sich und schwimmen in einem großen Schwarm langsam nach Westen, verfolgt von Scharen von Möwen und Rudeln von Haien, bis sie einen Punkt in der Sargasso-See erreichen, wo sie sich in großer Tiefe fortpflanzen. Die ausgewachsenen Tiere sterben dort, und die neugeborenen Aale machen sich auf ihren langen Heimweg, mit dem Golfstrom zurück nach Europa, eine Reise, die ungefähr zwei Jahre dauert.

Das Verhalten der amerikanischen Aale zeigte dasselbe Muster in umgekehrter Richtung. Diese Aale schwimmen nach Osten, treffen ihre europäischen Artgenossen in der Sargasso-See, und die jungen Aale wandern zu ihren Heimatplätzen in den USA zurück. Dieses bemerkenswerte Verhalten der Aale und ihre vererbte Nostophylie (Erinnerung an einen Heimatort bzw. an Brutplätze) führte zu einigen interessanten Theorien. Eine dieser Theorien behauptet, daß der ursprüngliche Brutplatz ein großer Fluß auf einem früheren Kontinent gewesen sei, der einmal im Atlantik in der Nähe der Sargasso-See existiert habe, und daß die Aale noch immer diesen alten Brutplatz aufsuchen, den verschwundenen Fluß, der einmal einen Kontinent durchquerte, der heute Tausende von Metern unter dem Meeresspiegel liegt. Man vermutete sogar, daß die Algen der Sargasso-See dem Unterwasserleben angepaßte Reste der Vegetation des früheren atlantischen Kontinents seien, der nach der historischen Sage mit großer Geschwindigkeit versank und seine üppigen Wälder und Pflanzen mit sich riß.

Unter den verschiedenen Rätseln der Sargasso-See und ihrer Randgebiete ist das der verlorenen Schiffe und Flugzeuge und ihres möglichen Schicksals das erregendste, vor allem weil es sich um ein Gebiet handelt, das jeden Tag von so vielen Schiffen befahren und von so vielen Flugzeugen überquert wird. Es kann natürlich zutreffen, daß es für jeden Fall eine logische Erklärung gibt und daß Termini wie »atmosphärische Aberration«, »Löcher in der Atmosphäre«, »Desintegration durch ungeklärte Luftwirbel«, »Himmelsfallen«, »Aussetzen des Gravitationsfeldes« und die Hypothese, daß Flugzeuge und Schiffe von unbekannten Wesen erobert und entführt wurden, nur Versuche darstellen, das Unerklärbare zu erklären.

Es gibt aber noch ein anderes Element bei diesen rätselhaften Vorfällen — einen recht unerwarteten Umstand, der sich erst in letzter Zeit gezeigt hat. In der Vergangenheit wurden, wenn Schiffe und Flugzeuge im Bermuda-Dreieck verschwanden, meist nicht nur keine Überlebenden, sondern auch keine Leichen gefunden. Als jedoch in den letzten Jahren die Gerüchte um das Bermuda-Dreieck zunahmen, begannen einzelne Piloten und Seeleute ihre begreifliche Scheu zu verlieren, über ungewöhnliche Ereignisse zu sprechen. Sie erzählen ihre persönlichen Erlebnisse, wie es ihnen gelang, den Kräften, die im Bermuda-Dreieck wirksam sind, zu entkommen. Wenn man diese Berichte vergleicht, zeigen sich gewisse Parallelen, ein Muster bildet sich, das erklären kann, wie (aber nicht warum) es zu manchen der Unfälle kam.

4
Noch einmal davongekommen

In seinem Buch *Invisible Horizons*, einem Kompendium der Geheimnisse des Meeres, erzählt Vincent Gaddis in einem speziell dem Bermuda-Dreieck gewidmeten Kapitel (»Das Dreieck des Todes«), daß er bald nach Publikation seines ersten Artikels über das Bermuda-Dreieck, der diesem Gebiet wahrscheinlich den Namen gab, von einem ehemaligen Flieger namens Dick Stern einen Brief mit wichtigen und überraschenden Informationen erhalten habe. Stern schrieb, daß er Ende 1944 mit einem Schwarm von sieben Bombern nach Italien flog. Ungefähr 300 Meilen von den Bermudas entfernt kam seine Maschine plötzlich in eine so heftige Turbulenz, daß er in die Vereinigten Staaten zurückkehren mußte. Der Zwischenfall ereignete sich bei klarem Wetter — die Sterne waren zu sehen —, aber die Turbulenz zwang das Flugzeug, umzukehren und so plötzlich zu fallen, daß die Besatzung an die Decke geschleudert wurde. Die Maschine verlor dadurch derart an Höhe, daß sie fast ins Meer stürzte. Als Stern zum Stützpunkt kam, hörte er, daß außer seinem Flugzeug nur ein einziges des Schwarms zurückgekehrt war. Mit den anderen Maschinen hatte man keinen Funkkontakt mehr, und es wurden später weder Überlebende noch Wrackteile gefunden. Diesem Zwischenfall, der sich ein Jahr vor dem Verschwinden von Flight 19 ebenfalls im Dezember ereignete, wurde keine besondere Bedeutung zugemessen, da man sich im Krieg befand, und es gelangte auch nichts darüber an die Öffentlichkeit.

Einige Jahre nach dem Krieg waren Stern und seine Frau in einer Bristol Britannia bei Tageslicht von den Bermudas nach Nassau unterwegs, als sich etwas Ähnliches ereignete. Mrs. Stern sprach gerade über den ersten Vorfall. Plötzlich sackte das Flugzeug ab, das Essen der Passagiere flog an die Decke, und die Maschine begann heftig zu vibrieren. Die Vibrationen hielten eine Viertelstunde an, und das Flugzeug stieg und fiel.

Dieses Vorkommnis ist vielleicht ein Beispiel für CAT *(clear air turbulence* = Turbulenz bei klarem Himmel), die bei längerer Dauer und großer Heftigkeit Flugzeuge zum Absturz bringen kann. Jedenfalls war Dick Stern zweimal derselben unbekannten Gefahr an fast demselben Punkt im Dreieck begegnet — und davongekommen.

Joe Talley, der Kapitän des Fischkutters *Wild Goose*, erlebte eine andere Art von Abenteuer im Dreieck, das ebenfalls glimpflich ausging. Es passierte mit seinem eigenen Boot, das von einem anderen geschleppt wurde. Der Vorfall ereignete sich bei der Tongue of Ocean, einem tiefen Graben in der Bahamagruppe, der nicht zur Bahama-Bank gehört. Auf diesem verhältnismäßig kleinen Gebiet senkt sich der Meeresboden zu einer Tiefe von mehreren tausend Metern; der Graben bildet einen steilen Abfall direkt östlich der Insel Andros, wo schon viele Schiffe verschwunden sind.

Kapitän Talleys 20 Meter langes Haifangboot sollte von der 317 Meter langen *Caicos Trader* nach Süden zur Tongue of Ocean geschleppt werden. Das Wetter war gut, mit einem auffrischenden Passat von Südwesten. Die zwei Schiffe näherten sich dem südlichen Teil der Tongue of Ocean, wo dieser unterseeische Graben in ein großes kraterähnliches Loch von 60 Kilometern Durchmesser mündet. Riffe und die Exuma-Islands im Osten beschützen die Tongue of Ocean an diesem Punkt vor hohen Flutwellen, die von den Passatwinden aus dem Südosten hervorgerufen werden können. Es war Nacht, und Kapitän Talley schlief in seiner Kabine unter Deck. Er wachte plötzlich auf, als ein Schwall Wasser sich über ihn ergoß. Mechanisch packte er seine Schwimmweste und kämpfte sich zu einer offenen Luke. Als er sich hinauszwängte, sah er, daß er sich unter Wasser befand. Er packte ein Seil und kletterte daran 15 bis 20 Meter empor an die Oberfläche. Als er aus seiner Koje entkam, befand sich das Schiff offenbar 13 bis 15 Meter unter Wasser.

Als Talley an die Oberfläche kam, sah er, daß die *Caicos Trader* ohne die *Wild Goose* weitergefahren war. Geschehen war folgendes: Die plötzliche Kraft, die die *Wild Goose* mit Kapitän Talley unter Wasser drückte, drohte auch die mit dem Fischkutter durch ein Schleppseil verbundene *Caicos Trader* zum Kentern zu bringen. Die Mannschaft des Schleppers durchschnitt das Kabel, fuhr weiter und kam später zurück, um nachzuforschen, ob es Talley durch irgendein Wunder gelungen war, aus der Kabine seines sinkenden Schiffes zu entkommen. Auf der *Caicos Trader* hatte man beobachtet, daß die *Wild Goose* blitzschnell sank, »wie in einem Strudel«.

Nach ungefähr einer halben Stunde, als Talley schon fast am Ertrinken war, hörte er zu seiner Überraschung, daß man ihn von der zurückgekehrten *Caicos Trader* aus anrief. Da die meisten Kapitäne über die zahlreichen ungeklärten Unfälle in diesem Gebiet, die oft mit Kompaß- und Funkversagen einhergehen, informiert sind, fragte man, wie der Kompaß des Schleppers vor dem Unfall funktioniert habe. Es stellte sich jedoch heraus, daß der Steuermann den Kurs gesetzt und das Ruder dann verlassen hatte, so daß man nicht mehr feststellen konnte, ob zum Zeitpunkt des Unfalls die Instrumente versagt hatten.

Andere Boote verloren ebenfalls ihre Schleppkähne, manchmal verschwand auch die Mannschaft des geschleppten Schiffs. In einigen Fällen bedeckte eine Art Nebel das zweite Schiff, während man auf dem ersten Schiff ein Versagen der Kompasse und elektronischen Einrichtungen beobachten konnte. Man fragt sich, warum Berichte über solche Vorfälle fast ausschließlich von Schleppern vorliegen und nicht von allein fahrenden Schiffen. Der Grund liegt vielleicht darin, daß einzelne Schiffe einfach verschwinden — ohne Zeugen —, während die Schlepper am Ende des Kabels nahe genug sind, um den Vorfall beobachten zu können.

Ein Erlebnis, das Kapitän Don Henry im Jahr 1966 hatte, gibt ein lebhaftes Bild vom »Tauziehen« zwischen einem Schlepper und einer unidentifizierbaren Kraft, die bewußt oder unbewußt versuchte, den Schlepper zurückzuhalten.

Kapitän Henry ist Eigentümer einer Bergungsgesellschaft in Miami, der »Sea Phantom Exploration Company«, und hat große Erfahrung als Seemann, Navigator und Taucher. Er ist ungefähr 55 Jahre alt, mit einer mächtigen Brust und starken Armen, wie es für einen langjährigen Taucher charakteristisch ist. Er macht einen äußerst kräftigen und muskulösen Eindruck und bewegt sich für einen so großen Mann mit überraschender Leichtigkeit und Agilität. Um einen Satz zu unterstreichen, schlägt er mit der geballten Faust in die Handfläche oder macht eine beschreibende Geste, wobei man den Eindruck hat, es sei nicht gut, mit dieser Faust in Berührung zu kommen. Seine Augen, die gewohnt sind, die See zu beobachten, blicken offen und scharf. Die Sicherheit seiner Ausdrucksweise und sein gutes Gedächtnis für Einzelheiten machen es möglich, ihn sein Erlebnis selbst erzählen zu lassen, nach Notizen, die während eines Gesprächs gemacht wurden.

... Wir waren auf dem Rückweg von Puerto Rico nach Fort Lauderdale. Wir waren drei Tage unterwegs und schleppten einen leeren Kahn, der Petroleumnitrat enthalten hatte. Ich befand mich an Bord der *Good News*, einem 50 Meter langen Schlepper mit 2000 PS. Der Schleppkahn wog 2500 Tonnen und war an einem 300 Meter langen Schleppseil befestigt. Wir hatten die Exumas hinter uns gelassen und die Tongue of Ocean erreicht. Die Wassertiefe betrug ungefähr 600 Faden.

Das Wetter war gut, der Himmel klar. Am Nachmittag ging ich ein paar Minuten lang in die Kabine hinter der Brücke, als ich ein großes Geschrei hörte. Ich kam auf die Brücke und rief: »Was ist denn los?« Als erstes schaute ich auf den Kompaß. Die Nadel drehte sich wie ein Kreisel im Uhrzeigersinn. Es gab keinen Grund dafür — der einzige

Ort, von dem ich je gehört hatte, daß so etwas schon einmal geschehen war, befand sich im St. Lawrence River in Kingston, wo ein großes Eisenlager oder vielleicht ein Meteorit am Grund die Kompasse durcheinanderbringt. Ich wußte nicht, was los war, aber irgend etwas stimmte nicht, da war ich ganz sicher. Das Wasser schien aus allen Richtungen zu kommen. Der Horizont verschwand — wir konnten nicht sehen, wo er war —, Wasser, Himmel, alles verschwamm. Wir konnten nicht erkennen, wo wir waren. Was auch immer da vorging, es stahl oder verbrauchte die ganze Energie aus unseren Generatoren. Die elektrischen Einrichtungen produzierten keine Energie mehr. Die Generatoren liefen noch, aber wir bekamen keine Elektrizität. Der Ingenieur versuchte, einen Hilfsgenerator in Gang zu bringen, aber er kriegte keinen Funken heraus.

Ich sorgte mich um den Schleppkahn. Er war in der Nähe, aber ich konnte ihn nicht erkennen. Es sah aus, als sei er von einer Wolke bedeckt, und rund um ihn herum waren die Wellen höher als in den anderen Richtungen.

Ich drückte den Gashebel voll durch. Ich konnte nicht sehen, wohin wir fuhren, aber ich wollte um alles in der Welt nur schnell dort heraus. Es schien, als ob jemand versuchte, uns zurückzuziehen, ohne es ganz zu schaffen.

Es war wie das Herauskommen aus einer Nebelbank. Das Schleppseil war gespannt — wie beim indischen Seiltrick —, aber man konnte am anderen Ende nichts erkennen, alles war von dickem Nebel bedeckt. Ich rannte auf das Hauptdeck und zog am Seil. Der verflixte Schleppkahn kam aus dem Nebel heraus, aber sonst gab es nirgends Nebel. Ich konnte sogar elf Meilen weit sehen. Im nebligen Gebiet, wo der Schleppkahn stecken sollte, war das Wasser aufgewühlt, obwohl die Wellen nicht hoch waren. Nennen Sie mich, was Sie wollen — ich fuhr jedenfalls nicht zurück, um nachzusehen, was los war.

Haben Sie je gespürt, wie es ist, wenn zwei Leute in entgegengesetzter Richtung an ihren Armen ziehen? Es fühlte sich an, als wären wir an einem Ort, den jemand oder etwas beanspruchte, und jemand oder etwas wollte uns verhindern, dahin zu fahren, wohin wir wollten.

Frage: War der Horizont grünlich gefärbt?

Nein, er war milchig. Das ist alles, was ich sagen kann. Ich kümmerte mich nicht um Farben. Als wir herauskamen, mußten die Batterien neu aufgeladen werden. Ich verbrauchte fünfzig Taschenlampenbatterien.

Frage: Dachten Sie an das Bermuda-Dreieck?

Ja, das war das einzige, an was ich damals denken konnte. Ich dachte — mein Gott, ich bin die nächste Nummer in der Statistik!

Frage: Hatten Sie jemals ein ähnliches Erlebnis?

Nein. Ich habe gehört, daß anderen Leuten so etwas passiert ist, daß ein Schleppkahn samt Mannschaft verschwand und das Schleppkabel abgerissen war. Ich hatte jedenfalls nur das eine Erlebnis. Und es reichte völlig!

Jim Richardson, ein ehemaliger Pilot der amerikanischen Marine, ist jetzt Präsident des Chalk Air Ferry Service zwischen dem Flughafen Opa-Locka bei Miami und Bimini und anderen Orten auf den Bahamas. Als Präsident des wichtigsten Passagierdienstes in diesem Gebiet und als Fremdenverkehrsmanager für Bimini nimmt er eine neutrale Haltung zu den möglichen Gefahren des Bermuda-Dreiecks ein. Was die Ortsansässigen zu der Legendenbildung sagen, drückt er mit der energischen Direktheit eines Piloten aus.

Das ist eine Sache, über die die Leute nicht gern reden. Sie sagen, man spinnt.

Trotzdem hat er auf seinen zahlreichen Flügen zu den Bahamas ebenfalls elektronische und magnetische Störungen erlebt. Als er eines frühen Morgens mit seinem Sohn von Florida zu den Turk Islands unterwegs war, begann die Kompaßnadel des Flugzeugs plötzlich von rechts nach links zu kreisen. Er fragte seinen Sohn: »Was ist mit dem Kompaß los?« Sein Sohn erwiderte, als sei es eine ganz natürliche Erklärung: »Wir sind über Andros.« Richardson machte diese Beobachtung öfter, »... immer, wenn wir über das tiefe Wasser vor dem Moselle-Riff flogen«. Auf diesem Riff wurde übrigens bei Nacht häufig ein geheimnisvolles Licht gesehen, und die Fischer von Bimini behaupten, »dort geht es um«. Die Lichter am Riff wurden von Jim Richardson und anderen Piloten und Schiffsführern ebenfalls bemerkt.

Von einem anderen seltsamen Zwischenfall mit der Elektronik berichtete Chuck Wakeley. Eine elektronische Kraftquelle oder unsichtbare Gewalt schien zeitweise die Herrschaft über das Flugzeug zu übernehmen, mit dem er zwischen Nassau und Fort Lauderdale unterwegs war. Chuck Wakeley ist über Dreißig und übt seit zehn Jahren den Beruf eines Flugzeug- und Helikopterpiloten aus. Er verfügt über eine reiche Erfahrung und unternahm zahlreiche Alleinflüge über den Dschungeln von Panama und Südamerika, wo ein gutes Gedächtnis für Einzelheiten und eine überlegte Reaktion in Notsituationen oft die einzigen Garanten für das Überleben sind.

Er ist ein geübter Beobachter, hat bereits mit Geheimmaterial zu tun gehabt und wurde von der amerikanischen Regierung als äußerst zuverlässig eingestuft. Wenn man mit ihm spricht, ist man beeindruckt von seiner Aufrichtigkeit und dem Bemühen, sein Erlebnis genauso wiederzugeben, wie es sich ereignet hat. Er ist ein sehr guter Erzähler, und es ist interessant, daß er vor seinem Erlebnis nichts vom Bermuda-Dreieck gehört hat.

Im November 1964 war ich Pilot der Sunline Aviation in Miami. Ich flog damals mit einer Chartermaschine nach Nassau, um ein paar Passagiere hinzubringen, und wollte dann zurückkommen. Ich setzte die Passagiere ab und verließ den Flughafen von Nassau kurz nach dem Dunkelwerden. Der Himmel war ganz klar, die Sterne leuchteten. Während meines Abflugs folgte ich dem VOR *(variable omnirange* = Drehfunkfeuer) von Nassau, auf dem Weg wollte ich das VOR von Bimini auffangen. Um etwa 21 Uhr überflog ich das Nordende von Andros und konnte die Lichter der Siedlungen sehen.

Meine Flughöhe betrug etwa 2400 Meter, und ich dachte, ich hätte einen normalen Routineflug vor mir, aber 30 bis 50 Meilen nach Andros, als ich direkt auf Bimini zuflog, bemerkte ich etwas Seltsames: Die Flügel begannen ganz schwach zu leuchten. Zuerst glaubte ich, es sei eine optische Täuschung, die durch das Licht im Cockpit und die gefärbten Plexiglasscheiben hervorgerufen wurde. Die Flügel sahen nämlich durchscheinend aus, blaugrün, obwohl sie in Wirklichkeit weiß gestrichen waren.

Innerhalb von fünf Minuten verstärkte sich dieses Leuchten derart, daß ich Schwierigkeiten hatte, meine Instrumente abzulesen. Die Nadel des magnetischen Kompasses begann langsam, aber gleichmäßig zu kreisen; der Kraftstoffanzeiger, der beim Start auf halbvoll gestanden war, stieg auf voll; meine automatische Steuervorrichtung zwang die Maschine plötzlich in eine scharfe Rechtskurve. Ich mußte sie abstellen und von Hand steuern. Ich konnte mich auf keines der elektronisch gesteuerten Instrumente verlassen, weil sie entweder überhaupt nicht funktionierten oder gestört waren. Bald glühte das ganze Flugzeug, es war aber kein reflektiertes Leuchten, denn es ging von der Maschine selbst aus. Ich erinnere mich, daß ich aus dem Fenster auf die Flügel schaute und bemerkte, daß sie nicht nur blaugrün leuchteten, sondern auch irgendwie flockig aussahen.

Zu diesem Zeitpunkt konnte ich mich weder auf meinen Kreiselkompaß noch auf den Horizont oder den Höhenmesser verlassen. Ich konnte mich nicht nach dem Horizont orientieren, weil es Nacht war und ich mit einem künstlichen Horizont flog. Das Leuchten war so stark, daß ich die Sterne nicht mehr sah. Ich tat dann das einzige, was mir übrigblieb — ich versuchte nicht mehr zu steuern und ließ das Flugzeug fliegen, wohin es wollte. Das Leuchten steigerte sich zu einem blendenden, hellen Licht, das ungefähr fünf Minuten lang anhielt und dann langsam abnahm.

Als das Glühen nachließ, begannen alle Instrumente sofort normal zu funktionieren. Ich überprüfte die Überspannungsschalter, und keiner war herausgesprungen. Es waren auch keine Sicherungen durchgebrannt, und mir war endgültig klar, daß das Flugzeug wieder normal funktionierte, als der Kraftstoffanzeiger auf halbvoll sank. Der magnetische Kompaß beruhigte sich, und ich sah, daß ich nur um ein paar Grad vom Kurs abgekommen war. Ich stellte die automatische Steuervorrichtung an, und sie funktionierte wie immer. Vor dem Landen überprüfte ich alle Teile der Maschine — Landevorrichtung, Klappen und so fort. Es war alles in Ordnung. Das Flugzeug hatte eigentlich Aufziehleinen, die alle statische Elektrizität ableiten sollten.

Frage: Nahmen Sie an, daß Ihr Erlebnis mit dem Bermuda-Dreieck zusammenhing?

Bis zu diesem Vorfall wußte ich nichts vom Bermuda-Dreieck. Ich dachte, es sei ein Sankt-Elms-Feuer gewesen, obwohl so etwas gewöhnlich anders aussieht.

Frage: Wann hörten Sie vom Bermuda-Dreieck?

Ich hörte davon, als ich mit Kollegen über mein Erlebnis sprach. Solche Sachen sind auch anderen Piloten zugestoßen, aber sie reden nicht gern darüber. Wenn man nach Puerto Rico will, kann man das Dreieck sowieso nicht umgehen, außer man fliegt weit nach Norden und um die Bermudas herum. In letzter Zeit hört man viel mehr über das Dreieck, vor allem, wenn wieder einmal ein Flugzeug auf völlig unlogische Art verschwindet.

Die Vierteljahrsschrift *Pursuit* der »Society for the Investigation of the Unexplained« (Gesellschaft zur Erforschung des Unerklärlichen) brachte einen Augenzeugenbericht über die Auswirkung einer destruktiven Gewalt im Bermuda-Dreieck. Robert Durand, der Autor des Berichts, erzählt von einer Beobachtung aus dem Cockpit einer Boeing 707 auf dem Flug von San Juan nach New York am 11. April 1963. Die Beobachtung wurde an einem Punkt 19 Grad 54' nördlicher Breite und 66 Grad 47' westlicher Länge gemacht, der innerhalb des Dreiecks über dem Puerto-Rico-Graben liegt, einem der tiefsten Cañons im Meeresboden, wo das Meer eine Tiefe von 8400 Meter erreicht.

Der ungewöhnliche Anblick fiel zuerst dem Kopiloten auf (über eigenen Wunsch ungenannt), und zwar zwanzig Minuten nach dem Start, als der Jet eine Höhe von 9500 Meter erreicht hatte. Der Kopilot bemerkte plötzlich, daß sich das Meer ungefähr 5 Meilen rechts von ihrer Route zu einem riesigen runden Kegel erhob, der »wie ein großer Blumenkohl« aussah, als habe unter Wasser eine Atomexplosion stattgefunden. Der Kopilot machte sofort den Flugkapitän und den Bordmechaniker darauf aufmerksam, und sie beobachteten die Erhebung etwa dreißig Sekunden lang genau, lösten dann ihre Sicherheitsgurte und kletterten zur Steuerbordseite des Cockpits, um das Phänomen besser zu sehen. Nach ihrer Schätzung hatte der riesige aufgewühlte Wasserberg einen Durchmesser von einer halben bis zu einer Meile und war ungefähr halb so hoch wie breit. Verständlicherweise brachte der Kapitän das Flugzeug nicht näher an den Ort des Geschehens, sondern hielt sich an seinen vorgeschriebenen Kurs. Als das Flugzeug das Gebiet verließ, begann der ungeheure wirbelnde Kegel niedriger zu werden. Der Kopilot wandte sich nachher an verschiedene offizielle Stellen, unter anderem an die Küstenwache, das FBI und einen Erdbeben-Fachmann, aber es gab in dieser Zeit keine Meldungen über irgendwelche außergewöhnlichen Vorkommnisse wie Erdbeben, Flutwellen oder große Wasserhosen, die seine Beobachtung bestätigt hätten.

Es wurde verschiedentlich vermutet, daß diese scheinbare Atomexplosion mit dem am Vortag gesunkenen Atomunterseeboot *Tresher* oder seinen Atomsprengköpfen in Zusammenhang stand, obwohl die *Tresher* Tausende von Meilen entfernt Schiffbruch erlitten hatte. Diese Theorie hätte natürlich nur dann Gültigkeit, wenn wichtige Umstände beim Schiffbruch der *Thresher* geheimgehalten worden wären (was sehr gut möglich ist), oder, wie von privater Seite auch schon angenommen wurde, wenn ein U-Boot eines potentiellen Feindes als Erwiderung auf die Versenkung der *Tresher* angegriffen oder versenkt worden wäre. Auch wenn man von den militärischen Komponenten absieht, weist der Punkt, an dem sich der Vorfall ereignete, wieder einmal auf die im Bermuda-Dreieck wirksamen Kräfte hin.

Augenzeugen berichteten in jüngster Zeit dem Erfinder und Elektroingenieur Norbert Bean von einem Vorfall, der möglicherweise besagt, daß ein Schiff den Gefahren des Dreiecks entkommen ist. Norbert Bean lebt in Miami, erfand unter anderem eine Unterwasserkamera für Kabelfernsehen und ein Abschreckmittel gegen Haie, hält Vorträge über UFOs und ist ein engagierter Beobachter der Vorgänge im Bermuda-Dreieck. Der erwähnte Vorfall ereignete sich eines Abends im September 1972 zwischen Featherbed Banks und Matheson Hammock in der Biscayne Bay und betraf ein dieselbetriebenes Boot mit dem ominösen Namen *Nightmare* (Alptraum). Die *Nightmare* kehrte passenderweise bei Nacht mit drei Passagieren vom Fischfang in der Biscayne Bay zu ihrem Hafen zurück. Als sie das Gebiet der Featherbed Banks erreichte, bemerkte man, daß der Kompaß um 90 Grad abwich. Man konnte die Lichter des Hafens von Coconut Grove sehen und so die Abweichung berechnen. Die Beleuchtung an Bord nahm ab und erlosch, als wären die Batterien überbeansprucht. Der Steuermann verließ sich also nicht mehr auf den Kompaß, sondern orientierte sich nach den Lichtern an der Küste und fuhr mit voller Kraft nach Westen.

Aber das Schiff bewegte sich nach Norden, und man konnte sehen, wie die Lichter der Küste in südlicher Richtung davonglitten. Zwei Stunden lang fuhr das Boot auf die Küste zu, aber es kam nicht weiter und schien eher nach rückwärts zu laufen.

Während dieser Zeit bemerkten die Personen an Bord einen großen dunklen Fleck am Himmel, der zwischen dem Boot und dem ein oder zwei Meilen westlich liegenden Ort Matheson Hammock die Sterne verdeckte. Als sie ihn beobachteten, stellten sie fest, daß ein bewegliches Licht in den dunklen Fleck eindrang, ein paar Sekunden verharrte und dann verschwand. Kurz darauf verschwand der dunkle Umriß ebenfalls. Der Kompaß funktionierte daraufhin wie gewöhnlich, der Generator lud die Batterien auf, und das Schiff konnte weiterfahren.

Einige Jahre vor dem Zwischenfall mit der *Nightmare* hatte man Bean eine fast gleichlautende Geschichte erzählt, und zwar nach einem seiner Vorträge. Ein pensionierter Kapitän der amerikanischen Marine, der Zuhörer war und während des Vortrags nicht über sein Erlebnis sprechen wollte, berichtete Bean jedoch später privat darüber. Wie so viele Zeugen von »unerklärlichen« Phänomenen war er nicht bereit, seinen Ruf als wahrheitsgetreuer, aufmerksamer Beobachter aufs Spiel zu setzen.

Der Zwischenfall ereignete sich eine Woche vor Weihnachten 1957. Ein zehn Meter langes, dieselbetriebenes Fischerboot, das dem Kapitän gehörte und von ihm selbst gesteuert wurde, kam während einer Fahrt nach Freeport auf den Bahamas mehrere Stunden lang nicht von der Stelle und wurde sogar ein Stück zurückgeschoben. Licht und Funk wie auch der Generator versagten, und die Kompaßnadel drehte sich wie ein Kreisel. Obwohl der Dieselmotor lief, kam das Schiff nicht von der Stelle. Wie bei der *Nightmare* bemerkte die Mannschaft genau auf ihrem Kurs einen sternlosen schwarzen Fleck mit regelmäßigen Umrissen, obwohl überall sonst das Wasser ruhig und die Sterne sichtbar waren. Nach einiger Zeit sahen sie drei Lichter hintereinander in diesen dunklen Fleck eindringen und anschließend verschwinden. Kurz darauf löste sich der schwarze Fleck auf, und das Boot konnte weiterfahren. Die Beleuchtung sowie der batteriebetriebene Sender funktionierten wieder, und der Kompaß verhielt sich normal. Der Kapitän und seine vier Passagiere erfuhren später, daß in derselben Nacht ein Frachter, der in 40 Meilen Entfernung im Golfstrom navigierte, an einer Sandbank westlich von Fort Lauderdale angetrieben wurde, weil seine Steuerung eine Abweichung von 90 Grad aufwies.

Am 15. November 1972 ereignete sich mit einer zweimotorigen Beechcraft auf dem Weg von George Town in Westindien nach Great Exuma auf den Bahamas ein Zwischenfall, der die Unberechenbarkeit der in diesem Gebiet wirksamen Kräfte zeigt. Diesmal schienen sie dem Flugzeug gegenüber eher hilfreich als feindselig eingestellt zu sein, wenn man ihnen schon Motivierung und Absicht zuschreiben will. Dr. S. F. Jablonsky, ein Psychologe aus Fort Lauderdale, übermittelte Dr. Manson Valentine den folgenden Bericht.

Das Flugzeug verließ George Town in der Abenddämmerung mit neun Personen an Bord, darunter fünf Piloten. Das Wetter war gut, die See ruhig und die Sicht ausgezeichnet. Eine leichte Brise wehte von Südosten.

Ungefähr zehn Minuten nach dem Start, als sich die Maschine nordwestlich von Exuma über der Tongue of Ocean befand, versagten plötzlich alle elektrisch betriebenen Geräte, Kompaß, Funk, Beleuchtung, sogar die Hydraulik, und alle Batterien waren völlig leer.

Der Pilot wollte zuerst in New Providence landen (ungefähr 60 Meilen im Norden), weil er sich da nach der untergehenden Sonne richten konnte, bis er die Lichter Nassaus sah. Er überlegte sich dann aber, daß das Funkgerät nicht arbeitete und daß er dem Flughafen seine Ankunft nicht ankündigen konnte, nicht einmal durch Lichtsignale. Daher entschloß er sich, direkt zur nächsten Landepiste auf Andros zu fliegen, und bald sahen die Passagiere den kleinen Flugplatz an der Südspitze der Insel. Um unter diesen Umständen eine Landung zustande zu bringen, zog der Kapitän rechts von der Piste eine Kurve und setzte dann zum Gleitflug an, um sicherzugehen, daß sich keine Hindernisse im Weg befanden und um so genau wie möglich mit dem Wind im Rücken auf dem Landestreifen aufzusetzen. Da das hydraulische System nicht arbeitete, konnte das Fahrgestell nicht ausgefahren werden, und wir hatten natürlich keine Landescheinwerfer. Dr. Jablonsky meinte später: »Das Flugzeug landete, als schwebe es auf einem Luftkissen.« Die Spitzen der Propeller berührten als erstes den Boden und erzeugten einen Funkenstrahl, aber das Flugzeug schlug nicht auf, sondern glitt über die Piste. Der Rumpf des Flugzeugs war nicht beschädigt, und selbst die tiefhängenden Luftansaugstutzen blieben intakt.

Am nächsten Tag wurden zwei neue Propeller nach Andros gebracht und montiert. Man lud die Batterie des Flugzeugs wieder auf, aber das Drucksystem funktionierte schon vorher. Die Maschine startete von neuem und erreichte Fort Lauderdale ohne weitere Zwischenfälle.

Während die amerikanische Ausgabe dieses Buches in Vorbereitung war, entging der Cunard-Ozeandampfer *Queen Elizabeth II* nur mit Mühe einem schweren Unfall im oberen Teil des Bermuda-Dreiecks. Am 3. April 1973 kam es zu einem Ausfall dreier Dampfkessel (Öl sickerte aus), die elektrische Versorgung, Klimaanlage usw. fiel aus, und das modernste der großen Passagierschiffe lag wie seine Vorgänger aus fernen Jahrhunderten in der Sargasso-See fest, während sich die Passagiere mit kostenlosen, wenn auch ungekühlten Drinks trösteten und auf Hilfe warteten.

In einem der ersten Radiointerviews von Bord des Schiffes sagte ein Passagier, von Beruf Football-Profi: »Der Kapitän erzählt mir gerade, daß wir hier mitten im Bermuda-Dreieck sitzen.« In weiteren Berichten wurde jede Anspielung auf dieses unheimliche Gebiet peinlichst vermieden.

Als Anmerkung zu diesem Zwischenfall ist interessant, daß ein Besatzungsmitglied eines Kutters der Küstenwache, der hinter der *Queen Elizabeth II* fuhr, einige Male bemerkte, daß sie auf dem Radarschirm nicht mehr zu sehen war. Als die *Queen Elizabeth II* mit einer Geschwindigkeit von 35 Knoten in das Dreieck einfuhr, konnte sie vom Kutter aus nicht mehr am Radar verfolgt werden, obwohl sie mit freiem Auge noch sichtbar war und erst kurz darauf am Horizont verschwand. Von dem Moment an, als die *Queen Elizabeth II* in das Dreieck einfuhr, waren die Kommunikation mit dem Kutter und der Radarkontakt gestört. Es wurde noch nicht gesagt, daß die geheimnisvollen Kräfte des Bermuda-Dreiecks möglicherweise etwas mit dem Unfall der *Queen Elizabeth II* zu tun haben könnten, aber es ist möglich, daß die Radarverbindung zum Kutter durch die üblichen funktechnischen und elektromagnetischen Anomalien behindert wurde.

Wenn wir die Gesamtzahl der verschwundenen Flugzeuge und Schiffe in Betracht ziehen und die Fälle, wo Menschen offenbar den in diesem Gebiet drohenden Gefahren entkommen konnten, müssen wir auch die Möglichkeit bedenken, daß es eine oder eine Vielzahl logischer Erklärungen für diese Ereignisse gibt. Je mehr wir uns aber in dieses Problem vertiefen, desto eher beginnen wir uns zu fragen, ob es in dem uns bekannten Rahmen wissenschaftlicher Erkenntnis so etwas wie eine logische Erklärung überhaupt gibt.

5

Gibt es eine logische Erklärung?

Immer, wenn man die Bedeutung oder selbst die Existenz des Bermuda-Dreiecks ableugnen wollte, wurde behauptet, daß daran gar nichts Rätselhaftes sei, denn auf der ganzen Welt gingen Schiffe und Flugzeuge verloren, und jedes beliebige Dreieck, das wichtige Wasserstraßen einschließt, würde eine hohe Anzahl von Verlusten zeigen, wenn man seine Grenzen nur genügend erweiterte. Außerdem sind Schiffe und Flugzeuge im Vergleich zur Ausdehnung des Ozeans winzig, und dieser ist zudem ständig in Bewegung, sowohl an der Oberfläche als auch in der Tiefe. Flugzeuge und kleinere Schiffe, die zwischen den Bahamas und Florida verunglückten, wo der Golfstrom mit einer Geschwindigkeit von mehr als vier Knoten nach Norden fließt, können so weit vom Unfallort entfernt wieder auftauchen, daß es wirklich aussieht, als seien sie verschwunden. Dieser Umstand ist der Küstenwache jedoch gut bekannt, und bei Rettungsaktionen bezieht sie die Abweichung durch Wind und Strömung im Unfallsgebiet in ihre Berechnungen mit ein. Nach einem größeren Schiff wird sofort in einem Umkreis von 5 Meilen gesucht, nach einem Flugzeug in einem Umkreis von 10 Meilen, und für ein kleines Boot beträgt der Radius 15 Meilen. Die Suche wird dann entlang der Radien fortgesetzt, je nach der Strömung, dem Wind und der Drift.

Manche Schiffe versanken sogar und tauchten später woanders wieder auf, wie beispielsweise die *A. Ernest Miles*, die mit einer Salzladung vor der Küste von Carolina unterging. Als das Salz schmolz, kam das Geisterschiff wieder an die Oberfläche. Ein anderes verlassenes Schiff, das aus dem Meer auftauchte, ist die *La Dahama.* Sie sank im April 1935, und ihre Passagiere wurden von der S.S. *Rex* an Bord genommen. Etwas später fand jedoch die *Aztec* bei den Bermudas die *La Dahama* treibend. Die Mannschaft der *Aztec* wußte nicht, daß das Schiff bereits einmal gesunken und die Passagiere gerettet waren, und hielt die *La Dahama* für ein verlassenes Geisterschiff, bis Nachricht von der *Rex* kam, die inzwischen ihren Heimathafen in Italien erreicht hatte. Warum das Schiff allerdings wieder auftauchte, blieb ein Rätsel.

Wracks von verunglückten Flugzeugen und Schiffen können auch leicht am Meeresgrund im Treibsand versinken oder durch Stürme zugedeckt und später vielleicht wieder freigelegt werden, wenn Taucher oder U-Boote sie finden. Mel Fisher, ein Mann, der seit langem als Taucher tätig und mit der Bergung von Schiffen und Schiffsladungen vertraut ist, hat einige Jahre den Kontinentalsockel im Atlantik und in der Karibik innerhalb des Dreiecks erforscht. Auf seiner Suche nach spanischem Gold, von dem er schon große Mengen gefunden hat, machte er noch andere überraschende Entdeckungen auf dem Meeresgrund: Schiffe, nach denen zum Zeitpunkt ihres Verschwindens lange gesucht wurde, die aber jetzt vergessen sind. Sie werden mit einem Magnetometer gesucht, einem tausendfach verstärkten Kompaß, der Metall unter dem Meeresspiegel anzeigt. Dieses Gerät führte Fisher auch zu anderen Wracks als den spanischen Schatzschiffen, nach denen er gewöhnlich sucht. (Es muß angemerkt werden, daß zum Zeitpunkt vieler Zwischenfälle im Bermuda-Dreieck der verbesserte Magnetometer noch nicht in Gebrauch war.) Wenn Taucher, den Angaben des Magnetometers folgend, zum Meeresboden absteigen, finden sie oft statt spanischer Galeonen abgestürzte Militär- oder Privatflugzeuge und die verschiedensten Arten von Schiffen. Einmal fand Fisher sogar mehrere Meilen von der Küste entfernt eine Eisenbahnlokomotive, die er für zukünftige Unterwasserarchäologen auf dem Meeresgrund zurückließ.

Mel Fisher ist der Meinung, daß viele der ungeklärten Unfälle im Gebiet zwischen Florida und den Bahamas von Blindgängern — Bomben der Luftwaffe und Torpedos — oder treibenden Minen verursacht wurden, die aus vergangenen Kriegen oder von Gefechtsübungen der Jetztzeit zurückblieben. Einmal tauchte er in der Nähe eines spanischen Schatzschiffes und brachte einen Gegenstand zur Oberfläche, den er für eine alte spanische Kanone hielt. Plötzlich merkte er, daß das von Muscheln überkrustete Metallstück ein spitz zulaufendes Ende hatte und daß es sich um eine Bombe handelte — und zwar um eine scharfe! Fisher schließt aus der großen Anzahl der nicht identifizierten Wracks, die er auf der Suche nach zwei bestimmten Schatzschiffen auf dem Meeresgrund bemerkte (es handelt sich um die spanischen Schatzgaleonen *La Margarita* und *Santa María de Atocha,* die Gold im Schätzwert von vier bis sechs Millionen Dollar enthalten), daß Hunderte von Schiffen in Stürmen an den Riffen gescheitert sein müssen und viele in Sandbänken bei der Küste vergraben sind. Selbst um einige der bereits gefundenen Schatzschiffe zu erreichen, war es notwendig, sie aus dem Meeresboden zu graben, nachdem der Magnetometer Metall angezeigt hatte. Fisher bemerkte, daß es an der Stelle, wo der Golfstrom um die Spitze Floridas herumfließt, viele Sandbänke gibt, und daß dieser Treibsand schon ziemlich große Boote verschluckt hat, die dort am Meeresgrund steckenblieben.

Die unberechenbaren Strömungen und Verschiebungen am Meeresboden können also zum Teil für die fruchtlose Suche nach Schiffen und Flugzeugen verantwortlich sein. Aber es gibt noch andere unterseeische Phänomene in diesem Gebiet, die ebenfalls in unsere Erwähnungen mit einbezogen werden müssen.

Es handelt sich dabei um die seltsamen Blauen Löcher in den Kalkklippen und anderen unterseeischen Kalkformationen der Bahamas, wo sich große Steilabfälle und Gräben befinden. Vor Tausenden von Jahren waren diese Löcher Kalksteinhöhlen über der Wasseroberfläche, aber als der Meeresspiegel nach der dritten Eiszeit — vor etwa 12 000 bis 15 000 Jahren — anstieg, wurden die Höhlen zu Blauen Löchern, einem bevorzugten Aufenthaltsort für Fische und, in letzter Zeit, für abenteuerlustige

Taucher mit Atemgeräten. Die Kammern und Gänge durchziehen den Kontinentalsockel, und manche führen weiter durch die ganze Kalksteinformation bis zu einer Tiefe von 450 Meter. Andere sind durch unterseeische Gänge und Grotten mit Seen und Teichen auf den größeren Inseln der Bahamas verbunden. Obwohl diese kleinen Wasserflächen viele Kilometer vom Ozean entfernt sind, hebt und senkt sich ihr Wasserspiegel mit den Gezeiten. Durch unterseeische Strömungen in diesem Höhlensystem werden oft Meeresfische mitgetragen und tauchen dann plötzlich weit im Landesinneren auf. In einem dieser ruhigen Seen, 30 Kilometer von der Küste entfernt, zeigte sich einmal zur allgemeinen Verwunderung ein Hai und erregte großen Schrecken bei den Bewohnern, die wie gewohnt in ihrem friedlichen See badeten.

Die Blauen Löcher liegen in verschiedener Tiefe unter dem Meeresspiegel. Taucher, die in diese Unterwasserlöcher eindrangen, bemerkten, daß von den Gängen Höhlenkammern abzweigen, genau wie bei den Höhlenformationen an Land. Die Gänge verlaufen in alle Richtungen, und manchmal finden sich darin nicht einmal Fische zurecht, die man dort schon verkehrt schwimmend gefunden hat. Manche der Gänge zwischen den Höhlen sind so regelmäßig geformt, daß Taucher nach Meißelspuren suchten, weil sie glaubten, sie seien von Menschenhand geschaffen, als die Kalkklippen noch über das Wasser ragten. Die Taucher bemerkten auch gefährlich starke Strömungen in den Blauen Löchern. Diese rühren von den Gezeiten her, die große Wassermassen in die Höhlen pressen, wodurch ein Trichtereffekt mit starken Strudeln an der Oberfläche entsteht. Ein solcher Strudel könnte ein kleines Schiff mit seiner Besatzung in eine Höhle hinunterziehen. Diese Annahme bestätigte sich, als der Ozeanograph Jim Thorne auf einer Tauchexpedition in einer Tiefe von 24 Meter ein Fischerboot in eines der Blauen Löcher gerammt fand. Auch Dingis und kleinere Boote wurden von Tauchern in bis zu 20 Meter tiefen Höhlen gefunden. Aber obwohl es möglich ist, daß solche Boote und vielleicht Wrackteile größerer Schiffe in Blaue Löcher gezogen wurden

TBM Avengers. Fünf Maschinen dieser Type verschwanden am 5. Dezember 1945 während eines Übungsflugs (Flight 19) mit fünf Offizieren und neun Besatzungsmitgliedern an Bord. Trotz einer intensiven Suchaktion fand man keine Spur von Flugzeugen und Mannschaft.

Foto: National Archives

Grumman-Avenger-Bomber. Die Bomber von Flight 19 waren mit Rettungsflößen ausgestattet und konnten im Fall einer Notlandung im Wasser eineinhalb Minuten treiben. Das, sowie die verhältnismäßige Nähe zum Stützpunkt, macht das völlige Verschwinden aller fünf Flugzeuge noch rätselhafter.

Foto: Mit freundlicher Genehmigung von Grumman Aircraft

Notwasserung eines TBM-Avenger-Bombers. Maschinen, die ins Meer stürzen, hinterlassen gewöhnlich einen Ölfleck oder Wrackreste. Im Fall von Flight 19 fand man keinerlei Spuren dieser Art.

Foto: National Archives

Die U.S.S. *Cyclops,* die am 4. Mai 1918 verlorenging. Das unerklärliche Verschwinden der *Cyclops* mit 390 Personen an Bord wurde »eines der verblüffendsten Rätsel in den Annalen der Marine« genannt. Zum Zeitpunkt des Verschwindens waren keine deutschen U-Boote im Unfallgebiet.

Foto: Offizielles Foto der amerikanischen Marine

Ein britisches Schiff, gleichfalls mit dem Namen *Cyclops,* verschwand während des Zweiten Weltkriegs im Nordatlantik. Auch hier waren keine feindlichen U-Boote in der Nähe.

Foto: National Archives

Martin-Mariner-Flugboot vom gleichen Typ wie jenes, das auf der Suche nach Flight 19 mit 13 Mann Besatzung verschwand.

Foto: National Archives

Die M.S. *Marine Sulphur Queen*, ein 129 Meter langer Frachter mit 39 Mann Besatzung, verschwand am 2. Februar 1963 bei den Dry Tortugas. Bis auf eine Schwimmweste, die 15 Meilen südlich von Key West im Meer trieb, fand man keine Spur.

Foto: National Archives

C-119. Ein Flugzeug dieses Typs verschwand im Juni 1965 mit 10 Personen an Bord 100 Meilen von Grand Turk auf den Bahamas entfernt.

KC-135 Stratotanker. Zwei Flugzeuge dieses Typs verschwanden im August 1963 etwa 300 Meilen südwestlich der Bermudas.
Foto: Mit freundlicher Genehmigung der Boeing Company

Von einer Erdumlaufbahn aufgenommenes Foto, das die südliche Hälfte Floridas, die Bahamas (Andros, Grand Bahama und Bimini) und Teile Kubas zeigt. Die dunklen Meeresteile sind die tiefen Gräben zwischen Florida und den Bahamas, wo viele der unerklärlichen Unfälle stattgefunden haben. Die versunkenen Bahama-Bänke sieht man als hellere Meeresgebiete in der Nähe der Inseln.

Foto: National Aeronautics and Space Administration (NASA)

Taucher an der Kante der Bahama-Bänke, eines riesigen unterseeischen Plateaus, dessen höchste Erhebungen die Bahamas sind. Dieses Plateau unter der Wasseroberfläche enthält große Kalksteinhöhlen, die manchmal mit Seen im Innern der Inseln in Verbindung stehen.
Foto: Paul Tzimoulis, mit freundlicher Genehmigung des »Skin Diver Magazine«

Taucher mit Atemgerät am Kontinentalsockel bei den Bahamas.
Foto: Paul Tzimoulis, mit freundlicher Genehmigung des »Skin Diver Magazine«

Innenansicht eines »blauen Lochs«, einer der Unterwasserhöhlen in den Bahama-Bänken. Stalaktiten und Stalagmiten zeigen an, daß sich die »blauen Löcher« lange Zeit hindurch über dem Wasserspiegel befunden haben müssen.

Foto: Paul Tzimoulis, mit freundlicher Genehmigung des »Skin Diver Magazine«

Tiefseeforschungsboot
ninaut auf dem Meeres-
:n nahe Bimini. Es kann
Tiefe von 4600 Meter
chen, eine Mannschaft
sieben Mann und mehr
drei Tonnen wissen-
:tliches Material aufneh-
und drei Tage unter
ser bleiben.
Foto: Reynolds Metals Company

Das *Aluminaut* an der Arbeit in der Tiefsee. Es kann unter anderem zu Rettungsaktionen, zur Lokalisierung von Minerallagern sowie zur Erforschung und Aufzeichnung des Meeresbodens verwendet werden.
Foto: Reynolds Metals Company

An einem klaren Tag bei Nord-Bimini fotografierte Wasserhose. Diese Phänomene können bei Nacht von Flugzeugen möglicherweise nicht bemerkt werden.

Foto: J. M. Valentine

Das Moselle-Riff, wo ungeklärte Lichtphänomene, UFOs und das Auftreten von Instrumentenversagen beobachtet wurden. In dieser Gegend erhebt sich ein steiler unterseeischer Berggipfel zu einer Höhe von 900 Meter, durchbricht aber die Wasseroberfläche nicht.

Foto: J. M. Valentine

Luftbild des »weißen Wassers« in der Nähe von Orange Key. Das leuchtende weiße Wasser bei den Bahamas und in der Sargasso-See wurde schon von Kolumbus beobachtet. Für die Astronauten von Apollo 12 war es das letzte von der Erde sichtbare Licht.

Foto: J. M. Valentine

Steilabfall an der südwestlichen Kante der Bahama-Bänke. Das von diesem Luftfoto erfaßte Gebiet liegt völlig unter Wasser, die landähnlichen Formationen am oberen Bildrand sind Formen des Meeresgrundes im seichten Wasser in der Nähe des Abfalls.

Foto: J. M. Valentine

Schwesterschiff der *Good News*, eines Hochseeschleppers, der Berichten zufolge in der Tongue of Ocean in ein »Tauziehen« mit unbekannten Kräften verwickelt wurde.

Foto: J. M. Valentine

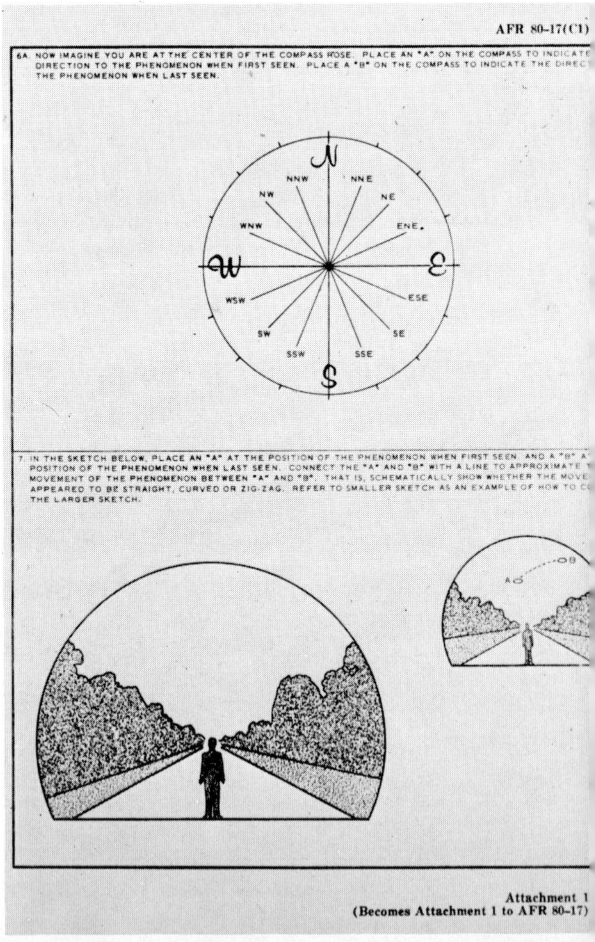

Illustration aus der (früheren) Luftwaffen-Dienstvorschrift 80-17 (AFR 80-17), auf welcher der Punkt des Erscheinens und der Weg eines gesichteten UFOs eingetragen werden kann.

und möglicherweise noch dort stecken, kann die Existenz dieser Strudel das Verschwinden von Schiffen nicht erklären und erst recht nicht das von Flugzeugen.

Auf allen Weltmeeren und vor allem im Bahamagebiet des Bermuda-Dreiecks treten zu verschiedenen Zeitpunkten Strudel auf, aber keines dieser Phänomene kann mit dem großen Strudel bei der norwegischen Küste verglichen werden, den E. A. Poe in seiner Erzählung »Im Strudel des Maelstroms« beschreibt.* Von einem Punkt auf der riesigen geneigten Wand des Trichters berichtet der Erzähler:

> Niemals werde ich das Gefühl der Furcht, des Grauens und der Bewunderung vergessen, mit dem ich nun um mich blickte. Das Boot schien wie durch Zauberkraft auf dem halben Weg nach unten auf der inneren Fläche eines ungeheuer weiten, unermeßlich tiefen Trichters zu hängen, dessen vollständig glatte Seitenwände man für Ebenholz gehalten hätte, hätte man nicht gesehen, daß sie sich mit betäubender Schnelligkeit rundum drehten ... Als ich fühlte, wie übel mir bei dem Hinabschießen wurde, hatte ich mich instinktiv fester an die Tonne angeklammert und die Augen geschlossen ... Als ich auf der weiten Wüste ... die uns trug ... umherblickte, bemerkte ich, daß unser Boot nicht der einzige Gegenstand war, den der Strudel an sich gerissen hatte. Über uns und unter uns erblickte ich Schiffstrümmer, große Mengen Bauholz und Baumstämme, viele kleinere Gegenstände, Stücke Hausgerät, zerbrochene Kisten, Fässer und Latten ... Ich fing an, die Gegenstände, die um uns dahintrieben, mit ganz eigentümlichem Interesse zu betrachten ...
>
> Ich überraschte mich einmal, wie ich zu mir sagte: »Diese Fichte wird sicher das nächste sein, was den grausigen Sprung tut und verschwindet —«, und ich war enttäuscht, als ich bemerkte, daß sie von dem Wrack eines holländischen Handelsschiffes, das vor ihr verschwand, überholt wurde.

* E. A. Poe, Erzählungen. Alle Rechte bei Spangenberg Verlag, München.

Solche Schriften haben möglicherweise manche der Theorien über das Schicksal der verschwundenen Schiffe im Dreieck und über die Gestalt des Strudels beeinflußt. Eine wahrscheinlichere Ursache für den Verlust kleiner und auch größerer Schiffe wären plötzliche Flutwellen oder Wasserhosen, diese Tornados des Meeres, die zu bestimmten Jahreszeiten auftreten. Eine oder mehrere Wasserhosen können ein kleines Boot oder ein niedrig fliegendes Flugzeug ohne weiteres zerstören, ebenso wie die Tornados an Land Häuser, Zäune, Fahrzeuge oder Menschen vernichten oder mit sich reißen. Außerdem können Wasserhosen zwar bei Tag gesehen und umgangen werden, aber bei Nacht ist das viel schwieriger, vor allem in einem Flugzeug bei schlechter Sicht. Der wahrscheinlichste Grund für das plötzliche Untergehen von Schiffen sind jedoch unerwartete Flutwellen, die gewöhnlich von unterseeischen Erdbeben herrühren. Das Entstehen großer Wogen hängt von verschiedenen Faktoren ab: unterseeische Erdbeben und Erdrutsche, Luftdruck, Wind, Stürme und Hurrikane, die nicht unbedingt in nächster Nähe auftreten müssen, oder der Ausbruch von unterseeischen Vulkanen. Schon bei ruhiger See können aus den mannigfaltigsten Gründen riesige Wogen entstehen, und erfahrene Beobachter schätzen, daß bei rauher See Wellen eine Höhe von 34 Meter erreichen (U.S.S. *Ramapo*, 6. Februar 1963).

Die riesigen Wellen (Tsunamis), die durch Erdbeben entstehen, haben schon Höhen bis zu 60 Meter erreicht. Diese Springfluten können ganz plötzlich auftreten und vor Anker liegende Schiffe zum Sinken oder in Fahrt befindliche zum Kentern bringen.

Schiffe kentern nicht nur, wenn sie von solchen Wogen getroffen werden, es kann auch geschehen, daß ein großes Schiff wegen des zu hohen Drucks in der Hälfte auseinanderbricht. Das hängt davon ab, wie es zu den Wellen liegt und wie breit die Wellentäler sind. Während kleinere Schiffe ohne Schwierigkeiten über die Wellenkämme und durch die Täler gleiten können, wurde ein Zerstörer von großen Wogen in zwei Hälften zerbrochen, weil er gerade um die halbe Breite eines Wellentals über die Welle hinausragte. Er wäre wahrscheinlich davon-

Skizze einer 60 Meter hohen Wasserhose, die vom Strand aus beobachtet wurde. Wasserhosen sind Tromben, Wirbelstürme, und auf See so gefährlich wie die Tornados auf dem Land. Der Wirbel eines Tornados kann ein kleines Schiff oder Flugzeug, das direkt in seine Bahn gerät, auseinanderreißen.

gekommen, wenn seine Länge eine oder zwei Wellentäler betragen hätte.

Auch die sogenannten Seiches oder Schaukelwellen sind äußerst gefährlich und unberechenbar. Sie entstehen meist durch unterseeische Erdrutsche, die von Verschiebungen der Erdkruste herrühren. Die Seiches haben eine geringere Höhe als die Tsunamis und wirken nicht so schreckenerregend, aber sie üben einen ungeheuren Druck aus und bringen starke Strömungen mit sich. Eine solche plötzlich auftretende Welle könnte ein Schiff zerschmettern und dessen Wrackteile über ein weites Gebiet zerstreuen.

Wenn es auch möglich ist, daß Schiffe von riesigen Wogen buchstäblich verschluckt werden können, wie soll man das Verschwinden von Flugzeugen in der Luft erklären? Verläßliche Beobachter sahen Flugzeuge in eine Wolke hineinfliegen, aber nie mehr herauskommen, als hätten sie sich aufgelöst oder wären aus ihrer Bahn gerissen worden.

Es existieren Spannungen in der Atmosphäre, die man in ihrer Wirkung ungefähr mit Flutwellen vergleichen kann, vor allem wenn ein Flugzeug mit voller Geschwindigkeit hineinfliegt. Da es in verschiedenen Höhenlagen auch Stürme in verschiedener Richtung gibt, kann ein aufsteigendes oder sinkendes Flugzeug starken Winden begegnen, die von den Luftsäcken am Flugplatz nicht angezeigt werden. Wenn so ein unerwarteter Wind stark genug ist, besteht große Gefahr für das Flugzeug. Diese »Windschere« ist ein wichtiger Faktor bei Flugunfällen und kann in ihrer verstärkten Form mit den Schaukelwellen verglichen werden, die plötzlich bei ruhiger See auftreten. Diese Luftwirbel können auf- und absteigen oder in horizontaler Richtung verlaufen, und wenn sich die Windrichtung sehr rasch ändert — wegen der Fluggeschwindigkeit oder der Stärke der Wirbel —, ist die Wirkung auf das Flugzeug etwa derart, als flöge es in eine Steinmauer.

Im allgemeinen kann eine Turbulenz bei klarem Himmel nicht vorausgesagt werden, obwohl man sie gewöhnlich an den Rändern des »Jet Stream« antrifft, einer Luftströmung, die sich in derselben Richtung über die Erde bewegt wie der Golfstrom im Meer, aber mit wesentlich größerer Geschwindigkeit — zweihundert Knoten in der Stunde, verglichen mit den vier oder weniger Knoten des Golfstroms. Sie wäre eine mögliche Erklärung, warum kleinere Flugzeuge im Bermuda-Dreieck verlorengingen: sie könnten vom Druck auseinandergerissen worden oder durch eine plötzliche Vakuumbildung ins Meer gestürzt sein. Die Ursache dieser Luftwirbel ist allerdings ein Rätsel. Sie treten unvermittelt auf und sind nicht vorhersehbar. Dennoch kann ein plötzlicher Wechsel der Luftdruckverhältnisse kaum für alle Flugzeugunfälle im Dreieck verantwortlich und auch nicht die Ursache für einen Funkausfall sein.

Flugzeuge, die in Zukunft über diesem Gebiet verschwinden, werden wahrscheinlich mit den komplizierten neuen Ortungs- und Speichersystemen leichter zu finden sein. Moderne Flugzeuge besitzen auch computergesteuerte Speichersysteme des Typs AIDS — *Airborne Integrated Data Systems* —, mit deren Hilfe man feststellen kann, was der Maschine zustieß, wenn sie nach einem Unfall aufgefunden wird. Es ist heute auch möglich, am Stützpunkt alles mitzuhören und aufzuzeichnen, was im Cockpit von Verkehrs- und anderen Flugzeugen gesprochen wird. Man darf jedoch nicht vergessen, daß die Gespräche der Piloten von Flight 19 ebenfalls gehört wurden, ohne daß man den Vorfall dadurch erklären konnte. Es gibt auch Systeme, die bei den Raumflügen der Mercury-Serie und auf Atomunterseebooten entwickelt wurden und die automatisch die Position und jede Kursabweichung des Flugzeugs oder Schiffes verzeichnen. Daneben gibt es eine neue Einrichtung, um verlorengegangene Flugzeuge wiederzufinden, die »Unfalls-« oder »Rettungsbake«. Das ist ein kleiner Sender mit einer Sendedauer von zwei bis drei Tagen. Er befindet sich im Heck des Flugzeugs und wird durch das Versagen des elektronischen Systems aktiviert. Da jedoch die Unfälle im Dreieck meist mit Funkversagen einhergehen, ist anzunehmen, daß diese neuen Einrichtungen dann ebenfalls neutralisiert würden.

Zu den immer wiederkehrenden Elementen der rätselhaften Vorgänge im Dreieck gehören Elektromagnetismus und Versagen der Instrumente. Hugh Auchincloss, Elektroingenieur und Autor von *Catalysms of Earth*, ist der Meinung, daß »... es viele Gründe gibt, diese Abweichungen mit dem Magnetfeld der Erde in Zusammenhang zu bringen. Während verschiedener Perioden der Erdgeschichte vollzogen sich große Verschiebungen in diesem Magnetfeld, und vielleicht bereitet sich eine weitere solche Veränderung vor, mit gelegentlichen magnetischen Beben als Vorwarnung. Das könnte die Störungen erklären, bei denen Flugzeuge abstürzten und dann im Meer verschwanden. Aber es würde natürlich das Verschwinden von Schiffen nicht begründen ...«

Wilbert B. Smith, Elektronik-Fachmann, der im Jahre 1950 Leiter eines Projekts der kanadischen Regierung zur Erforschung magnetischer Kräfte und Fragen der Schwerkraft war, vermutet, daß eben diese Faktoren auch eine Rolle beim Verschwinden der Flugzeuge spielen. Er behauptet, bestimmte Gebiete gefunden zu haben, die er als »Gebiete reduzierter Bindung« bezeichnet. Sie seien verhältnismäßig klein (mit ungefähr 300 Meter Durchmesser, aber großer Höhe), und es gebe dort so starke Luftwirbel, daß sie Flugzeuge zerreißen könnten. Die Piloten hätten von diesen unsichtbaren und nicht auf Karten verzeichneten Zonen der magnetischen Störungen und Gravitationsschwankungen keine Kenntnis, bis sie hineinflogen, was oft ihren Tod zur Folge hatte. Über die scheinbare Unbeständigkeit dieser Phänomene schrieb Smith:

> Wir wissen nicht, ob die »Gebiete reduzierter Bindung« in Bewegung sind oder einfach verschwinden ... Als wir etliche davon nach drei bis vier Monaten wieder suchten, konnten wir keine Spur mehr davon finden ...

Ein Sprecher der Such- und Rettungsabteilung des Hauptquartiers der Küstenwache betonte ebenfalls die Bedeutung des Magnetismus und der Schwerkraft bei ihren Untersuchungen:

> Ganz ehrlich, wir wissen nicht, was in diesem sogenannten Bermuda-Dreieck los ist. Wir können über diese unerklärlichen Unfälle nur Vermutungen anstellen.

Die Marine versucht, mit einem Forschungsprojekt namens »Project Magnetism« hinter das Geheimnis zu kommen, wobei elektromagnetische und atmosphärische Störungen und Störungen im Gravitationsfeld geprüft werden. Manche Experten glauben, daß solche Störungen die Flugzeuge im Jahre 1945 in ihre Bestandteile aufgelöst haben. Die Besatzung eines Schiffs in diesem Gebiet berichtete, sie hätte damals eine riesige Feuerkugel am Himmel beobachtet, was natürlich auch eine Kollision in der Luft bedeutet haben kann — aber es ist unwahrscheinlich, daß so etwas mit fünf Maschinen passiert. Tatsache ist, daß wir keine feste Meinung haben.

Beim Siebenten Küstenwachedistrikt, der dem Dreieck am nächsten liegt, wird — in dem schon zitierten Musterbrief — der Standpunkt vertreten, daß das Bermuda- oder Teufelsdreieck ein imaginäres Gebiet sei (siehe S. 20), und man gibt die beruhigende Versicherung, daß es sich bei den vielen Verlusten nur um Zufall handle. Der Brief lautet wie folgt:

... das »Bermuda- oder Teufelsdreieck« ist ein imaginäres Gebiet in der Nähe der südöstlichen Atlantikküste der Vereinigten Staaten, das wegen der hohen Zahl ungeklärter Verluste von Schiffen, kleinen Booten und Flugzeugen bekannt ist. Die Eckpunkte des Dreiecks sollen, wie allgemein angenommen wird, die Bermuda-Inseln, Miami in Florida und San Juan auf Puerto Rico sein.

In der Vergangenheit haben ausgedehnte, aber ergebnislose Suchaktionen der Küstenwache, wie etwa nach dem Verschwinden einer ganzen Gruppe von TBM Avengers kurz nach dem Start in Fort Lauderdale oder dem spurlosen Verschwinden der *Marine Sulphur Queen* in der Straße von Florida, zu dem verbreiteten Glauben geführt, daß es ein Geheimnis und übernatürliche Kräfte im »Bermuda-Dreieck« gebe.

Im Lauf der Geschichte wurden zahllose Theorien über die vielen Verluste in diesem Gebiet aufgestellt. Die brauchbarsten beziehen sich auf natürliche Gegebenheiten bzw. auf menschliches Versagen.

Die Mehrzahl der Unglücksfälle kann auf die einzigartigen Umweltbedingungen in diesem Gebiet zurückgeführt werden. Das »Teufelsdreieck« ist einer der beiden Orte der Erde, wo ein magnetischer Kompaß direkt zum Nordpol weist. Normalerweise zeigt er zum magnetischen Nordpol. Die Differenz ist als Kompaßabweichung bekannt. Wenn man die Erde umrundet, schwankt diese Abweichung bis zu 20 Grad. Wenn die Kompaßabweichung nicht ausgeglichen wird, kann ein Navigationsoffizier in ernsthafte Schwierigkeiten geraten.

Ein Gebiet nahe der Ostküste Japans, das von Japanern und Filipinos »Teufelssee« genannt wird, zeigt dieselben magnetischen Besonderheiten. Wie das Bermuda-Dreieck ist es wegen geheimnisvoller Unglücksfälle bekannt.

Eine andere Umweltgegebenheit ist der Golfstrom. Er fließt äußerst schnell dahin, und die Spuren eines Unfalls können daher in kurzer Zeit verwischt sein. Das unberechenbare Wetter im Atlantik-Karibik-Gebiet spielt ebenfalls eine Rolle. Oft bringen plötzliche Gewitterstürme und Wasserhosen Seeleute und Piloten in Gefahr. Schließlich wechselt die Topographie des Meeresbodens zwischen großen Landsockeln rund um die Inseln und einigen der tiefsten unterseeischen Gräben der Welt. Wegen der starken Strömungen über den vielen Riffen ist diese Topographie einer ständigen Veränderung unterworfen, und es bilden sich schnell neue, unbekannte Gefahren für die Navigation.

Auch der Faktor des menschlichen Versagens darf nicht unterschätzt werden. Vergnügungsboote in großer Zahl kreuzen in den Gewässern zwischen Floridas Goldener Küste und den Bahamas. Nur zu oft werden Überfahrten mit einem zu kleinen Boot, ungenügender Kenntnis der Gefahren in diesem Gebiet und mangelnder seemännischer Ausbildung unternommen. Kurz und gut, die Küstenwache kann übernatürliche Erklärungen der Unfälle auf dem Meer nicht ernst nehmen. Wir machen viele Male im Jahr die Erfahrung, daß die Kräfte der Natur und die Unberechenbarkeit der menschlichen Reaktion sogar die phantastischsten Science-Fiction-Geschichten übertreffen.

Beinahe nebenbei, als Nachtrag, enthält der Brief auch eine kurze Bibliographie, wo der Leser auf Artikel von Ivan Sanderson, Leslie Licher, Vincent Gaddis und John Wallace Spencer verwiesen wird, als eine Art »Ausgleich« für jene, die glauben, daß das Rätsel des Bermuda-Dreiecks nicht so leicht erklärt werden kann. Im letzten Absatz des Briefes heißt es:

> ... wir kennen keine Karten, welche die Grenzen des Bermuda-Dreiecks angeben ... [obwohl hinzugefügt wird] ..., daß unter den Akromagnetischen Karten der Küstengebiete der Vereinigten Staaten, H. O. Serie 17507 ... das Gebiet des »Bermuda-Dreiecks« in den Karten 9 bis 15 erfaßt wird.

Manche leitende Angestellte der Zivilluftlinien in diesem Gebiet schließen sich, wenn auch vorsichtig, der Meinung der Küstenwache an. Mrs. Athley Gamber, Präsidentin der »Red Aircraft« in Fort Lauderdale, ist ein Beispiel dafür. Athley Gamber, eine attraktive Brünette und der Typ einer charmanten, vitalen, erfolgreichen Geschäftsfrau, ist die Witwe eines Piloten, der auf einem Flug zwischen Fort Lauderdale und den Bahamas verschwand. Sie war während vieler Suchaktionen nach verunglückten Flugzeugen auf dem Flughafen und hat sowohl ein Motiv wie auch die Möglichkeit, sich über das Schicksal der vielen Privatflugzeuge, die innerhalb des Dreiecks spurlos verschwunden sind, eine Theorie zu bilden. Mrs. Gamber glaubt nicht, daß irgend etwas Geheimnisvolles oder Unheimliches im Bermuda-Dreieck vorgeht. Sie ist der Meinung, daß viele Piloten kein MAYDAY oder SOS funkten, weil »sie keine Ahnung hatten, daß sie sich in Gefahr befanden«, und setzt hinzu: »In dem Augenblick, wo die Situation kritisch wird, bricht das Radar ab.«

Sie bemerkt: »In diesem Gebiet kommt es oft plötzlich und unerwartet zu einem Druckabfall. Ein Flugzeug ist für eine gewisse Scherbeanspruchung gebaut — wenn diese überschritten wird, zerbricht es.« Und sie fügt hinzu: »Ich bin fester denn je überzeugt, daß die menschliche Natur es nicht mit den Elementen aufnehmen kann.« Mrs. Gamber glaubt, daß für beinahe 50 Prozent der Unfälle Versagen der Piloten verantwortlich ist und daß von den vielen Privatflugzeugen, die verschwanden, 25 Prozent einfach der Treibstoff ausgegangen ist.

Aber den Verkehrsflugzeugen, Handelsflugzeugen, Passagier- und Militärmaschinen, die auf normalen Linienflügen bei konstanter Überprüfung durch erfahrene Piloten und Bodenpersonal verschwunden sind, ist sicher nicht der Treibstoff ausgegangen, und die Flugzeuge, die in Gruppen verschwanden, trafen gewiß nicht alle zur gleichen Zeit und bei gleichem Druck auf eine Turbulenz. Es gibt auch keine glaubhafte Erklärung, warum, im Gegensatz zu ähnlichen Ereignissen auf anderen Weltmeeren und Küsten, keine Wrackteile der vielen verunglückten Flugzeuge gefunden wurden und warum sie so plötzlich aus der Luft verschwanden. Außerdem sind die Gründe, die für Flugzeuge gelten, auf Schiffe nicht anwendbar, und selbst wenn alle Flugunfälle erklärt werden könnten, so würden die Schiffbrüche im Bermuda-Dreieck trotzdem so rätselhaft bleiben wie zuvor. Es gibt zumindest in der Häufigkeit und Intensität einen Zusammenhang zwischen den beiden Typen von Unfällen, und jede befriedigende Erklärung scheint ein oder zwei weitere Probleme aufzuwerfen — so ähnlich wie die Hydra, ein neunköpfiges Monstrum eines anderen, älteren Mythos, dem nach der griechischen Sage zum Schrecken seiner Gegner zwei neue Köpfe nachwuchsen, wenn einer abgeschlagen wurde.

Der »Mythos« des Bermuda-Dreiecks beschäftigt die Phantasie der Bewohner der benachbarten Küstengebiete immer mehr, und dieses Interesse wird jedesmal lebhafter, wenn ein neuer Fall erzählt und diskutiert wird. Für viele dieser Fälle kann es ganz rationale Gründe geben, die nichts mit den vermuteten geheimnisvollen Kräften im Bermuda-Dreieck zu tun haben, aber sie werden von der Öffentlichkeit meistens mit dem Dreieck in Zusammenhang gebracht.

Robie Yonge, ein bekannter Discjockei und Rundfunkkommentator aus Miami, gibt ein Beispiel dafür, wie stark dieses Rätsel die Bevölkerung Südfloridas bewegt. Seitdem er sein Interesse am Bermuda-Dreieck kundgetan hat, bekommt er, meistens während seiner Sendungen, Tausende Anrufe von Leuten, die Geschichten zu erzählen haben oder Informationen verlangen. Yonge ist im Augenblick am Bau eines Bootes beteiligt, das Sende- und Kontrollanlagen und Puppen mit elektronischen Aufnahmegeräten (Wanzen) an Bord hat. Man will es im Gebiet des Dreiecks zwischen Florida und den Bahamas treiben lassen und dabei durch elektronische Fernkontrolle beobachten, was mit ihm passiert.

Auch viel weiter im Norden wurde der Wunsch, das Geheimnis durch persönliche Nachforschungen zu lösen, in die Tat umgesetzt. In der zweiten Hälfte des Jahres 1974 unternahmen Vertreter des »Isis Center for Research and Study of the Esoteric Arts and Sciences« aus Silver Spring in Maryland eine Kreuzfahrt auf einem gecharterten Schiff durch jene Teile des Bermuda-Dreiecks, in denen die ungewöhnlichsten und potentiell gefährlichsten Phänomene verzeichnet wurden. Den Worten des Präsidenten der Gesellschaft, Jean Byrd, zufolge wurden die Teilnehmer ersucht, eine spezielle Versicherung abzuschließen. Zusätzlich waren psychologische Tests während der Fahrt durch das Gefahrengebiet geplant, vor allem dort, wo ein Versagen der Kompasse oder ungewöhnliches Kompaßverhalten magnetische Aberration anzeigt. Man wollte feststellen, ob die magnetische Spannung einen Einfluß auf den Geisteszustand der Reisenden hat. Diese Möglichkeit wurde ein paarmal als Erklärungsversuch angeführt. Personen, die durch starke magnetische Strömungen geistig beeinflußt waren, hätten die Kontrolle über ihre Flugzeuge und Schiffe verloren und diese zum Abstürzen oder Sinken gebracht oder in ihrer Panik einfach die Schiffe verlassen. Man darf aber nicht vergessen, daß

Personen, die den noch ungeklärten Kräften im Dreieck begegnet und davongekommen sind, sich an keine Störungen des psychischen Gleichgewichts erinnern, außer den natürlichen Reaktionen der Überraschung, des Schreckens, der Besorgnis und Vorsicht.

Da eine logische und ohne weiteres annehmbare Erklärung fehlt, sind unabhängige Forscher, die sich mit den Vorgängen im Bermuda-Dreieck befassen, noch weiter gegangen — manche bis zu Erklärungen, die auf Ausnahmen in den Naturgesetzen beruhen, andere bis zur Hypothese eines Wechsels der Dimensionen durch einen Übergang wie ein »Loch im Himmel« (in das Flugzeuge hineinfliegen, das sie aber nicht mehr verlassen können); andere glauben, daß die Unfälle von Wesen aus dem Erdinneren oder dem Weltraum bewirkt werden, während andere eine Theorie oder eine Kombination von Theorien aufstellen, die besagt, daß das Phänomen von Energiequellen herrührt, die heute noch immer funktionieren und von Menschen geschaffen wurden, die einer viel älteren, sich von der unseren stark unterscheidenden Zivilisation angehörten.

6

Raum-Zeit-Verschiebung und andere Welten

Die Erforscher des Bermuda-Dreiecks wandten ihre Aufmerksamkeit schon seit langem einem anderen rätselhaften Gebiet im Weltmeer zu. Es liegt südöstlich von Japan, zwischen Japan und den Bonin-Inseln, im besonderen zwischen Iwo Jima und Marcus Island, und ist berüchtigt als Gefahrenzone für Schiffe und Flugzeuge. Auch hier sind unterseeische Vulkanausbrüche und Flutwellen eine mögliche Erklärung für die Unfälle, aber dieses oft »Teufelssee« genannte Gebiet hat zumindest offiziell einen schlechteren Ruf als das Bermuda-Dreieck, da es von der japanischen Regierung zur Gefahrenzone erklärt wurde. Diese Maßnahme wurde nach einer Untersuchung durch ein japanisches Überwasserfahrzeug im Jahre 1955 getroffen.

Die Teufelssee war schon lange Zeit der Schrecken der Fischer gewesen, die glaubten, daß sie von Dämonen, Teufeln und Ungeheuern bewohnt sei, welche die Schiffe der Unvorsichtigen zerstörten. Seit vielen Jahren waren in dieser Gegend Flugzeuge und Schiffe verschwunden, aber die öffentliche Aufmerksamkeit wurde vor allem durch das Verschwinden von neun Schiffen in den Jahren 1950 bis 1954 geweckt, als Japan nach dem Zweiten Weltkrieg wieder in Frieden lebte. Die Schiffe hatten mehrere hundert Personen an Bord und verschwanden auf dieselbe Art wie jene im Bermuda-Dreieck (gründliche Suchaktionen in der Luft und auf See, keine Wracks oder Ölflecken).

Das Bermuda-Dreieck und die Teufelssee haben eine auffallende Gemeinsamkeit: Am 80. westlichen Längengrad, der das Bermuda-Dreieck an dessen Westgrenze durchquert, fallen der geographische und der magnetische Nordpol zusammen.

Der 80. westliche Längengrad verläuft über den Pol, verändert hier seine Bezeichnung und wird zum 150. östlichen Längengrad. Dieser verläuft vom Nordpol nach Süden, im Osten an Japan vorbei und mitten durch die Teufelssee. An diesem Punkt in der Teufelssee zeigt eine Kompaßnadel gleichzeitig zum geographischen und zum magnetischen Nordpol, genau wie im westlichen Teil des Bermuda-Dreiecks auf der anderen Seite der Erdkugel.

Die fortdauernden unerklärlichen Verluste von Schiffen und Flugzeugen waren der Grund für eine im Jahre 1955 durchgeführte und von der Regierung unterstützte Forschungsexpedition in jenes Gebiet. Bei dieser Expedition sollten die Wissenschaftler Meß- und Versuchswerte aufzeichnen, während ihr Schiff, die *Kaiyo Maru Nr. 5*, in der Teufelssee kreuzte. Das Unternehmen endete auf unglaubliche Weise — das Expeditionsschiff samt der Besatzung und dem Forschungsteam verschwand spurlos!

Die Existenz eines oder mehrerer Gebiete in den Weltmeeren, wo sich derart rätselhafte Fälle ereignen, hat zu seltsamen Spekulationen geführt. Es wurden Theorien über Antischwerkraft-Verschiebungen aufgestellt und behauptet, daß es Orte gibt, wo die Gesetze der Schwerkraft und der magnetischen Anziehung nicht so funktionieren, wie wir es gewohnt sind. Ralph Barker, der Autor von *Great Mysteries of the Air*, bemerkt, daß neue Entwicklungen in der Physik auf die Existenz von Antischwerkraft-Materiepartikeln hinweisen, und meint »... daß den Gesetzen der Schwerkraft nicht unterworfene Materie, deren Natur derjenigen der Erdmaterie entgegengesetzt ist ... von starker Explosivität ist, wenn sie mit irdischer Materie in Kontakt kommt ... und in bestimmten Gebieten der Erde lokalisiert auftritt ...« Er vermutet, daß diese Materie aus dem Weltall stammen könnte und sich manchmal unter dem Festland, meist jedoch unter dem Meer in der Erdrinde eingelagert habe.

Bei näherer Beschäftigung mit dieser Theorie findet man möglicherweise eine Erklärung für die elektronischen und magnetischen Abweichungen in verschiedenen Gebieten der Erde, aber der Verlust von so vielen Schiffen und Flugzeugen in Sichtweite des Landes kann damit nicht begründet werden. Berichte über magnetische Anomalien gibt es auch aus anderen Meeresgebieten. Es finden sich da Stellen, wo die Anziehungskraft einer Energiequelle unter Wasser stärker zu sein schien als die Anziehung des magnetischen Nordpols.

Ivan Sanderson publizierte die Ergebnisse einer genauen Untersuchung des Bermuda-Dreiecks und anderer ähnlicher Meeresgebiete in einem in der Zeitschrift *Saga* erschienenen Artikel, *The Twelve Devil's Graveyard around the World.* Während dieser Untersuchung fanden Ivan Sanderson und seine Mitarbeiter, daß die meisten der geheimnisvollen Zwischenfälle mit verschwundenen Schiffen und Flugzeugen sich auf sechs Gebiete von ungefähr der gleichen ellipsenförmigen Gestalt konzentrieren, die zwischen dem 30. und 40. nördlichen und südlichen Breitegrad liegen. Dazu gehören auch das Bermuda-Dreieck und die Teufelssee.

Sanderson entwickelte seine Theorie weiter und stellte ein Netzwerk von Anomaliengebieten in Abständen von 73 Grad auf dem ganzen Erdball fest, die um den 36. nördlichen und südlichen Breitegrad zentriert sind, fünf davon auf der nördlichen Hemisphäre, fünf auf der südlichen einschließlich der Pole. Das Bermuda-Dreieck ist seiner Meinung nach das bekannteste dieser Gebiete, weil es am meisten befahren wird, während andere, weniger frequentierte Gebiete ebenfalls starke magnetische Abweichungen zeigen.

Die meisten dieser Gebiete liegen östlich von kontinentalen Landmassen, wo warme, nach Norden fließende Meeresströmungen mit den kalten, nach Süden verlaufenden zusammenstoßen. Zusätzlich dazu sind diese Gebiete auch Knotenpunkte, wo sich Meeresströmungen an der Oberfläche und in der Tiefe in entgegengesetzte Richtungen bewegen. Die großen unterseeischen Gezeitenströme, die von verschiedenen Temperaturen beeinflußt werden, erzeugen magnetische Wirbel, welche die Funkkontakte, das Magnetfeld, vielleicht auch die Schwerkraft stö-

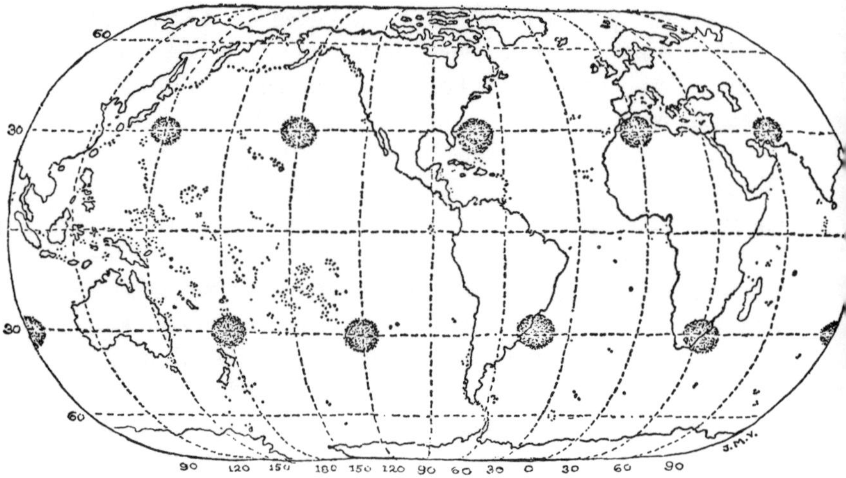

Jene zwölf Gebiete der Erde, wo nach der Theorie Ivan Sandersons elektromagnetische Wirbel auftreten. Die auf dieser Abbildung nicht gezeigten Gebiete sind die Pole. Das Gebiet östlich von Japan ist die Teufelssee, das japanische Äquivalent des Bermuda-Dreiecks.

ren — und die möglicherweise unter bestimmten Umständen Schiffe und Flugzeuge zu einem anderen Punkt im Raum-Zeit-Kontinuum verschieben. Sanderson erwähnt in diesem Zusammenhang ein interessantes Phänomen von Unregelmäßigkeit im Zeitablauf, das in diesen Gebieten auftritt. Es handelt sich um Fälle, wo Flugzeuge so lange vor ihrer fahrplanmäßigen Ankunftszeit landeten, daß sie mit einem Rückenwind von 760 km/h geflogen sein müßten. Die von den Wetterstationen gemeldeten Winde können diese Abweichungen nicht bewirkt haben, sie kommen jedoch am häufigsten im Bermuda-Dreieck und in anderen Gebieten mit magnetischen Wirbeln vor, als wären diese Flugzeuge der Anomalie begegnet, aber an ihr vorbeigeglitten oder sicher durch das »Loch im Himmel« vorwärtsgetrieben worden, das so vielen anderen Reisenden das Leben kostete.

Ein solcher Zeitsprung ereignete sich vor fünf Jahren am Flughafen von Miami und wurde nie befriedigend geklärt. Er betraf ein Passagierflugzeug der National Airlines, eine Boeing 727, die sich von Nordosten der Landebahn näherte und von der Kontrollstation auf dem Radar verfolgt wurde. Es verschwand plötzlich ungefähr zehn Minuten lang vom Radarschirm und tauchte dann wieder auf. Das Flugzeug landete ohne weitere Zwischenfälle. Der Pilot und die Mannschaft waren über die Besorgnis des Bodenpersonals überrascht, da ihres Wissens nichts Außergewöhnliches geschehen war. Ein Mitglied der Kontrollstation sagte zu einem Piloten: »Du lieber Himmel, Mann, zehn Minuten lang habt ihr einfach nicht existiert.« Die Flugzeugbesatzung verglich daraufhin ihre Uhren und die anderen Zeitmesser in der Maschine und fand, daß sie alle genau zehn Minuten nachgingen. Das war vor allem deswegen merkwürdig, weil ein Zeitvergleich mit dem Turm zwanzig Minuten vor diesem Zwischenfall keine Abweichung ergeben hatte.

An die Feststellung anknüpfend, daß unser Planet auf das Elektromagnetfeld einwirkt, gelangt Ivan Sanderson zu dem Schluß, daß das Bermuda-Dreieck und andere Gebiete »als riesige Maschinen noch eine andere Form von Anomalie bewirken ... Können sie Wirbel erzeugen, durch welche materielle Gegenstände aus einem Raum-Zeit-Kontinuum in ein anderes übertreten?« Denn neben den vielen Fällen, bei denen Schiffe und Flugzeuge verschwinden, kommt es nämlich seit Jahrhunderten bis zur Gegenwart zum Auftauchen fremdartiger Objekte, trotz offizieller Dementis und der Tatsache, daß es logisch »unmöglich« ist.

Kein Beobachter der Vorgänge im Bermuda-Dreieck kann es vermeiden, Berichte über UFOs *(unidentified flying objects* = unidentifizierte Flugobjekte) in seine Forschungen einzubeziehen. In den Vereinigten Staaten gibt es seit dem Jahr 1947, als sich zum erstenmal in Friedenszeiten die Beobachtungen häuften, Tausende Berichte und Untersuchungen über UFOs, und überall in der Welt wurden Tausende von weiteren Sichtungen gemeldet, 10 000 allein im Jahr 1966. Viele Millionen Menschen in den Vereinigten Staaten und in anderen Ländern behaupten,

UFOs gesehen zu haben. UFOs wurden von wissenschaftlich kompetenten Beobachtern gesichtet und beschrieben. Dr. J. Allen Hyneck, ein früherer Berater der Luftwaffe in UFO-Fragen, sagt dazu: »Die Intelligenz der Menschen, die UFOs beobachten und über sie berichten, ist zumindest durchschnittlich. In vielen Fällen überdurchschnittlich. In manchen Fällen sogar unangenehm überdurchschnittlich.«

UFOs wurden mit verschiedener Schärfe fotografiert; sie wurden beobachtet, wie sie Flugzeuge begleiteten und gelegentlich zerstörten, und sie sind öfter in großer Anzahl über Weltstädten wie Washington und Rom erschienen. Sprecher der amerikanischen Regierung, der Luftwaffe und der Marine bezeichneten die meisten UFO-Sichtungen als Verwechslungen mit dem Mond, dem Mondhof, mit Kometen, einer Fata Morgana, mit Ballons, hellen Sternen, Meteoren, Planeten (vor allem der Venus), Testflugzeugen, Kondensstreifen, Suchscheinwerfern, dem Nordlicht, Kugelblitzen, Feuerwerkskörpern, als Autokinesis (wenn ein Gegenstand, den man lange angestarrt hat, sich von selbst zu bewegen scheint), Nachbild (wenn ein Gegenstand, den man angestarrt hat, so langsam aus dem Blickfeld verschwindet, daß man später noch die Umrisse sieht), als Irrlichter, Täuschungen oder Massensuggestion. Die Berichte über UFOs mehren sich aber weiterhin, und einige große UFO-Gesellschaften sowie zahlreiche Publikationen halten das Interesse an diesem Thema aufrecht. Was auch immer UFOs sein mögen — auf keinen Fall sind sie geheime Waffen der Großmächte. (Jede Seite im Zweiten Weltkrieg dachte, die leuchtenden Körper in Nähe ihrer Flugzeuge seien Geheimwaffen ihrer Gegner.) Wie mittlerweile treffend bemerkt wurde, könnten die Russen es aus Erfinderstolz nicht verschweigen, wenn die UFOs Geheimwaffen ihrer Streitkräfte wären, und die Amerikaner könnten es der Presse nicht verheimlichen, wenn sie die UFOs erfunden hätten. Es ist interessant, daß die Luftwaffe der Vereinigten Staaten zwar auf dem Standpunkt steht, UFOs könnten nicht erklärt werden und existierten daher nicht, daß sie in der Luftwaffendienstvorschrift AFR 80-17 den Piloten aber trotzdem detaillierte Instruktionen gibt, wie sie sich zu verhalten haben, wenn sie einem UFO begegnen.

Viele der Instruktionen von AFR 80-17 machen dem Vorausblick der Luftwaffe Ehre und sind auch ein Zeichen für die Existenz der UFOs, die in offiziellen Berichten oft abgeleugnet wird.

Die Dienstvorschrift hat zum Ziel »... festzustellen, ob das UFO eine mögliche Gefahr für die Vereinigten Staaten darstellt, und die wissenschaftlichen und technischen Meß- und Versuchswerte, welche die Untersuchungen der UFO-Berichte ergaben, zu nutzen«.

Obwohl die Dienstvorschrift die beruhigende Feststellung trifft: »Der größte Teil der UFOs, die der Luftwaffe gemeldet wurden, haben sich als alltägliche oder wohlvertraute Gegenstände erwiesen, die keine Bedrohung unserer Sicherheit darstellen«, wird hinzugefügt: »Es ist möglich, daß ausländische Mächte Flugkörper von revolutionärem Aussehen und Antrieb entwickeln könnten.« Die Behauptung, daß »sogenannte UFOs sich oft als Flugzeuge erweisen«, ist etwas paradox, denn gleich darauf heißt es: »Außer wenn Flugzeuge der Grund für eine UFO-Meldung sind, soll laut Bestimmung dieser Vorschrift über Flugzeuge nicht berichtet werden.« Wenn ein Beobachter über ein seltsam aussehendes Objekt Meldung erstattet, kann er nicht wissen, ob es sich um ein Flugzeug handelt oder nicht, vor allem, wenn es in der Luft operiert. Die Dienstvorschrift sieht weiter vor: »Jeder Kommandant eines Luftwaffenstützpunkts soll eine UFO-Beobachtungsstelle einrichten. Wenn die Sichtung eines UFOs gemeldet wird, soll eine Untersuchung eingeleitet werden, um die Ursache der Sichtung herauszufinden.«

Der größere Teil von AFR 80-17 befaßt sich mit dem Dienstweg bezüglich Sichtung von UFOs und Berichterstattung darüber und enthält Instruktionen für das Vervielfältigungsverfahren der Fotos dieser Objekte. Die Anordnung enthält auch Instruktionen darüber, welche Informationen der Kommandant eines Stützpunkts der Presse geben kann. »Fragen nach UFOs, die in der Nähe eines Luftwaffenstützpunktes gesichtet wurden, kann der Kommandant der Öffentlichkeit oder den Massenmedien gegenüber dann beantworten, wenn der Gegenstand der Beobachtung eindeutig identifiziert wurde. Wenn dieser Gegenstand am Stützpunkt selbst schwierig zu identifizieren ist, kann der Kommandant erklären, daß die Beobachtung überprüft wird und die Schlußfolgerungen von SAF-OI nach Beendigung der Untersuchung veröffentlicht werden. Der Kommandant kann auch erklären, daß die Luftwaffe die Resultate der Untersuchung überprüfen und analysieren wird. Alle weiteren Fragen sollen an SAF-OI gerichtet werden.« In die Sprache der Zivilisten übersetzt heißt das: »Wenn es sich um kein Flugzeug oder etwas anderes Erklärbares handelt, dann sagen Sie ihnen, sie sollen warten — und inzwischen exponieren Sie sich nicht.«

Anlage Nr. 1 zur oben zitierten Dienstvorschrift ist ein systematisch aufgebauter Fragebogen von einem halben Dutzend Seiten mit Zeichnungen, Fragen und vorgeschlagenen Antworten, um möglichst exakte Berichte über UFOs zu erlangen. Frage 13 beispielsweise verlangt, daß der Ausfüllende mehrere Möglichkeiten der Aktion des von ihm angeblich gesichteten UFOs mit »ja«, »nein« oder »unbekannt« bezeichnet. Die Fragen sind folgendermaßen formuliert: »Bewegte sich das Phänomen? — in einer geraden Linie? — stand es still? — steigerte es plötzlich die Geschwindigkeit und entfernte sich? — zerbrach es in einzelne Stücke oder explodierte es? — veränderte es die Farbe? — veränderte es die Gestalt? — blitzte oder flackerte es? — verschwand es und tauchte wieder auf? — drehte es sich wie ein Kreisel? — verursachte es Lärm? — flatterte oder zitterte es?« Die Fragen sind insofern interessant, weil sie sich wie eine Zusammenfassung der Dinge lesen, die Leute berichteten, wenn sie glaubten, eine Fliegende Untertasse gesehen zu haben. Es fehlen nur die kleinen grünen Männchen oder andere menschenähnliche Wesen, die einige Beobachter gesehen haben wollen.

Die Luftwaffe ist jener Teil der Armee, der am häufigsten mit dem Problem der UFOs konfrontiert wird. Daher gab sie an der Universität von Colorado eine Untersuchung und einen zusammenfassenden Forschungsbericht über UFOs in Auftrag, der 1968 publiziert wurde. Dieses Projekt stand unter der Leitung von Dr. Edward A. Condon, der auch den abschließenden Forschungsbericht mit dem Titel »Wissenschaftliche Untersuchung der unidentifizierten Flugobjekte« redigierte. Nach Überprüfung einer großen Zahl von Zeugenaussagen kommt Condon zu dem Schluß, daß die meisten Berichte über UFOs auf eine oder die andere Art erklärbar seien. Es gäbe nur ganz wenige Fälle, wo logische Begründungen versagten. In dem Bericht hieß es auch, daß der wissenschaftliche Nutzen der Untersuchungen über UFOs gering sei und den Zeit- und Geldaufwand nicht rechtfertige. Weitere derartige Unternehmen wurden als Verschwendung abgelehnt. Diese offizielle Ablehnung der Existenz von UFOs verhinderte nicht, daß sie weiterhin auf der Erde und auch im Weltraum beobachtet wurden.

Außer den konstanten Dementis der offiziellen Stellen erschwert auch die leichtfertige und oberflächliche Berichterstattung der Massenmedien jede ernsthafte UFO-Forschung. Im Oktober 1973 beispielsweise häuften sich plötzlich die Berichte über UFO-Beobachtungen aus allen Teilen Amerikas, und das öffentliche Interesse war so groß, daß sich Presse und Fernsehen nicht mehr über dieses Phänomen hinwegsetzen konnten. (Unter den Zeugen befanden sich Persönlichkeiten wie der Gouverneur von Minnesota und mehrere hohe Polizeioffiziere, von denen man annehmen konnte, daß sie keine Lügengeschichten erzählten.)

Die CBS-Radiostation brachte daher einen ziemlich detaillierten Bericht über die Beobachtungen — aber in Reimen! In einem anderen Bericht wurden die Leser informiert, daß die Polizei von Detroit eine Vorgangsweise für die Behandlung von UFO-Besatzungen erarbeitet hätte, wenn und falls sie in Gewahrsam genommen werden sollten. Es sei sogar eine Trennung nach Geschlechtern vorgesehen, falls es sich um männliche und weibliche Gefangene handle (immer vorausgesetzt, daß unsere biologischen Unterschiede auf den Hunderten von Millionen potentiell bewohnten Planeten ebenfalls existieren).

Berichte über Sichtungen von UFOs tauchen regelmäßig auf und werden ebenso regelmäßig von den staatlichen Stellen ignoriert. Die dadurch hervorgerufene Frustration der Beobachter, die von der Realität der UFOs überzeugt sind, bringt E. J. Ruppelt in seinem Buch *The Report on Unidentified Flying Objects* zum Ausdruck.

> Was ist ein Beweis? Muß ein UFO beim Flußeingang zum Pentagon, in der Nähe der Generalstabsbüros, landen? Oder ist es Beweis genug, wenn eine Bodenradarstation ein UFO entdeckt, einen Jet entsendet, um es aufzuhalten, wenn der Jetpilot es beobachtet und mit seinem Radar erfaßt, und wenn das UFO dann mit phänomenaler Geschwindigkeit flieht? Ist es ein Beweis, wenn ein Jetpilot auf ein UFO feuert und sogar unter der Androhung eines Kriegsgerichtsverfahrens bei seiner Behauptung bleibt?

Die Berichte über Sichtungen von UFOs im Gebiet von Florida und den Bahamas stehen in ihrer Häufigkeit in keinem Verhältnis zu Berichten aus anderen Gebieten. Die UFOs wurden von vielen verläßlichen Beobachtern im klaren Wasser und in der Luft gesichtet, sie wurden gesehen, wie sie im Meer verschwanden und aus dem Meer wieder auftauchten. Die hohe Zahl der Beobachtungen in diesem Gebiet hat zu der Theorie Anlaß gegeben, daß die UFOs mit den Unfällen im Bermuda-Dreieck in Verbindung stehen, oder deutlicher ausgedrückt, daß die UFOs seit Generationen Schiffe und Flugzeuge entführen.

Einer der eifrigsten Verfechter dieser Theorie ist John Spencer, der Autor von *Limbo of the Lost*. Spencer hat Erfahrung mit dem Flugwesen, da er selbst Pilot ist und zehn Jahre lang bei der Luftwaffe diente. Er beschäftigt sich auch mit UFOs und ist Mitglied von NICAP *(National Investigation Committee on Aerial Phenomena)*, einer ernsthaften Forschungsorganisation zum Studium von UFOs, die hohe Beamte der amerikanischen Regierung, der Marine und der NASA zu ihren Mitgliedern zählt. Spencer begann Interesse am Bermuda-Dreieck zu finden, als das Atomunterseeboot *Scorpion* verschwand, was von vielen Leuten mit anderen Unfällen im Dreieck in Zusammenhang gebracht wurde. Die *Scorpion* wurde jedoch 400 Meilen von den Azoren entfernt aufgefunden, nach Spencers Meinung zum Teil mit Hilfe früherer Forschungsergebnisse der Russen, welche diese den Amerikanern zugänglich gemacht hatten. Spencer beschäftigte sich aber weiterhin mit diesem Problem, zeichnete die bekanntgewordenen Verluste auf einer Karte ein und fand so heraus, daß fast alle Unfälle sich auf dem Kontinentalsockel ereigneten, und zwar auf einem Gebiet, das von Cape May in New Jersey bis zur Spitze Floridas reicht, weiter bis zum Golf von Mexiko und den Antillen. Dieses Gebiet schließt in einem Umkreis von 400 Meilen auch die Bermuda-Inseln und die Große Bahama-Bank ein.

Spencer, der sich seit vielen Jahren mit dem Phänomen der verschwundenen Schiffe und Flugzeuge befaßt, ist der Meinung, daß die einzige glaubhafte Erklärung für das Verschwinden von Flugzeugen und Schiffen samt Besatzung und Passagieren darin besteht, daß sie buchstäblich entführt wurden. Er schreibt:

> Da das völlige Verschwinden von 175 Meter langen Schiffen bei ruhiger See 50 Meilen vor der Küste oder von Verkehrsflugzeugen kurz vor der Landung auf verstandesmäßig erfaßbare Weise nicht möglich ist und sich dennoch ereignet hat, sehe ich mich zu der Schlußfolgerung gezwungen, daß sie von unserem Planeten entführt wurden.

Nachdem Spencer Berichte über UFOs nicht nur aus unserer Zeit, sondern aus allen Epochen der Geschichte untersucht hatte, konnte er zwei Haupttypen von Flugobjekten unterscheiden. Die eine wäre die allgegenwärtige »Fliegende Untertasse« von ungefähr 24 Meter Durchmesser und die andere ein riesiges Mutterschiff, das zwölf oder mehr Untertassen im Inneren transportieren kann — und das auch große Schiffe mit sich führen könnte. Dieser Raumfahrzeugträger wäre der große längliche oder zylinderförmige (gelegentlich auch als zigarrenförmig bezeichnete) Gegenstand, der zu verschiedenen Zeitpunkten gesehen wurde, wenn auch nicht so häufig wie die »Fliegenden Untertassen«.

Spencer glaubt, daß diese Kräfte mit Vorliebe im Dreieck am Werk sind, weil sich hier mehr Gelegenheit bietet, menschliche Versuchsobjekte zu finden. Die vermuteten Angreifer vermeiden nämlich bei ihren Streifzügen im allgemeinen Operationen auf dem Festland und den Kontakt mit Menschen. Im Bermuda-Dreieck herrscht reger Verkehr in der Luft und auf dem Meer, und es ist leicht für die fremden Wesen, Zugang und Rückzugsmöglichkeiten zu finden. Spencer nimmt an, daß die UFOs einen Antrieb haben, der auf einer ausgeklügelten Verwendung von Hochfrequenz beruht, was den Energieverlust bei den meisten Unfällen erklären würde.

Seine Theorie, warum Entführungen in den Weltraum in diesem Ausmaß durchgeführt werden, ist interessant und wird von mehreren anderen Beobachtern bestätigt, die unabhängig voneinander zu derselben Meinung gekommen sind. Spencer weist darauf hin, daß bei der unglaublichen Anzahl von Planeten in den anderen Sonnensystemen unserer Galaxie (es gibt annähernd 10^{21} Sterne, jeder vermutlich mit seinem eigenen Sonnensystem!) die Existenz hochentwickelter Zivilisationen aufgrund des Wahrscheinlichkeitsgesetzes möglich ist. Er stellt die Hypothese auf, daß die Population anderer Planeten in der Vergangenheit durch Energiemißbrauch ihren Planeten zerstört und in eine Sonne verwandelt hätte, ohne eine Spur ihrer Bewohner, ihrer geschichtlichen oder kulturellen Entwicklung zu hinterlassen. Aus diesem Grund sind Besucher aus anderen Welten vielleicht daran interessiert, lebende Zeugen der Erde oder auch anderer Planeten zu bewahren. Vielleicht auch wollen sie feststellen, wie weit sich die Zivilisation auf der Erde entwickelt hat, damit der Mißbrauch von Nuklearenergie nicht zu einer Gefahr für andere Planeten wird. Oder sie haben noch andere Motive, die sich unserer Vorstellungskraft entziehen.

Vielleicht sind diese fremden Intelligenzen gewillt, uns unseren Weg gehen zu lassen, während sie uns beobachten. Sie holen sich jedoch Erdbewohner, um sie als Beispiele des Lebens auf der Erde zu bewahren, aus einer Zeit, bevor der Planet sich selbst zerstörte — etwas, das ihnen bei anderen Planeten vielleicht nicht rechtzeitig gelang.

Wenn man sich mit den Berichten über wahrscheinliche UFO-Erscheinungen aus vergangenen Jahrhunderten beschäftigt, kommt man zu dem Schluß, daß unsere Erde vermutlich schon seit langem von Wesen aus anderen Welten beobachtet wird. Da aber der Mensch im Laufe seiner Geschichte stets Zeichen und Prophezeiungen vom Himmel erhofft hat (und sie auch fast immer bekam), ist es manchmal schwierig, zwischen tatsächlichen UFOs und den vielen »Feuerzeichen am Himmel« zu unterscheiden, die je nachdem als Warnung, Ansporn oder Voraussage interpretiert wurden. Einer der frühesten Berichte über die Beobachtung eines UFOs in der Antike findet sich vielleicht in den Annalen Thutmosis' III., eines Pharaos der 18. Dynastie, die in der Ägyptischen Sammlung des Vatikans entschlüsselt wurden. Im Gegensatz zu manchen visionären Erzählungen späterer Jahrhunderte wird die ungewöhnliche Erscheinung mit lobenswerter Objektivität beschrieben.

> Im Jahr 22, im dritten Wintermonat, in der sechsten Stunde des Tages, bemerkten die Schreiber des Hauses des Lebens ... daß ein Feuerkreis vom Himmel herabstieg. Sein Körper war eine Elle lang und eine Elle breit ... Sie warfen sich auf den Bauch ... und gingen zum Pharao, um darüber zu berichten. Seine Erhabenheit meditierte über dieses Ereignis ... Die Gegenstände am Himmel wurden immer zahlreicher ... sie leuchteten heller als die leuchtende Sonne und erstreckten sich bis an die Grenzen der vier Stützen des Himmels.
>
> Die Armee des Pharao sah zu ... er selbst war in ihrer Mitte. Nach dem Abendmahl stiegen die Feuerkreise im Süden höher am Himmel auf.
>
> Pharao ließ Weihrauch verbrennen, um den Frieden im Land wiederherzustellen, und befahl, das Geschehen in den

Annalen des Hauses des Lebens zu verzeichnen ... so daß man immer daran gedenken möge ...

Man bemerkt, daß der Pharao in dieser ungewöhnlichen Lage seine Selbstsicherheit nicht verlor, wie es sich für einen Gott ziemt, für den er gehalten wurde und sich vielleicht auch selbst hielt. Er zeigte nur leichte Verwirrung über diese Manifestation anderer, höherer Götter. Im altbabylonischen Gilgamesch-Epos, das wahrscheinlich von der noch älteren sumerischen Kultur übernommen wurde, findet sich eine Beschreibung, wie der Held Etana von den Göttern über die Erde hochgehoben wird, bis er so weit entfernt ist, daß das Meer aussieht wie ein Wassertrog und das Land wie Gemüse. Das ist mehr oder weniger der Eindruck, den er wirklich gehabt hätte, wenn er das Rote Meer, den Persischen Golf und die angrenzenden Länder aus der Höhe eines Flugzeugs (oder aus einer Erdumlaufbahn) betrachtete. Die feurige Vision des Propheten Ezechiel — »der Wirbelwind aus dem Norden ... ein sich selbst umhüllendes Feuer ... aus dessen Mitte vier lebende Wesen kamen ...« — wurde oft als UFO beschrieben, das landete und Ezechiel an Bord nahm. Diese Vision oder das Erscheinen dieses Raumschiffs fand im 7. Jahrhundert v. Chr. statt und bildet den Inhalt des Buches Ezechiel der Bibel. Vor kurzem erschien in Deutschland ein ungewöhnliches Buch, das sich mit diesem Thema befaßt. Es hat den Titel »Da tat sich der Himmel auf«. Der Autor ist Josef Blumrich, ein Raketenfachmann, der jetzt bei der NASA in Huntsville, Alabama, arbeitet.

Dr. Blumrich hatte mit seinem Buch ursprünglich die Absicht, die Theorie, Ezechiels Vision sei ein Raumschiff gewesen, als Unsinn zu entlarven. Er änderte jedoch seine Meinung, als er sich gründlicher mit dem Gegenstand auseinandersetzte und fand, daß Ezechiels Bericht über die Erscheinung völlig sinnvoll war, wenn man die »Räder innerhalb von Rädern« als eine Art Helikopterantrieb deutete, der es dem Fahrzeug ermöglichte, über dem Land zu schweben, und daß Ezechiel die übliche Vorgangsweise bei Landung und Start einer Rakete genau und sachlich beschrieb, die Veränderung der Farbe durch die Geschwindigkeit, die Windentwicklung, die Landevorrichtung und selbst den asbestähnlichen Anzug des Insassen. Dr. Blumrich schrieb dann ein Buch, das zu seiner ursprünglichen Absicht in diametralem Gegensatz stand, und stellte mit Hilfe der biblischen Berichte nicht nur fest, daß Ezechiel öfter ein Raumschiff gesehen hatte, sondern auch, daß das Wesen, das Ezechiel als den »Herrn« bezeichnete, nichts anderes als der Kommandant der Rakete war!

Ezechiels Erzählung ist nur ein Beispiel in einer langen Reihe historischer Berichte über wahrscheinliche Erscheinungen von UFOs, die sich von der Antike über das Mittelalter und die Renaissance bis zum Beginn unseres modernen Zeitalters fortsetzt. Die verschiedenen Bezeichnungen, die die Beobachter im Laufe der Jahrhunderte fanden, sind äußerst phantasievoll, oft komisch und weichen stark voneinander ab. Diese Verschiedenheit selbst kann jedoch eine Bestätigung sein, daß es sich um dasselbe Phänomen handelt, wenn wir uns überlegen, daß die Menschen, die solche Objekte sahen, sie mit dem Vokabular beschrieben, das ihnen am geläufigsten war. Man kann annehmen, daß Ezechiel Teile der Rakete mit »Löwe«, »Ochse« und »Adler« bezeichnete und die Landevorrichtung mit einem Kalbsfuß verglich (eine recht passende Beschreibung), weil er einem halbnomadischen Hirtenvolk entstammte, dem diese Tiere bekannt waren.

Ein vermutliches Massenauftreten von UFOs im Jahr 329 v. Chr. wurde von Alexander dem Großen und seiner Armee als »große leuchtende Schilde« bezeichnet, da ihnen ein Vergleich mit Kriegsgerät zweifellos am nächsten lag. Diese UFOs behinderten den Vormarsch der griechischen Armee beim Überschreiten des Flusses Jaxartes nach Indien. Aristoteles (384—322 v. Chr.), der den Wurfdiskus der griechischen Athleten kannte, nannte die Objekte, die er am Himmel sah, fliegende Disken. Die Römer sahen sie wie Alexander als Schilde oder feurige Pfeile oder Flotten von Schiffen. Plinius schreibt im 11. Band seiner Naturgeschichte (100 v. Chr.): »Unter den Konsuln Lucius Valerius und Caius Valerius lief ein brennender Schild, der Funken verstreute, bei Sonnenuntergang von Osten nach Westen über den Himmel.« Die Hawaiianer bezeichnen die Objekte, die sie schon seit tausend Jahren immer wieder sehen, als *akuatele* — fliegende Geister. Im religiös orientierten Mittelalter wurden die fliegenden Gegenstände am Nachthimmel als Kreuze bezeichnet. (Könnte das für die Geschichte so bedeutsame Kreuz Konstantins eines von diesen gewesen sein?) Man beschrieb sie aber manchmal auch als sich drehende brennende Räder, wie im Buch Ezechiel.

Im Zeitalter der Entdecker und Forscher nahmen die Himmelskörper in den Augen der Betrachter die Form von Schiffen an, und später, nach Erfindung des Ballons, wurden derartige Flugobjekte in Frankreich als »leuchtende feurige Ballone« beschrieben. Im 19. Jahrhundert nannten die Bewohner von Vermont in den USA, die als Weber arbeiteten, das Objekt eine »fliegende Spindel«.

Während die Beobachter aus verschiedenen historischen Epochen die beweglichen Gegenstände am Himmel mit jenen Namen bezeichneten, die ihnen in der Erregung als erstes einfielen, blieb es unserer Kultur vorbehalten, sie »Fliegende Untertassen« oder »zigarrenförmige Objekte« zu nennen. Als übrigens im Jahr 1947 zum erstenmal eine große Anzahl von UFOs in den Vereinigten Staaten beobachtet wurde, vorerst über Iowa und dann über Mount Rainier in Washington, nannte man sie Scheiben, dann Pfannen, bevor die Bezeichnung »Untertassen« aufkam.

Am 30. Juni 1908 fand in einer verlassenen Gegend am Jenissei in der Nähe des Baikalsees eine ungeheure Explosion statt, bei der allerdings nur ein paar Rentiere getötet wurden. Diese Explosion wurde lange für den Aufschlag eines Meteoriten gehalten, aber Frank Edwards, ein langjähriger Erforscher unerklärlicher Phänomene, ist der Meinung, es hätte sich um eine Atomexplosion gehandelt, verursacht durch den Unfall eines Raumfahrzeugs. Er zitiert den russischen Wissenschaftler Alexander Kasanzew, der feststellte, daß nach neueren Untersuchungen die Schäden in diesem Gebiet jenen gleichen, die unter ähnlichen Umständen eine von Menschen ausgelöste Atomexplosion hervorruft. Es zeigt sich vor allem noch immer anhaltende Radioaktivität, außerdem wurden keine Meteorteile gefunden, obwohl es natürlich möglich ist, daß sie tief unter der Erde liegen. Edwards schließt: »Durch die Katastrophe am Jenissei im Jahre 1908 verloren wir einen Gast aus dem Universum.«

M. K. Jessup ist ein Autor, der als Astronom und Selenograph (Mondexperte) mit umfassender wissenschaftlicher Vorbildung über UFOs schreibt. In seinem Buch *The Case for the UFOs* meint er, daß die Rätsel um verlassene Schiffe im Bermuda-Dreieck — die *Freya*, *Mary Celeste*, *Ellen Austin* und viele andere — durch das Eingreifen von UFOs erklärt werden könnten. Er erweitert das Gebiet noch und beschreibt das Verschwinden der Besatzung der *Seabird*, eines großen Segelboots, im Jahr 1850. Die Männer auf der *Seabird* verschwanden, nachdem sie ganz in der Nähe ihres Heimathafens Newport auf Rhode Island ein Fischerboot angerufen hatten; im Logbuch fand sich später eine Eintragung, die zwei Meilen vom Hafen entfernt gemacht worden war, und auf dem Tisch in der Schiffsmesse stand eine unberührte Mahlzeit. Die *Seabird* setzte ihren Heimweg fort, offenbar ohne Mannschaft. Sie wurde weit drinnen am Strand gefunden — »als wäre sie von riesigen Händen aufgehoben worden« — und verschwand in der folgenden Nacht während eines Sturms, obwohl sie fest im Sand steckte. Jessup schloß aus der Untersuchung, daß diese Fälle von Verschwinden »fast unmöglich zu erklären sind, außer man nimmt an, daß sie nach oben stattfanden ... etwas, das von oben einwirkt, mit großer Kraft und Plötzlichkeit ...« Er spricht von dem Eindruck »selektiver Rücksichtslosigkeit ... etwas wie ausweichendes Verhalten und Heimlichtuerei ...« und fügt hinzu: »All das sind Attribute von Intelligenz.«

Jessup war der Meinung, daß die Entwicklung des modernen Flugwesens »für unsere Nachbarn im All von großem Interesse ist« und daß aus diesem Grund in den letzten Jahren so viele UFOs an der Küste Floridas und in der Nähe von Kap Kennedy gesichtet wurden. In diesem Zusammenhang steht ein Zwischenfall mit einem UFO, das am 10. Januar 1964 beim Start einer Polarisrakete in die Kursbahn zischte. Das Radar verfolgte damals vierzehn Minuten lang den ziellosen Kurs des UFOs, bevor die Rakete wieder auf dem Schirm erschien. Obwohl der Vorfall von Zeugen ausführlich besprochen wurde, gelangte kein Bericht in die Presse — vielleicht, weil solche unerklärlichen Zwischenfälle das Vertrauen der Öffentlichkeit nicht eben stärken. Neueste Entwicklungen bestätigen Jessups Theorie, daß UFOs an der Entstehung unseres Flugwesens und unserer Raumfahrt äußerst interessiert sind. Während mancher Raumflüge, vor allem während jener von Gemini 4 und 7, wurden UFOs beobachtet. McDivitt und Borman, die Astronauten von Gemini 4, bemerkten ein Objekt, das parallel zu ihrer Kapsel flog, und erwogen ein Ausweichmanöver. Auch Gemini 7 soll von einem UFO begleitet worden sein. Zwei UFOs begleiteten die Mondkapsel von Apollo 12 in einer Entfernung von 200 000 Kilometern im Weltraum, eines vor der Kapsel, eines hinter ihr. Astronaut Gordon sagte dazu: »Sie leuchten sehr stark und scheinen uns anzublitzen.« Später meinte er im Gespräch mit der Kommandozentrale in Houston: »Nehmen wir jedenfalls einmal an, daß sie uns freundlich gesinnt sind.« Obwohl dieser Vorfall seither weder von der Zentrale in Houston noch von der NASA bestätigt wurde, bemerkte man die Lichter auch von europäischen Observatorien aus. Etwas später während desselben Raumflugs beobachteten die Astronauten ein helles Licht, »etwa so groß wie der Planet Venus«, zwischen sich und der Erde. Es war zehn Minuten lang zu sehen und verschwand dann.

Auch wenn man in Betracht zieht, daß UFOs unidentifizierte Gegenstände irdischen Ursprungs sein können, beispielsweise Teile von Startraketen oder andere Bruchstücke im Weltraum, so sind sie doch frei beweglich, tauchen auf und verschwinden wieder. Dies scheint eine selbständige und nicht von der Erdumlaufbahn abhängige Lenkung vorauszusetzen.

Dr. Franklin Roach bemerkte im *Condon Report* über die UFO-Sichtungen der Astronauten, daß »die Bedingungen, unter denen die Astronauten ihre Beobachtungen machten, mit denen von ein oder zwei Personen im Vordersitz eines kleinen Wagens ohne Rück- oder Seitenfenster und mit einer teilweise verdeckten, sehr verschmutzten Windschutzscheibe vergleichbar sind«. Wenn man diese Feststellung logisch weiterführt, heißt das, daß man keiner Beobachtung der Astronauten Glauben schenken kann.

Wie andere Forscher, die sich mit UFOs und den Vorgängen im Dreieck auseinandersetzen, ist Jessup überzeugt, daß eine heimliche Zensur der Grund für das Verschweigen wichtiger Aussagen und neuer Entwicklungen ist. Sein letztes Buch vor seinem Tod beschäftigte sich mit biblischen Berichten über »fliegende Untertassen« und behandelte auch die Frage, auf welche Weise kontrollierte Magnetkraft Unsichtbarkeit hervorrufen könne, eine Erweiterung von Einsteins einheitlicher Feldtheorie, die Jessup für den Schlüssel sowohl zum Problem des plötzlichen Auftauchens und Verschwindens von UFOs als auch des Verschwindens von Schiffen und Flugzeugen hielt. Jessup fand am 29. April 1959 in Miami den Tod.

Dr. Manson Valentine, ein alter Freund Jessups und eine der letzten Personen, die mit ihm gesprochen hatten, sagte uns, daß Jessup in sehr deprimierter Stimmung war. Dr. Valentine hatte ihn am Abend des 29. April zum Dinner eingeladen. Jessup nahm die Einladung an, kam aber nicht. Er starb in seinem Kombiwagen im Dade Country Park an Kohlenmonoxydvergiftung, nachdem er die Auspuffgase mit einem Schlauch ins Wageninnere geleitet hatte. Die Meinung, Jessups Tod wäre kein Selbstmord gewesen, bildete sich wahrscheinlich deshalb, weil er zeitlebens die Theorie vertreten hatte, daß außerirdische Mächte in irdische Ereignisse eingreifen. Man sagte, daß sein Tod ein Hinweis auf die Gefahren einer zu intensiven Forschung auf diesem Gebiet sei.

Dr. Manson Valentine, Zoologe, Archäologe und Ozeanograph, hat mehrere Jahrzehnte lang die Vorgänge im Dreieck aus nächster Nähe studiert — von Miami, den Bahamas und anderen Inseln aus. Da er sich direkt am Schauplatz befindet, ist er eine ausgezeichnete Informationsquelle in bezug auf vergangene und gegenwärtige Ereignisse in diesem Gebiet. Viele seiner Mitteilungen, vor allem die Erinnerungen an seine letzten Gespräche mit Dr. Jessup, sind so bestürzend, daß sie in Dr. Valentines eigenen Worten wiedergegeben werden sollen.

Frage: Seit welcher Zeit beobachten Sie die Phänomene im Bermuda-Dreieck?

Seit ungefähr dreißig Jahren, seit dem Verschwinden der Bomber im Jahre 1945. Ich habe Unterlagen über die Unfälle gesammelt, Überlebende interviewt und Berichte gesammelt, die sich auf UFOs beziehen, welche während der Unfälle in diesem Gebiet gesichtet wurden.

Frage: Mehren sich die UFO-Sichtungen in letzter Zeit?

Es werden hier mehr UFOs gesehen als irgendwo anders. In letzter Zeit wurden zahlreiche Luftfahrzeuge beobachtet, von denen wir wissen, daß es sich um keine Flugzeuge handelt, und Unterwasserfahrzeuge, die keine normalen U-Boote sein können.

Kapitän Don Delmonico sah im April 1973 einen solchen Gegenstand. Er ist ein erfahrener Seemann und als überlegter und ruhiger Beobachter bekannt. Im klaren Wasser des Golfstroms bemerkte er zweimal ein völlig gleich aussehendes unbekanntes Objekt, beide Male ungefähr in demselben Gebiet, als er ein Drittel der Entfernung zwischen Great Isaac Light nördlich von Bimini und Miami zurückgelegt hatte, an einem Punkt, wo der Golfstrom besonders tief ist. Die Objekte wurden jeweils um vier Uhr nachmittags beobachtet, bei ruhigem Meer, normaler Grunddünung und ausgezeichneter Sicht. Beide Male schnellte ein grauweißer Körper, glatt und in der Form »einer dicken Zigarre mit abgerundeten

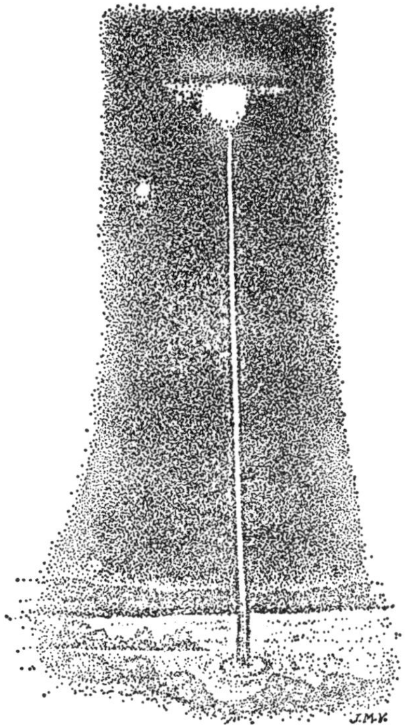

Skizzen von zwei der vierzehn UFOs, die von Dr. Valentine gesichtet wurden. Das UFO links wurde am 21. August 1963 um Mitternacht in der Nähe von Ashton, südlich von Orlando, Florida, gesichtet. Das Objekt nahm offensichtlich Wasser von einem See auf. Die Entfernung zum Beobachter betrug ungefähr 75 Meter. Das UFO rechts wurde über Bäumen am Straßenrand der US-Route 441 einige Kilometer südlich von Pearson, Georgia, um 3 Uhr nachts am Rand des Okefenokee-Sumpfes gesichtet. Es schien lumineszent und pulsierte mit einem bläulichen Licht. Entfernung zum Beobachter ungefähr 30 Meter.

Enden«, wie Delmonico sagte, unter Wasser am Bug des Bootes vorbei. Delmonico schätzte den Gegenstand auf 45 Meter bis 60 Meter Länge und seine Geschwindigkeit auf mindestens 90 bis 100 Stundenkilometer. Der Kapitän bemerkte das Objekt plötzlich, als es mit Kollisionskurs auf sein Boot zusteuerte und offenbar gerade vor ihm über die Oberfläche tauchen wollte. Das Objekt fühlte scheinbar seine Gegenwart, sank und tauchte direkt unter dem Boot durch. Es gab keinen Strudel und kein sichtbares Kielwasser. Der Gegenstand hatte keine Erhebungen, Finnen oder andere Vorsprünge auf seiner glatten Oberfläche, und es waren auch keine Luken zu sehen.

UFOs am Himmel wurden von Piloten und Schiffsbesatzungen im Dreieck — vor allem in der Tongue of Ocean — so oft beobachtet, daß sie schon eine alltägliche Erscheinung darstellen. Seltsamer ist es, daß schwebende UFOs über den Bäumen im Okefenokee-Sumpf auftauchten, wo sie von einigen Rangers und mir selbst gesehen wurden. In Zentralflorida sah ich einmal ein UFO mit einem blauen Lichtstrahl, der auf das Wasser eines Sees gerichtet war. Vielleicht nahmen sie Wasser auf oder Exemplare der lokalen Fauna, die sie untersuchen wollten. Beim großen Elektrizitätsausfall in Südflorida im April 1973 wurden blaugrüne und blaue wandernde Lichter am Himmel beobachtet, und zwar vor allem bei Turkey Point — wo sich der Atomreaktor befindet. Während des Elektrizitätsausfalls an der Ostküste vor ein

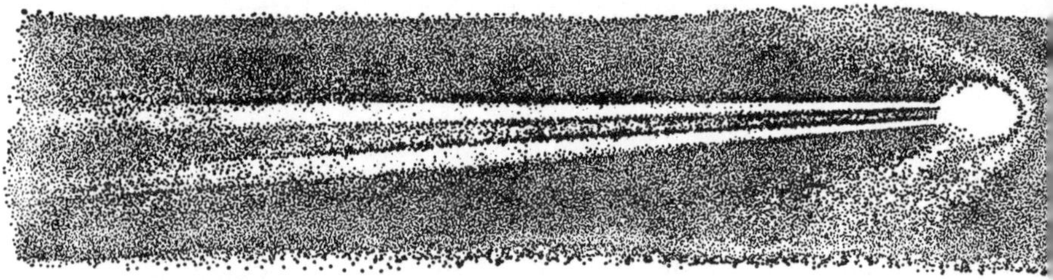

Ein UFO, das von Dr. Valentine am 6. Dezember 1952 um 2 Uhr nachts zwischen Douglas und Fargo in Georgia gesichtet wurde. Nach Dr. Valentines Meinung ist der dunkle, tunnelartige Wirbel ein ausgestoßener Neutronenstrom, Zeichen für einen Antrieb durch Kernverschmelzung statt Kernspaltung, eine nicht umweltverschmutzende Art der Atomenergie. Diese Verschmelzung würde ein Magnetfeld aufbauen, das das UFO mit unglaublicher Geschwindigkeit vorwärtstreibt, und möglicherweise auch andere Gegenstände in der unmittelbaren Umgebung in dieses Feld bringen.

paar Jahren wurde ebenfalls eine Gruppe von ungefähr zwölf UFOs gesehen.

Frage: Haben Sie eine Theorie, wie die UFOs angetrieben werden?

Es gibt verschiedene Möglichkeiten. Eine Methode, die nur in unserer Atmosphäre funktionieren würde, wäre ein Perimeter von Kathodenstrahlgeneratoren um ein scheibenförmiges Fahrzeug. Es könnte sich auf diese Weise schnell in jede beliebige Richtung bewegen. Man müßte nur die Generatoren in der gewünschten Richtung in Gang setzen. Sie würden die Luft vor dem Fahrzeug ionisieren und auf diese Weise ein Vakuum schaffen, durch das es sich bewegen kann. Von UFOs zurückgelassene Reste ionisierter Luft können sehr gut die Ursache einer Turbulenz bei klarem Himmel sein.

Eine andere Antriebsmethode könnte ähnlich wie der Düsenantrieb funktionieren, aber mit viel höherer Geschwindigkeit, die sich theoretisch der Lichtgeschwindigkeit nähern kann. Die Reaktoren würden auf dem Prinzip der Kernverschmelzung und nicht dem der Kernspaltung basieren. Alles, was man dazu braucht, ist spaltbares Material und Wasser. Das könnte auch die Erklärung sein, warum man UFOs aus Inlandseen Wasser aufnehmen sah.

Nach einer anderen Theorie wird ein Wechsel der Dimension und eine Verschiebung des Raum-Zeit-Kontinuums durch ein Magnetfeld bewirkt.

Frage: War Dr. Jessup der Meinung, es gebe einen Zusammenhang zwischen den UFOs und dem Bermuda-Dreieck?

Er hatte eine Theorie, daß die Energie eines Magnetfelds Materie verwandeln und von einer Dimension in eine andere transportieren kann ... daß UFOs in unsere Dimension kommen, Menschen und anderes mitnehmen und sich wieder aus dieser Dimension entfernen. Er war auch der Meinung, daß manche der Unfälle durch das von den Kathodenstrahlen der UFOs hervorgerufene Vakuum verursacht wurden, welches Flugzeuge zerstörte, wenn sie hineinflogen. Das ist wahrscheinlich auch Mantell zugestoßen. [Am 7. Januar 1948 flogen Kapitän Thomas Mantell und mehrere andere Piloten vom Godman-Flughafen, Fort Knox, mit ihren P-51 Mustangs hinter einem UFO »von riesigen Ausmaßen« her, das bei Tageslicht beobachtet wurde, wie es sich dem Stützpunkt näherte. Während Mantell ihm nachflog, sahen Zeugen, wie sich sein Flugzeug plötzlich auflöste. In einer späteren Erklärung der Luftwaffe hieß es, daß der Kapitän eine Bewußtseinsstörung gehabt habe, während er auf den Planeten Venus zuflog, und daß das Flugzeug daraufhin absackte und zerstört wurde.] Er kam zu nahe an die Untertasse und ihr Feld ionisierter Luft heran. Sein Flugzeug explodierte in so viele Stücke, daß keines gefunden wurde, das größer als eine Faust war. Alle Stücke waren durchlöchert, als seien sie von Würmern durchbohrt worden.

Dasselbe kann auch mit der Constellation passiert sein, die Bob Brush [Pilot eines Verkehrsflugzeugs] im Oktober 1971 in der Nähe von Great Inagua in den Bahamas explodieren sah. Bob steuerte eine DC-6 und hatte die Constellation auf dem Radarschirm. Sie flog niedrig und schien Schwierigkeiten zu haben. Plötzlich explodierte sie mit einem Lichtblitz, der den Himmel von Horizont zu Horizont erleuchtete. Die Explosion war so hell, daß ihm die Augen schmerzten — so etwas ist völlig ungewöhnlich. Ein Boot in der Nähe fischte ein Flughandbuch auf, das Bob später untersuchte. Es war voll kleiner Löcher, genau wie das Wrackstück von Mantells Maschine.

Die UFOs, was immer sie auch sonst sind, scheinen einen vorübergehenden magnetischen Wirbel zu erzeugen, ein Ionisationsfeld, das Schiffe und Flugzeuge zerstören oder verschwinden lassen kann.

Kurz vor seinem Tod glaubte Jessup, er sei unmittelbar davor, die wissenschaftliche Basis für diese Vorgänge zu entdecken. Er sagte, es sei mit Einsteins einheitlicher Feldtheorie zu erklären.

Frage: Können Sie uns eine vereinfachte Erklärung dieser Theorie geben?

Sie geht davon aus, daß unsere Grundbegriffe von Zeit und Raum, von Materie und Energie keine getrennten Wesenheiten sind, sondern daß diese Größen unter bestimmten Voraussetzungen ineinander übergeführt werden können. Tatsächlich bietet die einheitliche Feldtheorie eine weitere Erklärung für das plötzliche Auftauchen und Verschwinden von UFOs. In der Praxis bedeutet das für elektrische und magnetische Felder: Ein elektrisches Feld erzeugt in einer Spule ein zu dieser im rechten Winkel stehendes Magnetfeld; jedes Feld für sich stellt eine Ebene im Raum dar. Da aber ein Raum von drei Ebenen aufgebaut wird, muß noch ein drittes Feld existieren — vielleicht in Zusammenhang mit der Schwerkraft. Erzeugt man mit Hilfe elektromagnetischer Generatoren einen magnetischen Impuls, könnte es möglich sein, dieses dritte Feld, basierend auf dem Resonanzprinzip, aufzubauen. Jessup sagte mir, er glaube, die amerikanische Marine sei während des Krieges zufällig darauf gestoßen, in einem Experiment, das mit einem Zerstörer durchgeführt wurde. Man nannte es das Philadelphia-Experiment.

Frage: Was beinhaltet das Philadelphia-Experiment?

Laut Jessup war es ein Geheimexperiment der Marine, das im Jahr 1943 in Philadelphia und auf dem Meer durchgeführt wurde. Es hatte zum Ziel, den Effekt eines starken Magnetfelds auf ein bemanntes Schiff zu testen. Dazu wollte man magnetische Generatoren einsetzen. Um ein auf Dock liegendes Schiff wurde also mittels pulsierender und nicht pulsierender Generatoren ein starkes Magnetfeld erzeugt. Die Resultate waren so verblüffend wie bedeutsam, wenn sie auch negative Nachwirkungen auf die Besatzung hatten. Als das Experiment die erste Wirkung zeigte, wurde zunächst ein undurchsichtiges, nebeliges grünes Licht sichtbar. Übrigens sprachen auch die Überlebenden der Unfälle im Dreieck von einem leuchtenden grünen Nebel. Bald war das ganze Schiff von diesem grünen Nebel erfüllt, und es begann samt der Besatzung aus der Sicht der Leute am Dock zu verschwinden, bis nur noch seine Wasserlinie sichtbar war. Später wurde berichtet, der Zerstörer sei in Norfolk, Virginia, aufgetaucht und wieder verschwunden, was ein Nebeneffekt eines solchen Versuchs mit dem damit zusammenhängenden Phänomen der Zeitverschiebung gewesen sein kann.

Ein ehemaliges Besatzungsmitglied berichtete, daß der Versuch auf See erfolgreich war, mit einem Unsichtbarkeitsfeld in der Gestalt eines Rotationsellipsoids, das sich hundert Meter von jeder Schiffsseite erstreckte. Man konnte den Eindruck des Schiffs im Wasser sehen, das Schiff selbst jedoch nicht. Als das Magnetfeld zunahm, begannen einige Männer an Bord zu verschwinden und mußten mit einer Art Handauflegetechnik sichtbar gemacht werden. Andere wieder entfernten sich so weit von ihren ursprünglichen körperlichen Dimensionen, daß sie nur mit einem speziell entworfenen elektronischen Gerät gefunden und in den Normalzustand zurückversetzt werden konnten. Für solche Fälle, wenn ein Kamerad weder gesehen noch ertastet werden konnte, hatte die Mannschaft einen komischen Ausdruck: im Sirup stecken. In Wirklichkeit war es ein Zustand aufgehobenen Lebens, wobei die volle Wiederherstellung ein ernstes Problem sein konnte. Es gab Gerüchte, daß Seeleute ins Krankenhaus kamen, starben oder geistige Störungen davontrugen. Die psychischen Fähigkeiten scheinen im allgemeinen gesteigert worden zu sein, aber viele verspürten noch Nachwirkungen der Transmutation während des Experiments. Sie verschwanden nämlich zeitweilig und tauchten wieder auf, zu Hause, auf der Straße, in Bars oder Restaurants, zur großen Überraschung der Umstehenden. Zweimal brach im Kompaß des Schiffs ein Feuer aus, während es an Land geschleppt wurde, mit verheerenden Folgen für den Schlepper.

Frage: War Jessup Zeuge dieser Ereignisse?

Ich weiß nicht, wieviel er von den Dingen tatsächlich gesehen hatte, über die er mir berichtete, aber er hat das Experiment gründlich erforscht. Sie dürfen nicht vergessen, daß er nicht irgendein Sensationsschriftsteller war, sondern ein berühmter Wissenschaftler und Astronom. Er leitete die größte Refraktorstation der südlichen Hemisphäre, hatte mehrere Projekte zur Erforschung der Sonnenfinsternisse geplant, war der Entdecker von Doppelsternen und besaß einen hervorragenden Ruf als Wissenschaftler. Er wurde in das Philadelphia-Experiment hineingezogen, als ihm ein Mann namens Carlos Allende (oder Carl Allen), der sich als Überlebender des Experiments ausgab, im Jahr 1956 einen Brief schrieb. Allende hatte Jessups Buch *The Case for the UFOs* gelesen, und ihm war die Ähnlichkeit der zugrunde liegenden Theorie aufgefallen. Jessup beantwortete den Brief, so wie jeder Autor auf Leserbriefe antwortet, und Allende schrieb zurück. Einige Zeit nach Beginn dieser Korrespondenz wurde Jessup vom ONR *(Office of Naval Research* = Forschungsbüro der Marine) ersucht, nach Washington zu kommen. Vergessen Sie nicht, daß wegen der Zensur keine Einzelheiten über das Philadelphia-Experiment an die Öffentlichkeit drangen, bis auf einen kurzen Artikel einer Zeitung in Philadelphia. Man zeigte Jessup ein Exemplar seines Buches mit handschriftlichen Notizen, das rätselhafterweise im Forschungsbüro aufgetaucht war. Es enthielt ausführliche Randbemerkungen zu Jessups Theorien, das Experiment und die Aktivität der UFOs. Man fragte Jessup, ob er die Handschrift wiedererkenne. Die Notizen stammten offensichtlich von drei verschiedenen Personen, die ihre Eintragungen jeweils mit ihren Initialen gekennzeichnet hatten. Jessup glaubte, eine Handschrift als diejenige von Carlos Allende wiederzuerkennen, und übergab dem ONR Allendes Briefe. Ein Department der Marine ließ dann 25 exakte Kopien des Buches mit rot hervorgehobenen Anmerkungen anfertigen, von einer Druckerei in Texas, glaube ich. Jessup bekam drei Exemplare. Man sagte ihm, die anderen wären zur Information der ranghöchsten Offiziere im Department bestimmt. Die Marine äußerte sich niemals offiziell zu dem Experiment. An dem Buch waren sie jedoch sehr interessiert. Jessup sagte mir auch, daß sie versucht hätten, Allende mit Hilfe seiner Briefadresse zu finden, aber ohne Erfolg. Auch die anderen Leute, die Randbemerkungen zu Jessups Buch schrieben, wurden nie identifiziert.

Frage: Warum hat Jessup Selbstmord begangen?

Wenn er Selbstmord beging, dann war wahrscheinlich eine Depression schuld. Die Marine hatte ihm vorgeschlagen, wieder am Philadelphia-Experiment oder an ähnlichen Projekten zu arbeiten, aber er hatte abgelehnt — er machte sich wegen der gefährlichen Nebeneffekte Sorgen. Außerdem war er wegen der Kritik wissenschaftlicher Kreise an seinem Buch entmutigt.

Frage: Sie sagten »wenn er Selbstmord beging«. Haben Sie irgendeinen Grund zu der Annahme, er sei ermordet worden?

Es fielen einige Bemerkungen ... manche Leute glaubten es ... vielleicht hätte er gerettet werden können ... Er lebte noch, als man ihn fand ... vielleicht ließ man ihn sterben. Seine Theorien waren sehr weit fortgeschritten, und vielleicht wollten bestimmte Personen oder Organisationen ihre Verbreitung verhindern. Es ist seltsam, daß Jessups eigene Ausgabe des Buches, und ein anderes Exemplar, das er Brian Reeves [ein Schriftsteller, der sich ebenfalls mit UFOs befaßt] gegeben hatte, auf der Post verschwanden, als sie an andere Personen geschickt wurden.

Kolossale, vom Wasser abgeschliffene Kalksteinstatue aus den Loltún-Höhlen in Yucatán, Mexiko, die heute etwa 100 Meter über dem Meeresspiegel liegen. In diesen gewaltigen Höhlen befinden sich uralte riesige Statuen, die in keiner wie immer gearteten Beziehung zu anderen kulturellen Schöpfungen der Indianer Nordamerikas stehen. Spuren ozeanischer, in den Ritzen dieser Statuen eingeschlossener Fauna weisen darauf hin, daß sie über Wasser geformt, dann für eine beträchtliche Zeitspanne überflutet gewesen waren und vielleicht zu der Zeit wieder an die Oberfläche kamen, als die Bahama-Bänke und andere atlantische Inseln unter den Meeresspiegel sanken.

Foto: J. M. Valentine

Das erste Foto des Bimini-Walls, aufgenommen etwa einen Meter über dem Meeresspiegel. Die Klarheit des Wassers erlaubt eine gute Sicht auf die in einer Tiefe von mehreren Metern liegenden urzeitlichen Bauten. Möglicherweise haben erst Stürme oder tektonische Spannungen zu ihrer Entdeckung in jüngster Zeit geführt.

Foto: J. M. Valentine

Ansicht des Bimini-Walls, die eine in der Mitte der Anlage herablaufende Vertiefung oder Furche zeigt. Die Regelmäßigkeit dieser Vertiefung ist ein Hinweis mehr, daß die Anlage von Menschenhand stammt.

Foto: J. M. Valentine

Ein Taucher bei der Erforschung eines Kanals im Bimini-Wall. Form und Aufstellung dieser Monolithen sind ein überzeugender, wenn auch noch nicht allgemein anerkannter Beweis, daß sie von Menschenhand stammen.

Foto: J. M. Valentine

Zusammenschluß riesiger, den Bimini-Wall einfassender Monolithen. Ähnliche Anlagen befinden sich möglicherweise unter dem Sand des Meeresbodens, nur durch unnatürlich gerade Linien im Wuchs der Bodenvegetation gekennzeichnet.

Foto: J. M. Valentine

Luftaufnahme des Meeresbodens südlich von Bimini. Das große Viereck rechts wird für den Rest eines prähistorischen Docks oder einer Tempelterrasse gehalten, die nun unter dem Meeresboden liegt.

Foto: J. M. Valentine

Luftaufnahme der abfallenden Ostküste von Cay Lobos, Bahamas. Die Linien rechts unten zeigen unter Wasser liegende Überreste, die vor Jahrtausenden, als die Bahama-Bänke über dem Meeresspiegel lagen, möglicherweise Teile eines das Meer überblickenden Walls oder einer Straße gewesen sind.

Foto: J. M. Valentine

Steinfries von den Maya-Ruinen in Cobá mit der stilisierten Schilderung der Rettung aus einer Katastrophe, die durch ausbrechende Vulkane und, in der linken oberen Ecke, durch zusammenstürzende Tempelpyramiden dargestellt wird. Maya-Legenden erzählen, daß die Ahnen der Maya ursprünglich aus einem großen Land in der »Östlichen See« gekommen waren, das von einer Sintflut heimgesucht wurde und in den Wellen versank. In der indianischen Überlieferung trägt dieses Land den Namen Aztlán oder Atlán und andere ähnliche Namen, die an den Klang von »Atlantis« erinnern.

Foto: J. M. Valentine

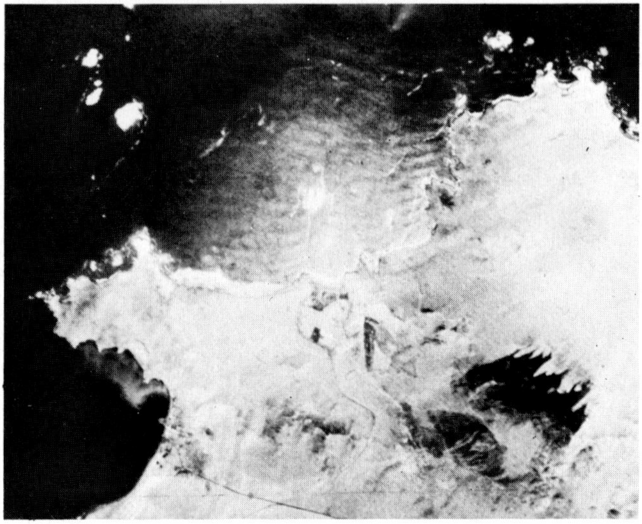

Ansicht von Berghängen mit sichtbarer Meereserosion in der Nähe von Ancón, Peru. In diesem Gebiet der peruanischen Küste weist die unregelmäßige geologische Lagerung darauf hin, daß der frühere Meeresboden, dessen Schichten kulturelle Überreste von extrem hohem Alter enthalten, über den Meeresspiegel emporgedrückt worden ist.

Hinweise auf hohe Landüberflutungen im Mittelmeerraum. Der Taucher befindet sich auf dem höchsten Punkt einer überfluteten Akropolis, etwa 30 Meter unter der Oberfläche des Ägäischen Meeres, in der Nähe der Insel Melos. Von der Stelle, an der dieses Foto gemacht wurde, führen Straßen zu Anlagen in noch größerer Tiefe hinab.

Foto: Jim Thorne

)ie Cheops-Pyramide. Mes-
ıngen lassen darauf schlie-
en, daß sie als riesiger Weg-
eiser und als astronomische
Jhr diente.

Foto: Mit freundlicher Genehmigung von Trans World Airlines

Kyklopische Mauern der Festung Sacsahuaman, Peru, die den Unterwasseranlagen von Bimini in mancher Hinsicht ähneln. Die Mauern von Sacsahuaman und andere Überreste der Vor-Inka-Zeit in Peru sind ein archäologisches Rätsel. Es gibt keine Erklärung dafür, wie diese riesigen Steine mit ihren merkwürdigen Außen- und Innenwinkeln transportiert, geschnitten, gemessen und zu so genauen und doch wie zufällig wirkenden Mustern zusammengesetzt werden konnten.

Foto: Mit freundlicher Genehmigung von Pan American World Airways

Die Schwarze Pagode von Konarak, Indien, ein auf uns gekommenes Beispiel verblüffender architektonischer Fähigkeiten der Menschen uralter Zeiten. Der technische Fortschritt sehr alter Kulturen in Indien läßt auf ein Bindeglied zu noch älteren Kulturen schließen, die Kenntnisse des Flug- und Raketenwesens sowie der Atomenergie besaßen und deren Bild von der Erde und ihrer Stellung im Universum dem unseren ähnlich war.

Foto: Mit freundlicher Genehmigung des Staatlichen indischen Touristenbüros

Eine Goldarbeit aus einem präkolumbianischen Grab, die trotz ihres Alters — etwa 1800 Jahre — von vielen Forschern für das Modell eines mit trapezförmigen Flügeln, Maschinenraum, Cockpit, Windschutz, einer Heckflosse und Höhensteuern ausgestatteten prähistorischen Flugzeugs gehalten wird. Ähnliche Goldarbeiten wurden an verschiedenen Orten Südamerikas gefunden.

Foto: Jack Ullrich

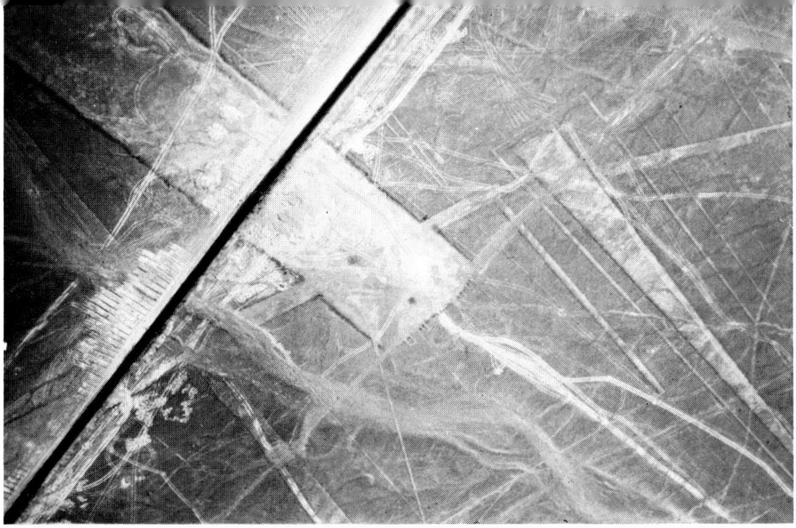

Luftbild der Nasca-Linien in Peru. Diese Linien unbekannten Alters stellen Tiere, Vögel, geometrische Figuren und, wie viele annehmen, Landebahnen dar. Am Boden selbst schwer zu erkennen, wurden sie erst Mitte des 20. Jahrhunderts von der Luft aus entdeckt. Die schwarze Linie, die die Landebahn diagonal schneidet, ist die Panamericana-Fernstraße.

Maya-Steinrelief aus Palenque, Chiapas, Mexiko, das gern als Beweis für prähistorische Besuche von Ur-Astronauten angeführt wird. Der russische Wissenschaftler und Schriftsteller Kasanzew hält die Platte für die Darstellung eines Raumfahrzeuges, das mit einer zwar stilisierten, aber doch erkennbaren Antenne, Lenkung, Turbinenkompressor, Instrumentenbrett, Tanks, Verbrennungsraum, Turbine und Auspuff ausgestattet ist.

Die Piri-Reis-Landkarte, gefunden 1929 in Istanbul, Teil einer Weltkarte, von der man annimmt, sie sei die Kopie eines griechischen Originals aus der Bibliothek des antiken Alexandria. Unter anderem zeigt sie einzelne Teile der Antarktis, die offenbar mehrere tausend Jahre vor der »Entdeckung« der Antarktis gezeichnet wurden, sowie die genaue Form der Antarktis ohne Eisdecke.

Foto: Library of Congress

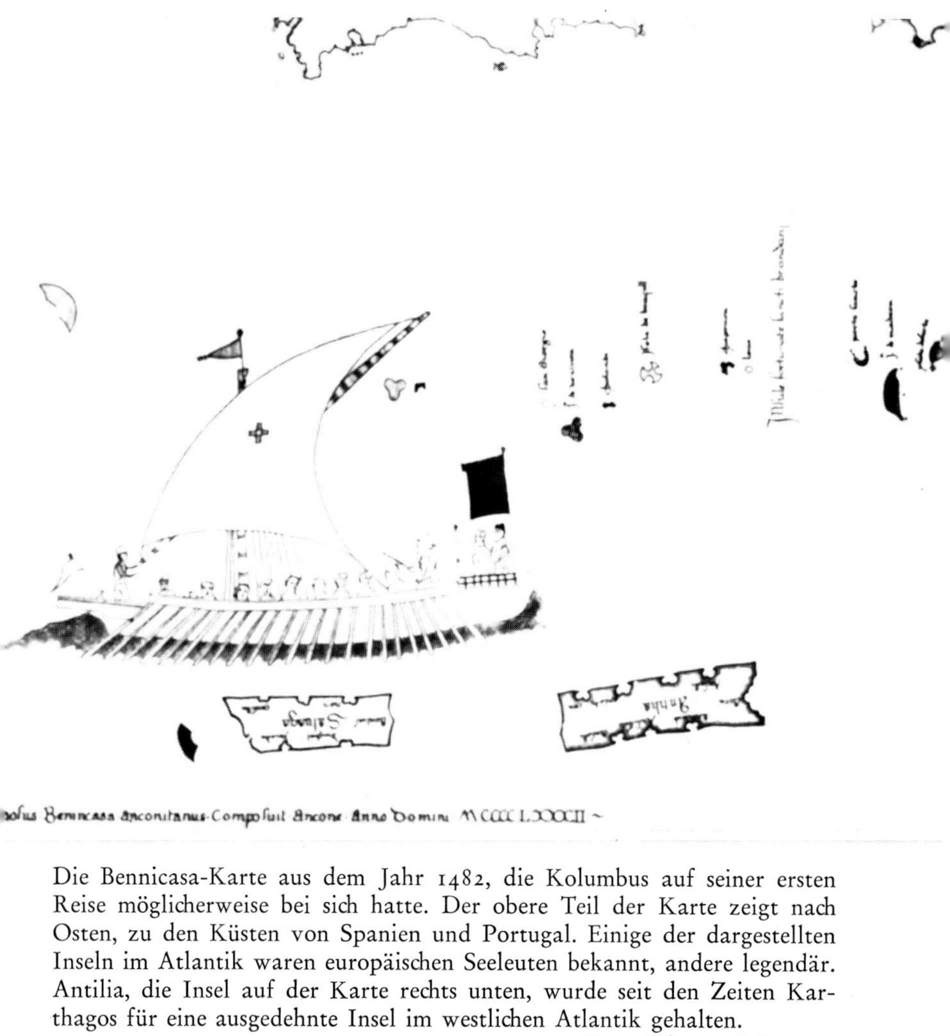

Die Bennicasa-Karte aus dem Jahr 1482, die Kolumbus auf seiner ersten Reise möglicherweise bei sich hatte. Der obere Teil der Karte zeigt nach Osten, zu den Küsten von Spanien und Portugal. Einige der dargestellten Inseln im Atlantik waren europäischen Seeleuten bekannt, andere legendär. Antilia, die Insel auf der Karte rechts unten, wurde seit den Zeiten Karthagos für eine ausgedehnte Insel im westlichen Atlantik gehalten.

Foto: Library of Congress

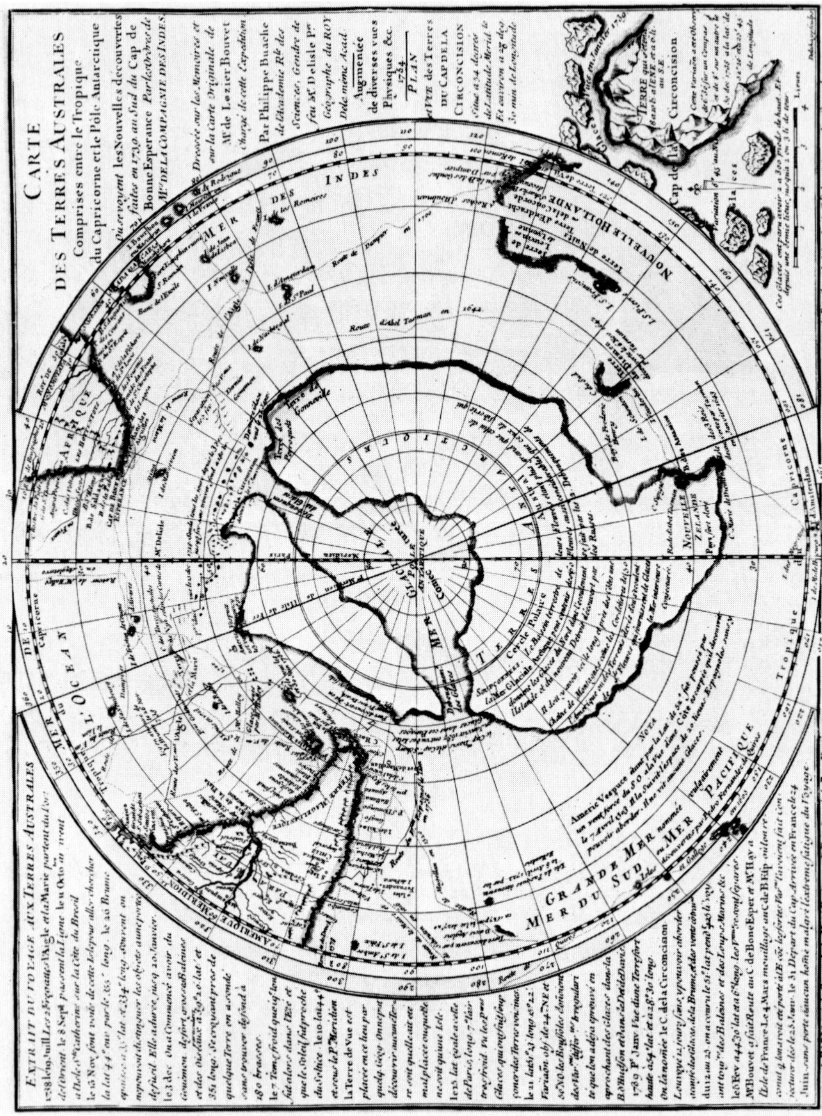

Die Buache-Karte aus dem Jahr 1737, kopiert von antiken griechischen Karten. Sie zeigt die Antarktis ohne Eis. Wäre die Antarktis heute nicht von Eis bedeckt, so träfen sich das Ross- und das Wedell-Meer in einer riesigen Wasserstraße und teilten die Antarktis selbst in zwei Landmassen, eine Tatsache, die in moderner Zeit erst seit dem Geophysikalischen Jahr 1968 bekannt ist. Diese Karte ist ein Hinweis mehr auf die überraschenden technologischen Fähigkeiten mancher alter Kulturen.

Foto: Library of Congress

Frage: Stimmen Sie Jessups Theorien zu?

Im allgemeinen ja. Das ganze Problem des Magnetismus ist noch ein Rätsel. Wenn wir Einsteins Implikationen der »Einheitlichen Feldtheorie« ausarbeiten, in der er Schwerkraftfelder und elektromagnetische Felder in die Theorie von Raum und Zeit einbezieht, dann könnte es tatsächlich möglich sein, daß Menschen und Dinge durch starke Magnetfelder in eine andere Dimension versetzt und unsichtbar gemacht werden. Die Antwort auf das Rätsel des Bermuda-Dreiecks liegt vielleicht in elektromagnetischen Abweichungen oder Kontrollen, die nur zu bestimmten Zeiten funktionieren, wenn sie entweder zufällig oder absichtlich in Gang gesetzt werden, und es scheint plausibel, daß UFOs die nötige Energie dazu liefern.

Frage: Was ist Ihrer Meinung nach der Grund, warum sich diese Zwischenfälle auf das Bermuda-Dreieck konzentrieren?

Ich glaube, es ist möglich, daß die intelligenten Wesen, die die UFOs steuern, nicht nur eine Erhebungsauswahl treffen und unseren wissenschaftlichen Fortschritt verfolgen, sondern daß sie zu den Plätzen alter heiliger Stätten zurückkehren. Es handelt sich vielleicht um Energiequellen und Kraftwerke, die heute vom Meer bedeckt werden. Wir haben in den letzten Jahren in der Nähe Biminis und an anderen Stellen in der Bahama-Gruppe große Gebäudekomplexe auf dem Meeresgrund entdeckt, ein Zeichen, daß hier vor vielen Tausenden von Jahren eine Hochkultur existierte. Es ist mehr als seltsam, daß so viele Zwischenfälle sich gerade in diesem Gebiet ereignen, und daß so viele UFOs nicht nur am Himmel gesehen werden, sondern auch, wie sie ins Wasser eintauchen oder es verlassen.

Frage: Was können wir gegen UFOs und ihre potentielle Gefahr unternehmen?

Im Moment können wir gar nichts tun. Ich glaube nicht, daß für die meisten Reisenden irgendwelche Gefahr besteht. Vielleicht sind die verschwundenen Personen an einem anderen Ort oder in einer anderen Dimension auch noch am Leben. Ich glaube vielmehr, daß es wichtig ist, die Situation klar zu erkennen und zu versuchen, mit den UFOs in Kommunikation zu treten — das ist es, was viele von uns versuchen.

Wenn man bedenkt, wozu sie offensichtlich fähig sind, können wir uns glücklich schätzen, daß ihre Aktivitäten bis jetzt größtenteils harmlos waren, obwohl natürlich immer die Möglichkeit besteht, daß diese Besucher nicht alle von denselben Orten im Weltraum oder im Erdinnern kommen und vielleicht nicht dieselbe »bewahrende« Haltung unserem Planeten und seinen Bewohnern gegenüber einnehmen. Falls UFOs absichtlich oder unabsichtlich für unsere größeren Elektrizitätsversagen verantwortlich sind, so ist es bemerkenswert, daß sich während dieser Zeit kein einziger Unfall mit Personenschaden in direktem Zusammenhang mit dem Energiezusammenbruch ereignet hat.

Es ist auffällig, daß sich nach den beiden großen Elektrizitätsausfällen in den Vereinigten Staaten im Nordosten im Jahr 1965 und in Miami im Jahr 1973 die Berichte über UFOs häuften. Während der Finsternis im Nordosten beobachteten mehrere Personen in Syracuse, unter ihnen der Deputy Commissioner der Bundesflugagentur, einen roten, leuchtenden Ball mit einem Durchmesser von 30 Meter. Andere UFOs wurden über New York, Newark, Philadelphia und in vielen Orten in Massachusetts, Rhode Island und dem Staat New York gesehen. Seltsamerweise stellte es sich heraus, daß Automotoren in der Nähe von UFOs versagten. Man sieht hier eine Ähnlichkeit mit dem Energieverlust und Funkversagen, das die Piloten und Steuermänner von Schiffen im Bermuda-Dreieck in Gefahr brachte.

Es ist natürlich klar, daß viele Personen, die wußten, daß

UFOs Störungen im Magnetfeld der Erde und bei elektrischen Installationen hervorrufen können, zu dieser Zeit besonders aufmerksam nach Besuchern aus dem All Ausschau hielten, vor allem, da es kein Licht gab und man viel bessere Möglichkeiten zur Beobachtung des Himmels hatte als gewöhnlich.

Obwohl man den Überspannungsschalter, der den großen Zusammenbruch von 1965 verursachte, finden konnte (Sir Adam Beck Nr. 2 am Niagara River), wurde der ursprüngliche Grund für das Versagen nicht geklärt. Eine Feststellung, die nach der Untersuchung getroffen wurde, stimmt im wesentlichen noch immer: »Das Energieversagen, das durch den Zusammenbruch des nordöstlichen Stromnetzes verursacht wurde, ist eines der größten Rätsel in der Geschichte der modernen Zivilisation.«

Mehrere der erfahrensten Beobachter des Bermuda-Dreiecks vertreten die einhellige Ansicht, wenn es keine irdische Erklärung für das Verschwinden so vieler Fahrzeuge gebe, könne sie sehr gut auch in außerirdischen liegen — Entführung von Schiffen, Flugzeugen und Menschen durch UFOs. Die meisten UFOs werden zudem als Lichter von verschiedener Farbe und Intensität beschrieben, die in der Nacht gesehen wurden. Seltsame Lichter am Nachthimmel waren auch die Begleiterscheinung bei einigen der sensationellsten Flugzeugverlusten, unter anderem beim Verschwinden von Flight 19 und der *Star Ariel*. Obwohl Übereinstimmung darüber herrscht, daß das Verschwinden von Schiffen und Flugzeugen mit dem Auftreten von UFOs in Zusammenhang steht, gibt es keine Übereinstimmung über die Herkunft der UFOs.

Der Weltraum mit seinen Billionen potentiell bewohnter Planeten wäre ein plausibler Herkunftsort für die Besucher, wenn die in Lichtjahren berechnete Reisezeit nicht die Dauer eines Menschenlebens oder länger betragen würde. (Die Reise zum allernächsten Stern — unserer Sonne — würde mit Lichtgeschwindigkeit nur acht Minuten dauern, aber schon der nächste Stern, Alpha Centauri, ist drei bis vier Lichtjahre entfernt.) Vielleicht ist die Länge eines Lebensalters, wie wir es kennen, von dem der Planeten ferner Sonnen jedoch völlig verschieden.

Außerdem sind in den letzten Jahren neue Theorien über die Grenzen der Geschwindigkeit aufgestellt worden — über Lichtgeschwindigkeit, die Raumkrümmung und die Relation der Zeit zu Masse und Energie —, welche möglicherweise unsere Hypothese über die Reisezeit zu anderen Sternen umstoßen.

Manche Theoretiker meinen, daß der Ursprungsort dieser Besucher der Erde näher sei, vielleicht in den Ozeanen der Erde selbst. In seinem Buch *Invisible Residents* weist Ivan Sanderson darauf hin, daß fast drei Viertel der Erde unter Wasser liegen (449 530 000 Quadratkilometer Wasser zu 165 340 000 Quadratkilometer Land) und daß luftatmende Wesen, die am Grund des »Luftozeans« leben, sich ziemlich nahe an der Erdoberfläche aufhalten, während im Wasser atmende Wesen nicht auf den Grund der Hydrosphäre beschränkt sind und einen viel größeren Lebensraum haben, in dem sie sich bewegen und entwickeln können. Sanderson stellt daher die Hypothese auf

> ... daß es eine Unterwasserzivilisation (oder -zivilisationen) gibt, die schon seit langer Zeit existiert, auf der Erde entwickelt wurde und/oder daß es sich um intelligente Wesen handelt, die von anderen Planeten kommen ... und den Grund der Hydrosphäre und vielleicht auch die oberen Schichten der Lithosphäre bewohnen, von wo aus sie ihre Unternehmungen starten.

Er bemerkt, daß eine solche Zivilisation, wenn sie sich unter Wasser entwickelte, wesentlich weiter fortgeschritten sein könnte als die Zivilisation an der Oberfläche, die von den Lebensformen geschaffen wurde, die das Meer vor Milliarden von Jahren verlassen haben. Durch das Zurückbleiben in ihrer natürlichen Umgebung, dem Meer, hatten die Schöpfer dieser Zivilisation einen Vorsprung. Sie konnten sich im Lauf der Jahrmillionen weiterentwickeln, ohne die Vorgänge auf dem Land zu beachten.

Die Existenz solcher hochentwickelter Wesen unter dem Meeresgrund und ihre technologische Aktivität ist vielleicht der Ursprung der vielen Meeressagen, die im Lauf der Geschichte auftauchten und die es sogar heute noch gibt, wo ungewöhnliche Vorkommnisse mit unvergleichlich größerer Sorgfalt beobachtet und verzeichnet werden als in früheren Epochen. Das würde die aus der Luft ins Wasser tauchenden UFOs im Bermuda-Dreieck erklären und das große Interesse der UFOs an den technologischen Entwicklungen in Florida und den benachbarten Gewässern. Was die Aufdeckung der Wahrheit über ihre Existenz betrifft, so ist es vielleicht nicht so sehr eine Frage, ob wir sie entdecken, sondern ob sie uns entdecken und in uns eine Gefahrenquelle für ihre eigene Umwelt sehen.

Es gibt auch noch die Möglichkeit, daß die UFOs aus einer anderen Dimension in unsere übertreten und Flugzeuge, Schiffe und Menschen aus unserer Dimension hinausschmuggeln. Die Theorie von anderen koexistenten Dimensionen, die mit der Theorie der negativen Materie zusammenhängt, einer negativen Erde und koexistenten Welten, scheint heute etwas weniger phantastisch als bei ihrer ersten Erwähnung vor ein paar Jahrzehnten.

Admiral Richard Byrd, ein berühmter Pilot und Entdecker, der Flüge über die intensivierten Magnetfelder des Nord- und Südpols unternahm, gab im Jahr 1929 einige ganz unglaubliche Meldungen im Rundfunk durch, während er über den Südpol flog. Er erzählte, daß er durch lichten Nebel über einem Gebiet mit grünem Land und eisfreien Seen herausgekommen sei und sagte, er sehe riesige bisonähnliche Tiere und Wesen, die wie primitive Menschen aussähen. Die Radiosendung wurde sofort unterbrochen und Byrds Bericht einer temporären nervösen Erschöpfung oder einer Halluzination zugeschrieben. Sowohl das Abenteuer selbst als auch die Rundfunksendung wurden später dementiert, aber es schadete Byrds Ruf in wissenschaftlichen Kreisen sehr. Seltsamerweise erinnern sich mehrere Personen, die in den zwanziger Jahren eifrige Kinobesucher waren, eine Wochenschau von Byrds Flug mit Bildern vom »Land jenseits des Pols« gesehen zu haben. Allerdings ist es möglich, daß sie über die Sache gelesen hatten und andere Wochenschauen über die Flüge des Admirals mit dieser bestimmten verwechseln. Der Vorfall selbst wurde als Phantasie abgetan und kaum jemals erwähnt, außer von Anhängern der Hohlwelt-Theorie, die glauben, der Admiral sei durch ein Loch in den Hohlraum der Erde geflogen und nicht in eine andere Dimension, wie manchmal behauptet wurde, wenn nach einer Erklärung für die Vorgänge im Bermuda-Dreieck gesucht wurde.

Wenn man die Vielzahl von ungewöhnlichen Thesen betrachtet, die von ernsthaften und hochqualifizierten Forschern über das Bermuda-Dreieck angeboten werden, erinnert man sich an Haldanes Epigramm: »Das Universum ist nicht nur seltsamer, als wir es uns vorstellen, es ist seltsamer, als wir es uns vorstellen können.«

Zu den verschiedenen Erklärungen für die Reihe von rätselhaften Vorgängen, die wir angeführt haben, gehören: die Gefangennahme von Menschen durch Wesen aus dem Weltraum oder dem Erdinneren; ein »Loch im Himmel«, in das Flugzeuge hinein-, aber nicht mehr herausfliegen können und durch das sie in eine andere Dimension geraten; etwas, das »ein magnetischer Riß im Vorhang der Zeit« genannt wurde; magnetische Wirbelstürme, die Flugzeuge verschwinden lassen oder vielleicht auch in eine andere Dimension bringen.

Diese Theorien sind weder mehr noch weniger phantastisch als eine andere, die die Existenz großer Energiekomplexe im Dreieck annimmt — alter Maschinen oder Energiequellen einer verschwundenen Zivilisation —, die innerhalb des Dreiecks auf dem Meeresboden liegen und noch heute gelegentlich von darüberfliegenden Maschinen ausgelöst werden können. Diese Maschinen sollen magnetische Wirbel hervorrufen können und so das Versagen magnetischer und elektronischer Geräte bewirken. Die darüberfliegenden Flugzeuge würden also in gewissem Sinne, zu bestimmten Zeiten und unter bestimmten Umständen ihre eigene Zerstörung auslösen. Diese Theorie ist vielleicht die phantastischste von allen jenen, die in diesem und den vorhergehenden Kapiteln diskutiert wurden. Wenn man sich jedoch mit den natürlichen Gegebenheiten des Bermuda-Dreiecks und dessen geologischer Geschichte näher beschäftigt, so zeigt sich eine Art roter Faden, der diese und die anderen Theorien miteinander verbindet.

Um diese neue Theorie zu betrachten, müssen wir in der Zeit zurückgehen — in der Zeit des Lebens der Meere und der Kulturen der Menschheit.

7

Aus der Vergangenheit des Ozeans: Spuren und Vermutungen

Es gilt im allgemeinen als erwiesen, daß große Teile der Erdoberfläche einst unter Wasser lagen, während andere Gebiete, die sich heute unter dem Meeresspiegel befinden, früher zum Festland gehörten. Das haben Naturforscher schon in alten Zeiten festgestellt, als sie in der Wüste Fossilien fanden, aber auch heute, als sie im Binnenland, in Gebieten wie Minnesota oder sogar im Himalaja, Skelette von Walen entdeckten. Nicht zuletzt gibt es ja genügend Beweise dafür, daß die Sahara einst ein Binnenmeer gewesen ist. Über die Frage der Aufeinanderfolge von Land und Meer in großen Räumen herrscht also allgemeine Einigkeit; für die Beurteilung des Wechsels von Land- und Meeresniveau im Gebiet des Bermuda-Dreiecks ist jedoch die Zeitbestimmung innerhalb verhältnismäßig junger geologischer Zeitabschnitte wichtig.

Wir wissen, daß während der Eiszeit eine ungeheure Menge von Ozeanwasser zu Gletschern gefroren war, deren übereinandergelagerte Schichten eine Höhe von vielen Kilometern erreichten und große Teile der nördlichen Hemisphäre bedeckten. Vor ungefähr 12 000 Jahren, als die Gletscher klimatischer Veränderungen wegen, deren Ursache bis heute nicht geklärt ist, zu schmelzen begannen, stiegen die Wasser der Erde, umfaßten Küstenländer und Inseln, verwandelten Landengen in Wasserstraßen und große Inseln in Unterwasserplateaus. Das Meeresniveau zur Zeit des Abschmelzens der Dritten Eiszeit wird auf eine Höhe geschätzt, die etwa 180 Meter unter dem gegenwärtigen Meeresspiegel lag. Es ist möglich, daß viele Länder, die sich einst über dem Meeresspiegel befanden, nun in noch größerer Tiefe liegen, und zwar auf Grund vulkanischer Bewegungen, die während oder nach der Überflutung stattfanden — wollte man die Terminologie der Bibel verwenden, die diese Ereignisse vielleicht beschrieben hat, also nach der Sintflut.

Nahezu alle Völker und Stämme der Welt bewahren lebendige Berichte über frühere, durch Feuer, Flut, Erdbeben, Explosion, Erschütterungen oder Veränderungen im Erdinnern ausgelöste Universalkatastrophen. In den meisten Fällen wurde nur ein einziger Überlebender zusammen mit seiner Familie und ausgewählten Tieren verschont, um, wie Noah, in einer neuen Welt ein neues Leben zu beginnen, sobald die Unruhe sich gelegt hatte oder die Wasser abgeflossen waren. Aber Noah war nur einer der Überlebenden, der eine, der den Erben der religiösen Überlieferung von Juden- und Christentum eben vertraut ist. Es gab aber zahlreiche Überlebende derselben oder ähnlicher Katastrophen, so zum Beispiel Deukalion in der griechischen Sage, der die Erde durch das Umherstreuen von Steinen wieder bevölkerte, oder Baisbasbata, der eine Flut überlebte, die im indischen Mahabharata geschildert wird. Die babylonische Legende erzählt von Ut-napishtim, dessen Geschichte jener Noahs sehr ähnlich ist, die persische von Yima, die altmexikanische von Coxcox, der sich vor der Flut auf einem riesigen Floß aus Zypressenholz rettete, oder von Tezpi, der einer anderen, schon höher entwickelten mexikanischen Rasse angehörte und ein geräumiges Schiff zur Verfügung hatte, das er mit Getreide und mit Tieren belud. Die kolumbianische Chibcha-Legende erzählt von Bochica, der sich am Ende durch Öffnen einer Spalte in der Erdoberfläche von der Flut befreite (wie es auch der Grieche Deukalion getan hatte). Tamandere, der Guarani-»Noah« des südöstlichen Südamerika, ließ sich auf einem riesigen Baumstamm zu einem Berggipfel emportragen, wo er überlebte. Dies sind nur einige Beispiele von vielen aus aller Welt. In jedem Fall entstammen die geretteten Tiere der lokalen Fauna, mit allgemeinen Hinweisen auf die Tiere, die von der Arche Noah aufgenommen wurden, in der amerikanischen Legende noch durch exotische Exemplare wie Lamas, Jaguare, Tapire, Büffel, Kojoten und Geier bereichert, die von Noahs amerikanischen Gegenstücken gerettet wurden.

Eine so ausgeprägte, überall auf der Welt heimische Legende — selbst die zeitliche Dauer der Flut differiert nur ganz wenig, zumeist zwischen vierzig und sechzig Tagen — läßt die glaubhafte Annahme zu, daß es eine weltweite Katastrophe war, die eine so tiefe, traumatische Erinnerung im Bewußtsein der Völker zurückließ, eine Katastrophe, die mit dem Meer und einem ständigen Wechsel von Terrain, Klima und Wasserspiegel überall auf der Erde in unmittelbarem Zusammenhang stand.

Spuren dieser Katastrophe finden sich nicht nur in der Erinnerung des Menschen, sondern lassen sich auch durch weiträumiges Heben, Senken und Aufwölben des Land- und Meeresbodens belegen. So haben sich die rund um die Azoren tief unter Wasser liegenden Sandbänke viele Meter emporgehoben, genauso wie andere, die entlang von Küsten verlaufen, vor allem in Grönland, Nordkalifornien und Peru, wo man nahe dem Grund alter, durch diese Schübe verursachter geologischer Riefelungen von Menschen verfertigte primitive Werkzeuge gefunden hat. Selbst die Anden, ein geologisch ziemlich junges Gebirge, scheinen geschoben oder emporgedrückt worden zu sein und haben vielleicht Städte wie Tiahuanaco mit sich genommen, während anderes Küstenland Südamerikas im Nasca-Tief des Ozeans versank. Dieselbe Katastrophe kann das Schmelzen der Gletscher verursacht haben, deren Wasser dann die Plateaus der atlantischen Inseln sowie große Teile des Kontinentalsockels, die früher über dem Meeresspiegel gelegen hatten, überfluteten. Zur selben Zeit traten überall auf der Welt auch klimatische Veränderungen ein, und zwar ganz offenbar mit erschreckender Schnelligkeit. Im sibirischen Eis wurden Mammuts gefunden, die so schnell erfroren waren, daß sich ihr Fleisch auch heute noch als genießbar erweist, wie sowjetische Wissenschaftler aus eigener Erfahrung bestätigen. Diese Mammuts, Flußpferde und andere, für Sibirien im allgemeinen nicht typischen Tiere, wurden anscheinend in einer Flut von eisigem Schlamm (oder Schlamm, der nach und nach gefror) wie in einer Falle gefangen und so schnell konserviert, daß unverdaute Nahrung (Pflanzen, die in Sibirien längst nicht mehr heimisch sind) in ihren Mägen gefunden wurde. Teile Nordsibiriens, Alaskas und Kanadas sind mit derart vielen Knochen plötzlich zugrunde gegangener Tiere bedeckt, daß manche Inseln oder Erhebungen, auf welche diese Tiere sich vor etwa 10 000 bis 11 000 Jahren zu retten suchten, aussehen, als bestünden sie bloß aus Gebeinen. Feindliche Arten, die gemeinsam Schutz suchten und in großer Zahl den Tod fanden, wurden in ganz Nordeuropa, Zentralasien und China gefunden, als ob die gesamte Erdoberfläche zur selben Zeit eine schnelle und unerklärliche Klimaveränderung erfahren hätte. Es gibt jedoch auch in anderen Hemisphären Zeugnisse für die gleichzeitige Vernichtung ganzer Arten, so zum Beispiel den riesigen Elefantenfriedhof in den kolumbianischen Anden oder — sogar unter See — das kolossale Feld toter See-Elefanten vor der Küste von Georgia. Keines dieser Tiere hat seine ursprüngliche Heimat dort, wo es mit so vielen seiner Artgenossen während des plötzlichen Klimawechsels vor 12 000 Jahren den Tod gefunden hat.

Zu den Gebieten, die damals zum Festland gehörten und heute von Wasser bedeckt sind, zählen Teile des Mittelmeerraumes, darunter Landbrücken zwischen Afrika und Gibraltar und zwischen Sizilien und Italien, ein großer Teil der Nordsee, die Festlandsockel von Irland, Frankreich, der Iberischen Halbinsel und Afrika, die versunkenen Plateaus rund um die Azoren, die Kanarischen Inseln und Madeira, der Azoren-Kap-St.-Vincent-Rücken, der Mittelatlantische Rücken, die Festlandsockel von Nord- und Südamerika und vor allem die gewaltigen Bahama-Bänke, die eine Ausdehnung von Tausenden von Quadratkilometern hatten, bevor sie überflutet wurden.

Beweise, daß diese Gebiete innerhalb der letzten zehn- oder zwölftausend Jahre über dem Meeresspiegel gelegen haben, gibt es in Hülle und Fülle. So holte eine sowjetische Expedition vor kurzem nördlich der Azoren Felsstücke aus einer Tiefe von über zweitausend Meter, die vor 17 000 Jahren unter atmosphärischem Druck geformt worden waren, und ein Tauchtrupp, der im 19. Jahrhundert einen Bruch des transatlantischen Kabels ebenfalls in der Nähe der Azoren reparierte, brachte Stücke von Tachylyt an die Oberfläche, einer glasigen Lava, die sich unter atmosphärischem Druck über dem Meeresspiegel bildet. Die einzelnen Stücke wurden auf ein Alter von ungefähr 12 000 Jahren geschätzt. (Dazu hat es viele Kommentare gegeben, doch auch die Ursache des Kabelbruchs, eine plötzliche Hebung des Bodens um etwa 1200 Meter, ist von besonderem Interesse, denn sie kann als ein Beispiel für die Bewegungen des Meeresbodens angeführt werden.)

Ein Forschungsprojekt, das 1973/74 von der Universität Halifax zur Erforschung geothermischer Energie durchgeführt wurde, brachte unter anderem die Gewißheit, daß das innerhalb der ersten 800 Meter unter Meeresniveau angebohrte Gestein sich oberhalb des Meeresspiegels gebildet haben muß. Daraus folgt, daß große Gebiete rund um die heutigen Azoren-Inseln einmal über dem Meeresspiegel lagen.

Andere Entdeckungen in jüngster Zeit scheinen zu bestätigen, daß die Datierung der letzten Überflutung weiter Gebiete im Atlantik mit 12 000 v. Chr. richtig ist, was auch mit der geschätzten Datierung der Dritten Eiszeit übereinstimmen würde. 1956 äußerten R. Malaise und P. Kolbe vom Nationalmuseum Stockholm die Ansicht, daß die Süßwasserkieselalgen, deren Vegetationskörper Dr. Kolbe in der Nähe des Mittelatlantischen Rückens mit einer einzelnen Bohrprobe aus einer Tiefe von 3700 Meter zutage gefördert hatte, ursprünglich in einem Süßwassersee beheimatet waren, der früher auf der Landoberfläche gelegen und nun auf den Meeresboden gesunken war. Das Alter dieser Süßwasseralgen wurde auf zehn- bis zwölftausend Jahre geschätzt.

Diese Angabe trifft sich in merkwürdiger Weise mit Platos Bericht von Atlantis in seinen Timaios- und Kritias-Dialogen, in welchen er von einem großen Kontinent spricht, der im äußeren Ozean »vor neuntausend Jahren« existiert habe — also etwa 11 500 Jahre vor unserer Zeitrechnung.

Daten in Legenden sind immer zweifelhaft, vor allem da sie

meist aus zweiter oder dritter Hand kommen. Auch Plato bekam seine Information indirekt über Solon, der sie seinerseits wieder auf einer Reise nach Saïs in Ägypten erhielt. Es ist jedoch bemerkenswert, daß dieselbe Zeitschätzung so häufig auch anderswo im Zusammenhang mit diesen versunkenen Ländern auftaucht.

Es gibt aber noch andere Hinweise, daß große Teile des westlichen Atlantiks einst über dem Meeresniveau lagen. So bildet sich zum Beispiel Küstensand nicht am Meeresboden, sondern durch die Gewalt der Wellen, die sich am Ufer brechen. Und doch finden sich weite Sandstrände auf tiefen Unterwasserplateaus rund um die Azoren. Flüsse bilden nur am Land Schluchten; und doch reicht der Cañon des Hudson River Hunderte von Kilometern in die See hinaus. Ähnliche Beispiele gibt es an den Mündungen europäischer, afrikanischer und südamerikanischer Flüsse.

Mastodon- und Menschenknochen sind auf dem Grund der Nordsee zusammen mit prähistorischen Werkzeugen gefunden worden, deren Beschaffenheit darauf schließen läßt, daß bereits im Pleistozän (vor 11 000 v. Chr.) die Voraussetzungen zu kultureller Entwicklung gegeben waren.

Vielleicht die bemerkenswertesten Hinweise auf die Reste einer nach dem Abschmelzen der eiszeitlichen Gletscher versunkenen prähistorischen Kultur geben die Mauern, Dämme und Straßen, die nun immer häufiger unter den Wassern der europäischen und afrikanischen Westküste und an der südöstlichen Küste von Nordamerika gefunden werden. Zu ihnen zählen Unterwasserbauten, Mauern und gepflasterte Straßen, die von den Küsten von Yucatán und Honduras ausgehen, Straßen, die möglicherweise zu versunkenen Städten führen, die noch weiter draußen im Ozean liegen. Es gibt sogar einen ungefähr 9 Meter hohen und 160 Kilometer langen »Meeres-Wall«, der nahe der Orinoko-Mündung an der venezolanischen Küste weit in den Ozean hinausführt. Man glaubte zuerst, er wäre natürlichen Ursprungs, doch seine gerade Linienführung und sein ganzer Aufbau scheinen diese erste Annahme zu widerlegen.

Es gibt sehr deutliche Hinweise, daß in der Karibischen See eine kontinentale Landmasse bestanden hat, deren über das Wasser ragende Berggipfel die Insel und Kämme der Antillen sein könnten. 1969 studierte eine Forschungsexpedition der Duke University den Meeresboden der Karibik und nahm Bodenproben an verschiedenen Punkten des Aves-Rückens, der entlang der östlichen Küste des Venezuela-Beckens zwischen Venezuela und den Jungferninseln verläuft. Fünfzigmal wurde Granit (säurehaltiges Eruptivgestein) an die Oberfläche gebracht. Gewöhnlich wird solches Gestein nur auf dem Kontinent gefunden. Dr. Bruce Heezen, ein hervorragender Ozeanograph, hat im Zusammenhang damit folgendes geäußert: »Bis heute haben die Geologen ganz allgemein angenommen, daß helle Granite oder säurehaltige Eruptivgesteine auf die Kontinente beschränkt sind und daß die Erdkruste, die unter dem Meeresspiegel liegt, aus schwerem dunkelgefärbtem Basaltgestein besteht ... Das Auftreten hellgetönter Granitfelsen könnte also die alte Theorie untermauern, daß in früheren Zeiten in der Ostkaribischen Region eine Landmasse existierte und daß diese Felsen das Innere eines versunkenen und verlorenen Kontinents darstellen.«

Die erstaunlichsten Funde wurden jedoch auf dem Bahama-Plateau gemacht, jenem Gebiet, wo sich innerhalb des Bermuda-Dreiecks die Zwischenfälle besonders häufen. Viele dieser Überreste lagen in einer Tiefe von nur einigen Metern. Die heute überfluteten Kalkformationen der Bahama-Bänke befanden sich vor ungefähr 12 000 Jahren zu einem Großteil über dem Meeresspiegel. Sie bildeten ein ausgedehntes Landgebiet mit Buchten und Binnengewässern, die nun auf Tiefenkarten als die tiefsten, in und um die Bahama-Bänke eingeschnittenen Stellen des Ozeans aufscheinen. Dieses bedeutende Landgebiet bestand zu der Zeit, bevor der Meeresspiegel anstieg, aus einer einzigen oder mehreren Inseln, die, wenn wir den Überresten unter Wasser Glauben schenken dürfen, eine vielfältige Kultur trugen.

Von 1968 bis heute wurden vor allem in der Nähe von Bimini unter Wasser Anlagen entdeckt, die wie massive, aus riesigen übereinandergeschichteten Steinblöcken bestehende Bauten wirken, die man für Straßen, Terrassen, Hafenwerke oder eingestürzte Wälle halten könnte. Sie erinnern auf merkwürdige Art an die Steinbauten der Vor-Inkazeit in Peru, an Stonehenge oder die kyklopischen Mauern des minoischen Griechenland.

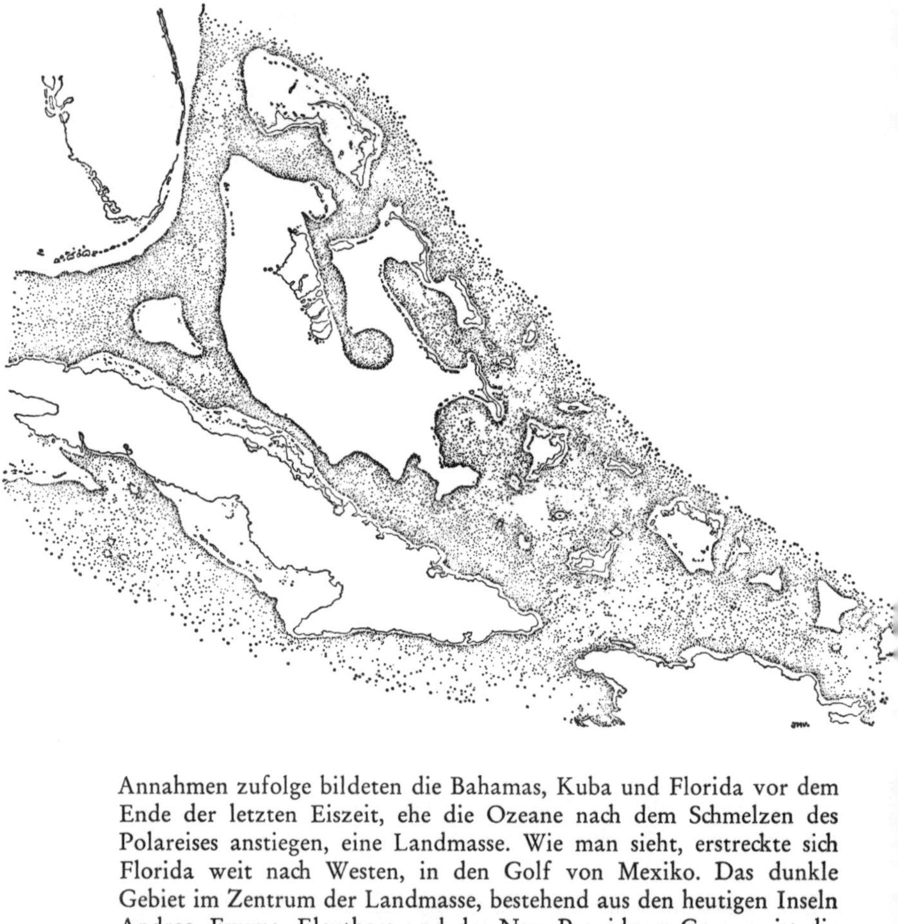

Annahmen zufolge bildeten die Bahamas, Kuba und Florida vor dem Ende der letzten Eiszeit, ehe die Ozeane nach dem Schmelzen des Polareises anstiegen, eine Landmasse. Wie man sieht, erstreckte sich Florida weit nach Westen, in den Golf von Mexiko. Das dunkle Gebiet im Zentrum der Landmasse, bestehend aus den heutigen Inseln Andros, Exuma, Eleuthera und der New-Providence-Gruppe, ist die Tongue of Ocean, eine tiefe Meeresrinne. Damals bildete das Meer im Bahama-Gebiet große Inselbuchten, zu denen der heutige Exuma-Sund und die Tongue of Ocean gehörten.

Das Alter der Steine ist ungewiß, obwohl fossilierte Mangrovenwurzeln, die über die Steine gewachsen waren, Carbon-14-Daten von etwa 12 000 v. Chr. ergeben haben.

Der berühmteste aller Funde ist die »Bimini-Straße« oder der »Bimini-Wall«, den Dr. J. Manson Valentine mit den Tauchern Jacques Mayol, Harold Climo und Robert Angove 1968 als erster entdeckt hat. Anfangs von der Meeresoberfläche aus gesichtet, als die See besonders klar und glatt war, erschien er in den Worten von Dr. Valentine als »ein ausgedehntes Pflaster recht- und vieleckiger flacher Steine von verschiedener Größe und Stärke, die sichtlich geformt und einander genau angepaßt waren, um ein zweifellos kunstvolles Gefüge zu bilden. Diese Steine hatten sich mit Sicherheit eine lange Zeitspanne hindurch unter Wasser befunden, denn die Kanten der größten unter ihnen waren so abgerundet, daß sie wie gewölbt, ja geradezu wie riesige Brotlaibe oder Kissen aussahen. Die Kanten mancher Steine verliefen genau rechteckig und näherten sich häufig einer nahezu perfekten Würfelform (wie man weiß, kommen absolut gerade Linien in der Natur nicht vor). Die größeren, mindestens drei bis viereinhalb Meter langen Stücke hielten oft einen Parallelabstand in der Breite von Avenuen, während die kleineren mosaikartige Pflasterungen bildeten, die größere Abschnitte bedeckten ... Die sichtlich aus einander angepaßten Steinen bestehenden Avenuen verlaufen geradlinig und parallel. Sie bilden eine klar gezeichnete doppelte Linie, die von zwei Erweiterungen unterbrochen wird, auf welchen sich sehr große flache Steine befinden, deren Enden wieder auf vertikal aufgerichteten Steinen liegen (wie bei den vorgeschichtlichen Steingräbern oder Dolmen in Westeuropa). Das südöstliche Ende dieser großen Straßenanlage endet in einer wunderbar geschwungenen Kurve, die drei kurzen, aus exakt aneinandergefügten großen Steinen bestehenden Dämme sind von gleicher Breite und enden mit Ecksteinen ... Aus der Luft kann man die riesigen einzelnen Steine unter ihrer dunklen Algendecke verschwommen erkennen. Sie markieren sozusagen die Grenzlinien dieses geologischen oder archäologischen Rätsels«.

Die ersten Entdeckungen in Bimini wurden durch Geologen und Archäologen, von denen manche den Schauplatz gar nicht besichtigt hatten, stark angezweifelt. Neue Funde jedoch, die ergeben haben, daß die gigantische Konstruktion eine Kurve beschreibt und an anderen Stellen des Meeresbodens wieder auftaucht, als ob sie einst rund um Bimini und noch weiter geführt hätte, weisen mit zunehmender Deutlichkeit auf die Größe und Verzweigung dieser ungeheuren Anlage hin, über deren Sinn wir bis heute nur Vermutungen anstellen können. Dazu meint der Entdecker persönlich: »... Die Behauptung, daß die Steine die Reste von Mauern, Straßen oder sogar einer prähistorischen Hafenanlage darstellen, kann zur Zeit nicht als erwiesen gelten. Es wurde noch nicht festgestellt, was darunter liegt, wenn es überhaupt etwas anderes sein sollte als Grundgestein. Neue Beobachtungen in etwas tieferem Wasser haben jedoch zumindest in einem Gebiet den Beweis erbracht, daß es sich um eine vielschichtige Bauweise handelt. Meiner persönlichen Meinung nach stellt dieser ganze Komplex die intelligente Nutzung naturgegebenen Materials durch den prähistorischen Menschen dar, eines Materials, das geeignet ist, eine Art von kultischem Zentrum zu errichten. In diesem Zusammenhang sollte man sich vor Augen führen, daß bestimmte prähistorische Fundstellen wie in Glastonbury und die Zeichnungen in der Nasca-Wüste von Peru mit ihren kilometerlangen Linien und Tierdarstellungen, die ihrer gigantischen Ausmaße wegen nur aus der Luft erkennbar sind, im Grunde keinen Zusammenhang mit unserer modernen Technologie aufweisen, da der Zweck dieser majestätischen prähistorischen Kunstwerke für uns unverständlich ist ...«

Forschungsflüge haben seit 1968 andere außerordentliche und augenscheinlich von Menschenhand geformte Bauten auf den Bahama-Bänken sowie auf dem Meeresgrund in der Nähe von Kuba, Haiti und Santo Domingo nachgewiesen. Es wird berichtet, daß manche dieser Bauten draußen im Meer wie Pyramiden oder ungeheuere Kuppelbauten aussehen. Einer von ihnen, im Bimini-Gebiet, mißt 55 x 43 Meter und könnte der Stumpf einer Pyramide sein, andere wieder sehen aus wie größere Pyramiden oder Tempelterrassen. In den kubanischen Gewässern harrt ein ganzer Komplex bereits lokalisierter Unterwasser-»Ruinen« der Erforschung. Die Kubaner selbst (Castro ist ein begeisterter Unterwassersportler) haben sie bereits in Augenschein genommen.

Zwei Linienpiloten, Bob Brush und Trig Adams, fotografierten 1968 während eines Flugs in der Nähe der Insel Andros ein abgestecktes Rechteck des Inselsockels. Taucher fanden später einen Steinwall, doch gibt es kein Zeugnis der Ureinwohner oder der späteren spanischen Eroberer, daß sie einen solchen Bau errichtet hätten, noch dazu unter Wasser. Etwas, das ein Unterwasserwall oder eine Unterwasserstraße zu sein scheint, die am Kamm eines Unterwasserriffs entlangläuft, wurde in der Nähe von Cay Lobos geortet und fotografiert. Möglicherweise verlief die urzeitliche Straße entlang der Klippe, als beide sich noch über dem Meeresspiegel befanden. Vielleicht waren auch die in den Schelf nördlich von Puerto Rico gehauenen Stufen (von denen der französische Seekapitän Georges Houot und Leutnant Gérard de Froberville vom Tiefseetauchboot *Archimède* berichtet haben) einfach eine Treppe, die zu einem Felsenriff führte und von dort zum alten Meeresniveau vor 12 000 Jahren.

In der Nähe der Küste von Yucatán, Mexiko, wurden schon oft aus der Luft zahlreiche Dämme gesichtet. Sie streben von der Küste in geraden Linien auf unbekannte Örtlichkeiten unter Wasser zu, die weiter draußen im Meer in tieferen Gewässern liegen. Während die entsprechenden Verbindungsdämme an Land wegen des Dschungels nicht sichtbar sind, kann man die unter Wasser gelegenen nach wie vor erkennen, wenn sie durch Strömungen oder Stürme freigelegt werden.

Eine kolossale Unterwasserstraße oder ein Pflaster, das einmal über dem Meeresspiegel lag, wurde möglicherweise 1967 von dem Tiefseetauchboot *Aluminaut* entdeckt, das sich auf einer Forschungsreise vor den Küsten von Florida, Georgia und Süd-Carolina befand. Die Straße bestand sichtlich aus Braunstein oder war damit gepflastert. Sie erreichte an manchen Stellen eine Tiefe von über 900 Meter, und als an der *Aluminaut* Spezialräder angebracht wurden, konnte sie sich auf ihr fortbewegen. Es war, als ob die *Aluminaut* wie ein Automobil auf einer gewöhnlichen Straße dahinführe, nur mit dem Unterschied, daß die Straße in diesem Fall auf dem Grund des Meeres lag. Die Größe der gepflasterten Oberfläche war zu enorm, um den Schluß zuzulassen, sie wäre durch Menschenhand entstanden, was auch bei einem sehr ausgedehnten »verfliesten« Teil des Meeresbodens der Fall war, den Dr. Bruce Heezen vom Lamont Observatorium während einer Tiefseetauchung im Bahama-Gebiet beobachtet hatte.

Unter den sichtlich von Menschenhand stammenden Funden im Bermuda-Gebiet sind manche klar erkennbar, manche jedoch liegen nicht nur unter Wasser, sondern unter dem Meeresboden selbst. Es ist eine Tatsache, daß Steinbauten oder Steinfundamente, die durch die Last der Jahrhunderte oder als Folge von Erdbeben oder Überflutungen tief in die Erde versunken sind, die Erscheinungsform von Gras oder anderem pflanzlichem Leben, das sich über ihnen bildet, verändern. Dies hat zu einigen erfolgreichen Entdeckungen aus der Vergangenheit geführt. Verschollene Bauten zerstörter römischer Kastelle und Straßen in England, urgeschichtliche Kanalsysteme im einstigen Babylonien und Assyrien (heute Irak) und völlig verschwundene Städte im Iran und in Zentralasien sind durch die Abweichungen der Erscheinungsformen und Farbschattierungen des pflanzlichen Lebens auf dem Erdboden, in Sümpfen oder unter dem Meer aufgespürt und rekonstruiert worden. Gerade Linien in der Färbung der Bodendecke zeigen an, wo Wälle liegen oder wo Straßen oder Kanalsysteme existiert haben. Der alte Etruskerhafen von Spina in Italien war so völlig verschwunden, daß man ihn für eine Legende hielt, bis die Spuren seiner am Meeresgrund völlig unsichtbaren Wälle, Fundamente, Kanäle und Werften aus der Luft klar erkannt wurden.

Die Möglichkeit, urzeitliche Bauten aus der Luft zu sichten, ist auf den Bahamas genützt worden, wo das den Festlandsockel bedeckende Wasser seicht genug ist, um Spuren von Unterwasserbauten erkennen zu lassen. An vielen Stellen der Bahama-

Bänke gibt es eine erstaunliche Fülle von großen Quadraten, Rechtecken, Kreuzen, langen, parallel laufenden Linien, möglicherweise Straßen, die manchmal im rechten Winkel, in konzentrischen Kreisen, Dreiecken, Achtecken und anderen geometrischen Formen verlaufen. Sie alle wurden durch das Vorhandensein (oder Nichtvorhandensein) von Seegras über den eigentlichen Ruinen aufgeklärt. Von Tauchern vorgenommene Tests unter Wasser haben ergeben, daß die durch existierende Grundlinien georteten Steinbauten knapp einen Meter tiefer unter dem Sand liegen.

Man wird fragen, warum soviel ungewöhnliches, heute erforschtes Beweismaterial früher niemals bemerkt worden ist. Die Antwort lautet zum Teil, daß eben niemandem einfiel, auf den Bahama-Bänken nach einer versunkenen Zivilisation zu suchen, während noch so viele historische Fundstätten im Mittelmeergebiet ihrer Entdeckung harrten. Unterwasserexpeditionen im Bahama-Gebiet und vor der Küste Floridas konzentrierten sich weitgehend auf spanische Schatzschiffe, Objekte, die sicher einen unmittelbareren finanziellen Erfolg garantierten als die Enthüllung einer vergessenen und schwer zu bestimmenden Zivilisation. Selbst bei so offen zutage liegenden Beweisen wird in wissenschaftlichen Kreisen ebensoviel Anstrengung darauf verwendet, die Funde zu widerlegen, als von Forschern und Entdeckern, sie öffentlich bekanntzumachen.

Bemerkenswert ist auch, daß qualifizierte Wissenschaftler zögern oder sich sträuben, der gegensätzlichen Meinung anderer Archäologen oder Ozeanographen mutig zu begegnen. Dazu kommt, daß die entdeckten Bauten oder prähistorischen Kunstgegenstände, nachdem sie schon einmal lokalisiert gewesen waren, durch die Bewegung der Gezeiten und der Stürme wieder verlorengehen können. Es ist jedoch festzustellen, daß seit 1968 auf dem Grund der Großen Bahama-Bank eine gewisse Hebung stattgefunden hat, die Spuren neuer Bauformen freilegte, von denen keine auf früheren Fotos dieses Gebietes erkennbar ist. Dies war bei einer wie ein großer Bogen geformten, aus Stein gebauten und etwa 30 Meter langen Anlage zwischen den nördlichen und südlichen Cat Cays bei Bimini der Fall und bei einer weiteren südöstlich von Süd-Caicos, die genau in der Richtung einer anderen geraden Linie auf dem Meeresboden verläuft, die bis jetzt noch nicht erforscht ist.

Einige der bereits entdeckten Fundstellen scheinen sich zu heben oder durch die Wirkung der Gezeiten von Ablagerungen befreit zu werden, so daß ihre künstliche oder von Menschenhand gefertigte Bauweise besser erkennbar ist. Dr. James Thorne, ein hervorragender Ozeanograph und Taucher, der den »verlorenen Kulturen unter dem Meeresspiegel« neutral, wenn nicht sogar skeptisch gegenübersteht, untersuchte kürzlich die klobigen Säulen, auf denen einige der Steine des Bimini-»Walls« ruhen. Die Meinung vieler anderer Ozeanographen, der gesamte Bimini-Komplex und andere Abschnitte auf den Bahamas wären natürlichen Ursprungs, wurde überzeugend widerlegt. Eine andere Gruppe von Tauchern, die den versunkenen Anker einer spanischen Galeone fand, entdeckte, als sie ihn untersuchte und den Boden ringsherum aufkratzte, daß er auf einem Mosaikboden oder einer Terrasse lag, die vielleicht vor Tausenden von Jahren versunken war.

Immer wenn Spuren einer versunkenen Zivilisation im Atlantik (oder anderswo) auftauchen, werden sie in Zeitungen und Zeitschriften wie auch in Büchern üblicherweise mit dem »verlorenen« Kontinent Atlantis in Verbindung gebracht. Atlantis, dessen Vorstellung die Menschheit seit der Antike beschäftigt, wurde von Plato bemerkenswert detailliert in seinen Timaios- und Kritias-Dialogen beschrieben. Es galt als das Land des Goldenen Zeitalters, als ein großes und wunderbares Weltreich im Atlantik, das durch »heftige Erdbeben und Fluten ... in einem einzigen Tag und einer Nacht des Regens ... im Meer versank ... und das ist der Grund, warum das Meer in dieser Gegend unpassierbar und unergründlich ist ...«

Natürlich wurden auch die Unterwasserruinen der Bahamas Atlantis zugeschrieben, obwohl Plato, der berühmteste Atlantis-Kommentator der Antike, die Lage des Kontinents vor den »Säulen des Herakles« angenommen hat (die man heute als die

Straße von Gibraltar kennt), irgendwo draußen im Atlantischen Ozean. Liest man Platos Bericht sehr genau, so wird man ihm eine hochinteressante Mitteilung entnehmen, die Vermutung nämlich, daß Atlantis nicht aus einer einzigen, sondern aus einer ganzen Reihe großer Inseln im Atlantik bestand und seine Herrschaft nach beiden Seiten des Ozeans hin ausgedehnt hatte. Plato schrieb:

> ... In diesen Tagen [vor etwa 11 500 Jahren] war der Atlantik schiffbar, und es lag eine Insel vor der Meerenge, die man die Säulen des Herakles nennt: Die Insel war größer als Libyen und Asien zusammen, und war der Weg zu anderen Inseln, und von den Inseln konnte man den gesamten gegenüberliegenden Kontinent durchmessen, der den wahren Ozean umgibt; denn das Meer, das innerhalb der Straße des Herakles liegt [das Mittelmeer], ist nur ein Hafen mit einem schmalen Eingang, doch das andere ist das wahre Meer, und das umgebende Land kann mit größter Sicherheit als Kontinent bezeichnet werden.

Es fällt auf, daß Plato Libyen (womit er Afrika meinte) u n d Asien anführte, aber ausdrücklich und getrennt davon einen K o n t i n e n t bezeichnet, und zwar den Kontinent im Westen, den er zuvor als ein Gebiet erwähnte, das unter der Herrschaft von Atlantis stand.

Die Erbauung der Unterwasseranlagen bei Bimini und anderswo im Gebiet der Bahamas wurde allen möglichen frühen Ozeanfahrern zugeschrieben, Phöniziern, Karthagern, minoischen Griechen, Mayas, Ägyptern und schließlich, da ihr Zeitalter nun mehr und mehr klar wird, den Bewohnern von Atlantis. Immerhin ist ziemlich sicher, daß kein Volk der uns bekannten geschichtlichen Überlieferung diese Anlagen erbaut hat, und mehr als sicher, daß sie nicht unter Wasser errichtet wurden.

Platos Hinweis auf einen Kontinent auf der anderen Seite des »wahren Ozeans« wurde oft als Beweis zitiert, daß in antiken Überlieferungen die Erinnerung an Nordamerika bewahrt wurde, die schließlich auch Kolumbus als Inspiration und zur Ermutigung diente. Wie berichtet wird, trug er ja eine Karte bei sich, auf der Atlantis und die jenseits liegenden Länder verzeichnet waren. Platos Bericht bezieht sich direkt auf eine mögliche Existenz von Atlantis in der Form eines ozeanischen Atlantischen Reiches im äußersten Westen des Atlantik. Dazu wären die heutigen Inseln der Großen Bahama-Bänke zu zählen, als große Teile dieser Bänke noch weit über Wasser lagen, und jene Teile des Ozeans, die heute am tiefsten sind, wie die Tongue of Ocean und die Straße von Florida. Diese bildeten eine Inlandbucht und eine Barriere vor der Küste Floridas, die sich damals noch viel weiter in den Ozean ausdehnte. Kreisförmige Vertiefungen auf dem Meeresboden, 14 Meilen von den Florida Keys entfernt und 150 Meter tiefer als der umgebende Meeresboden (was in diesem Gebiet eine absolute Tiefe von etwa 300 Meter bedeutet), die von der Küstenvermessung der Vereinigten Staaten in Karten aufgezeichnet wurden, identifizierte man als Süßwasserseen, die zu der Zeit, als das Meer sich zum letztenmal hob oder die Küsten versanken, vom Meer bedeckt worden waren.

Ein Blick auf die heutige Tiefentabelle des westlichen Atlantik zeigt klar: Würde der Meeresspiegel um 200 oder 250 Meter gesenkt, bestünden im Atlantik anstelle der heutigen kleinen weit größere Inseln. Die Vorstellung fasziniert, daß dieses vor 11 000 oder 12 000 Jahren erfolgte Steigen der Wasser mit dem Bericht Platos übereinstimmt, den dieser wieder — angeblich über Solon — von den ägyptischen Priestern in Saïs erhielt, deren schriftliche Aufzeichnungen Tausende von Jahren weiter zurückreichten als die der Griechen.

Atlantis ist im Lauf der Jahre und Jahrhunderte in vielen und verschiedenen Teilen der Welt »lokalisiert« worden: unter dem Atlantischen Ozean, unter der Ägäis, dem Kaspischen Meer und der Nordsee, Westafrika, Spanien, Tunesien, Deutschland, Schweden, unter der Sahara, Arabien, Mexiko, Yucatán, Venezuela, den Azoren, den Kanarischen Inseln und Madeira, Brasilien, Irland, Ceylon, und selbst unter dem Indischen Ozean, was oft von der Nationalität und, man könnte sagen,

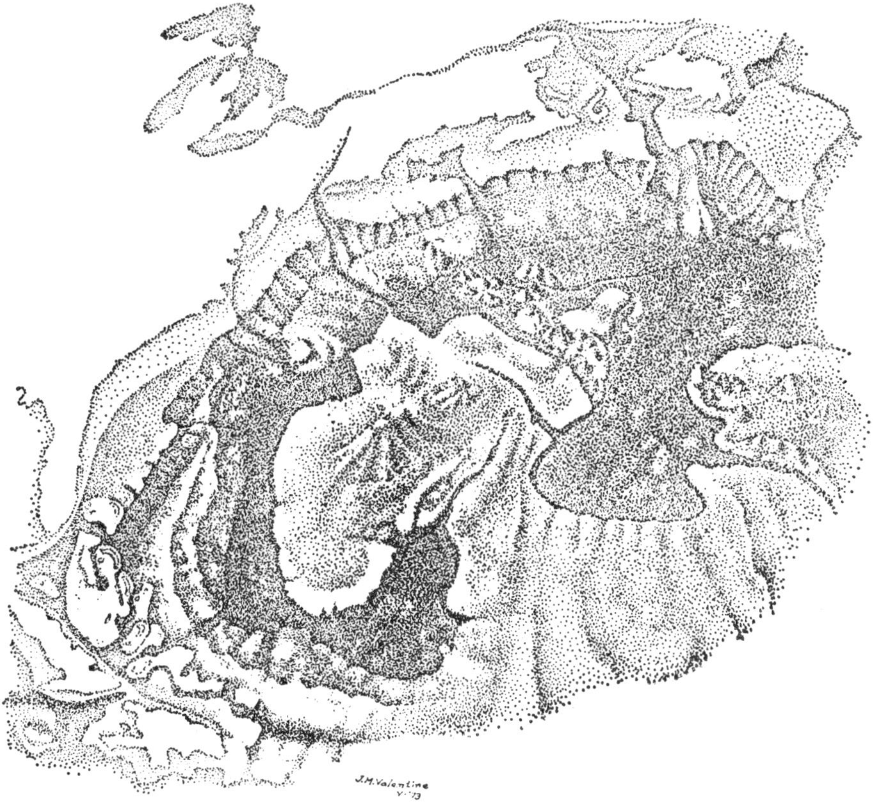

Erhebungen des Meeresbodens im westlichen Atlantik, dessen tiefste Stellen als die dunkelsten erscheinen. Die Berge in der Mitte, auf dem großen, Bermuda-Schwelle genannten Plateau, stellen die Bermudas dar, der tiefe Teil westlich das Hatteras-Tief und das Nares-Tief. Will man die Grenzen der Sargasso-See verfolgen, beginnt man am Nares-Tief und Hatteras-Tief, geht dann vom nördlichen Teil der Bermuda-Schwelle nach Osten, weiter nach Süden, wo man sich dem Mittelatlantischen Rücken nähert, und dann zurück nach Westen, zum Nares-Tief. Nahe der Küste der Vereinigten Staaten sind zwei große Fluß-Cañons zu erkennen, die heute unter Wasser liegen und sich von der Mündung der Flüsse Hudson und Delaware unter dem Meeresspiegel durch Schluchten fortsetzen, die in den Festlandsockel eingeschnitten sind. Es ist anzunehmen, daß die Festlandsockel des amerikanischen Kontinents, die Sockel der Antillen und Bahamas, das Plateau rund um die Bermudas und die hohen Berge und Plateaus, die am rechten äußeren Rand der Karte beginnen, sich alle vor dem Ende der letzten Eiszeit über dem Meeresspiegel befunden und dem Atlantik vor ungefähr 12 000 Jahren eine völlig andere Form gegeben haben.

von der Weltanschauung des Schriftstellers oder Forschers abhing.

Die Anwartschaft des westlichen Teils des Bermuda-Dreiecks auf Atlantis wurde seit den Entdeckungen von 1968 durch eine Reihe höchst ungewöhnlicher, mit dem Jahr ihrer Entdeckung zusammenhängender Umstände allgemein bekannt. Diese beziehen sich auf die Prophezeiungen von Edgar Cayce, des »schlafenden Propheten« und Wunderheilers, der 1945 in Virginia starb, dessen »readings« oder Vorlesungen (ein Terminus, der für die Interviews verwendet wurde, die Cayce gab, während er in Trance war) aber weiterhin viele Tausende von Menschen beeinflußt haben. Als er noch lebte, vermittelte er an über achttausend Personen die verschiedensten Ratschläge, die sich in erster Linie mit der Gesundheit, darüber hinaus aber auch mit einer Fülle von anderen Problemen befaßten. Der Nachweis seiner Heilungen und telepathischen Kräfte braucht hier nicht erbracht zu werden, die Prophezeiung ausgenommen, die sich als die ungewöhnlichste archäologische Voraussage der Geschichte erweisen könnte und Atlantis sowie Bimini betrifft.

In den Jahren zwischen 1923 und 1944 gab Cayce Hunderte von Trance-Interviews über Atlantis. Sie stellten eine Beziehung zu jenen Menschen her, die nach seiner und der Meinung der Leute, die sein Werk in der »Gesellschaft für Forschung und Erleuchtung« fortführten, während eines früheren Lebens Atlantis bewohnt haben. Außer in Trance war sich Cayce des ganzen, Atlantis betreffenden Fragenkomplexes entweder gar nicht bewußt oder er war nicht daran interessiert. Er drückte sogar oft gewisses Staunen darüber aus, daß er Atlantis in so vielen Vorlesungen erwähnt hatte. Im Juni 1940 erklärte er jedoch im Zusammenhang mit zahlreichen anderen, früheren Bemerkungen darüber, daß Atlantis, das er Poseidia nannte, im Gebiet von Bimini existiert habe, unerwartet:

> Poseidia wird zu den ersten Teilen von Atlantis gehören, die sich in nicht allzuferner Zukunft — erwartungsgemäß 1968 oder 1969 — wieder heben.

Diese merkwürdige archäologische Prophezeiung wurde durch die zahlreichen Funde auf den Bahama-Bänken, die Freilegung einiger Bauten durch die Gezeiten und eine Hebung des Meeresbodens in manchen Gebieten nahezu plangemäß erfüllt. Man ist jedoch versucht, sich zu fragen, ob diese Entdeckung den Prophezeiungen gemäß oder wegen der Prophezeiungen gemacht wurden, oder weil die, die Cayce gelesen hatten, auf die Suche gingen, wie es bei einigen Piloten der Fall war, die die ersten Unterwasserbauten oder -anlagen gesichtet haben.

Man kann sich vorstellen, daß die Entdeckung von Unterwasseranlagen im Jahre 1968 und den folgenden Jahren viele Leute veranlaßt hat, auch andere Hinweise des »schlafenden Propheten« auf Atlantis und das ganze Gebiet mit erneutem Interesse zu prüfen. Wenn Cayces Vorlesungen und die Legenden der Antike auf der Erinnerung an tatsächliche Ereignisse beruhen, so könnte man sich Kräfte vorstellen, die möglicherweise von einer frühen, wissenschaftlich fortgeschrittenen Zivilisation entwickelt wurden und in dem Gebiet, in dem sie einst konzentriert waren, immer noch teilweise wirksam sind. Es kann auch die Möglichkeit in Betracht gezogen werden, daß die elektronischen, magnetischen und Gravitations-Abweichungen im Bermuda-Dreieck ein — wenn auch negatives — Vermächtnis einer Kultur sind, die so weit zurückliegt, daß nahezu keine Spuren mehr vorhanden sind und unsere Erinnerungen an sie mehr vom Instinkt als von Tatsachen geleitet werden.

8

Verblüffende Funde aus der Vorgeschichte

Zahlreiche Forscher, die sich mit dem Geheimnis des Bermuda-Dreiecks beschäftigen, sind der Meinung, daß außerweltliche Intelligenzen an unserer Entwicklung der Kernspaltung für Kriegszwecke deshalb interessiert seien, weil sie die Existenz der Zivilisation auf unserem Planeten gefährden könnte, so wie dies vielleicht schon in früheren Zeiten bei anderen Zivilisationen der Fall gewesen sein mag, die auf diesem oder auf anderen Planeten zerstört worden sind.

Der Zeitpunkt des Auftretens des Homo sapiens — mit einem dem heutigen vergleichbaren Intelligenzpotential — auf diesem Planeten kann 40 000 bis 50 000 Jahre oder sogar weiter zurückliegen. Wenn wir also einer Zivilisation wie der gegenwärtigen eine Zeitspanne von etwa 10 000 Jahren einräumen, um Wissenschaft und Technik zu einer Höhe zu entwickeln, die ihr die Selbstvernichtung möglich macht, so bleibt immer noch genügend Zeit, um eine oder mehrere Weltkulturen vor unserer eigenen anzunehmen. Wahrscheinlich würde jede fortgeschrittene technologische Zivilisation, sei es nun durch Zufall oder durch Planung, am Ende die Kräfte der Kernenergie entwickeln (wozu unsere Zivilisation wesentlich weniger als 10 000 Jahre gebraucht hat). Sie müßte sich dann entweder dafür entscheiden, diese Entwicklung unter Kontrolle zu halten, oder ihren eigenen Untergang riskieren. Wenn eine solche Weltkultur bestanden hat, ihre eigene Zerstörung verursachte und verschwunden ist, so fragt man sich, ob sie nicht Spuren hinterließ, die an sie erinnern. Und zwar nicht nur in Legenden, sondern vielleicht auch in der Form von merkwürdigen, mit der Zeitrechnung im

Widerspruch stehenden künstlerischen Erzeugnissen unbestimmbaren Alters oder riesiger, undeutbarer oder unerklärlicher Ruinen. Funde dieser Art wurden tatsächlich gemacht, und sie tragen vor allem dazu bei, eine solche Kultur in das Gebiet zu verlegen, das heute von den Wassern des Bermuda-Dreiecks bedeckt wird.

In seinen »Vorlesungen« über die Atlantis gab Edgar Cayce anscheinend wiederholte Hinweise auf nukleare Kraftquellen, Laser- und Maserstrahlen, die mit unseren eigenen vergleichbar sind und allgemein für den gleichen Zweck verwendet wurden, dessen wir uns heute erfreuen (wenn das das richtige Wort ist). Wie er ihre Anwendung beschrieben und sich über die Gefahr ihres Mißbrauchs äußerte, würde heute für ziemlich gewöhnliche Tatsachenberichterstattung und redaktionellen Kommentar gehalten werden, aber — wie konnte Cayce all das vor mehr als 35 Jahren wissen?

Cayce beschrieb diese Kraftquellen peinlich detailliert. Es waren große Generatoren, die Kraft für den Luft- und Unterwasserantrieb erzeugten und auch für Beleuchtung, Heizung und Nachrichtenübertragung sorgten. Sie betrieben dem Radio und dem Fernsehen ähnliche Geräte und wurden für Telefotografie benützt. Sie stellten die Kräfte zur Veränderung und Verjüngung lebender Gewebe einschließlich des Gehirns zur Verfügung und wurden auch verwendet, um ganze soziale Klassen unter Kontrolle zu halten und zu schulen.

Dennoch setzten die Bewohner von Atlantis durch Mißbrauch der natürlichen Kräfte, die sie entwickelt hatten, und durch innere und äußere Kämpfe unkontrollierte Naturkräfte frei, die schließlich ihre Vernichtung herbeiführten. Daran glaubte nicht nur Cayce, dies erzählen auch die Legenden vieler Kulturen. Cayce schildert es so:

> ... der Mensch brachte die zerstörerischen Kräfte ... diese erzeugten zusammen mit den natürlichen Vorräten von Gasen, natürlichen Kräften und Formen, die schlimmste aller Eruptionen, die aus der Tiefe der langsam erkaltenden

Erde emporstieg, und jener Teil [von Atlantis], der heute in der Nähe der Sargasso-See liegt, versank zuerst im Meer ...

In seinem Bericht aus der Vorgeschichte scheint Cayce besonders den Gebrauch von Laser- und Maserstrahlen vorausgesagt zu haben, und das zu einer Zeit (1942), die immer noch einige Jahre vor der Entdeckung lag. Er beschrieb eine riesige kristallene Kraftquelle,

> ... in welcher das Licht als Mittel der Nachrichtenübertragung zwischen dem Unendlichen und dem Endlichen erschien oder als ein Mittel der Verständigung mit den Kräften von außen. Später stellte sich heraus, daß von dem Zentrum, von dem diese Energien ausstrahlten, auch die Tätigkeit der Strahlen ausging, die die verschiedensten Formen der Durchdringung und der Fortbewegung in jener Zeit steuerten, in der die Bewohner von Atlantis tätig waren. Es war wie ein Kristall gebaut, doch in einer Form, die sich von der [zuerst] dort verwendeten ziemlich unterschied. Verwechselt die beiden nicht ... es gab nämlich viele Generationen von Unterschieden. Es geschah zu der Zeit, als sie Flugzeuge lenkten oder Transportmittel, mit welchen sie sich damals durch die Luft, auf dem Wasser oder auch unter Wasser fortbewegen konnten. Die Kraft aber, von der sie alle gesteuert wurden, befand sich in der zentralen Kraftstation — oder dem Tuaoi Stein, der war ... und der Leitstrahl, nach dem er sich richtete ...

In einer anderen Vorlesung wies er auf eine Örtlichkeit namens »Poseidia« hin, das heißt also auf das Bahama-Gebiet, das damals über dem Meeresspiegel lag, eine Gegend, wo die

> ... anregenden Kräfte der Natur durch große Kristalle gespeichert wurden, die das Licht, die Formen und die Tätigkeiten so sehr verdichteten, daß sie nicht nur die Schiffe auf dem Meer, sondern auch in der Luft steuern und viele der

heute bekannten Annehmlichkeiten des Menschen wie Bildübertragung, Stimmübertragung und Aufnahmetechnik, die bald so weit sein wird, daß sie die Schwingungen hervorbringt, die zur Entwicklung des Fernsehens beitragen — wie man das heute nennt. [»Heute« ist in diesem Fall 1935!]

Eine »Vorlesung« aus dem Jahr 1932 enthält einen interessanten Hinweis auf den Transport von schweren Lasten und Materialien:

> ... durch die Anwendung dieser ... kürzlich wiederentdeckten Gase und dieser elektrischen und lufthaltigen Gebilde im Zerfall atomarer Kräfte, um eine Antriebskraft und Transport-, Fortbewegungs- oder Hebemöglichkeiten für große Lasten oder eine Veränderung der Naturkräfte selbst zu erzeugen.

Die Tatsache, daß Völker der Vorgeschichte, die für primitiv gehalten wurden, ungeheure Steine hinterlassen haben, die sich noch nach Jahrtausenden an ihrem Platz befinden und auf denen nachfolgende Völker neue Bauten errichtet haben, war lange Zeit ein archäologisches Rätsel. Die von den unbekannten vorangegangenen Völkern aufgestellten Steine sind nämlich um so viel größer und um so viel schwerer zu transportieren als die der folgenden Kulturen, daß ihre Existenz und die Art ihres Transports nicht zu erklären sind. Als Beispiele lassen sich die 200 Tonnen schweren Porphyrblöcke von Ollantaytambo und Ollantayparubo in Peru anführen, die über große Entfernungen, über Berge und Schluchten transportiert und dann auf der Spitze anderer, mehr als 400 Meter hoher Felsen aufgestellt wurden; ferner die kolossalen Blöcke von Sacsahuaman, Peru, die so riesig und auf so komplizierte Weise fugenlos aneinandergefügt sind, daß die Inkas ihre Aufschichtung Göttern zuschrieben, und die hundert Tonnen schweren Fundamente von Tiahuanaco, Bolivien, auf welchen ungeheure Bauten errichtet wurden, obwohl die Seehöhe 4000 Meter beträgt. Hierzu zählen auch die großen, der astronomischen Datenbestimmung dienenden Steine von Stonehenge in England, die massiven Blöcke des Unterwasserwalls oder der Seefestung von Bimini, die Steinpfeiler der prähistorischen Kultstätten der Bretagne, von denen einer über 340 Tonnen wiegt und knapp 20 Meter hoch ist, und die großen Steine des Jupitertempels in Baalbek, von denen einer 2000 Tonnen wiegt und die schon lange vor der Erbauung des antiken Tempels hierhergebracht worden waren. Nahezu alle diese Anlagen lassen sich mit den technischen Fähigkeiten jener Kulturen, welche sie unserer Meinung nach errichtet haben, nicht erklären. Man vermutet also, daß eine überlegene Zivilisation für ihre Errichtung verantwortlich ist. Dies wird noch von der Tatsache erhärtet, daß viele dieser unerklärlichen Ruinen einander sehr ähnlich sind.

Cayce bezeichnete Bimini als einen der Punkte, wo Hinweise auf die vermeintlichen Kraftquellen von Atlantis zu finden wären: »... wo die versunkene Atlantis oder Poseidia liegt, wo ein Teil der Tempel unter dem Schlamm gefunden werden kann, den das Meerwasser im Laufe von Äonen abgelagert hat — in der Nähe der Insel vor der Küste Floridas, die Bimini genannt wird.«

Die detaillierte Beschreibung einer dieser Kraftquellen (oder Atomkraftwerke?) wurde 1935 aufgezeichnet. Der Sohn des »schlafenden Propheten«, Edgar Evans Cayce, Ingenieur und Schriftsteller (*Edgar Cayce on Atlantis*, Warner Library, 1968), bemerkte in seinem Kommentar zum Paradoxon in Cayces Berichten aus der Vorgeschichte: »Ein Laie von heute könnte unsere letzten wissenschaftlichen Errungenschaften nicht genauer beschreiben.«

Cayces Bericht (1933 aufgezeichnet) beschäftigt sich mit einem Gebäude, wo der »Feuerstein« oder Kristall aufbewahrt wurde, von welchem die Kraft ausging:

> Im Zentrum eines Gebäudes, das, würde man heute sagen, mit nichtleitendem Gestein eingefaßt ist — mit etwas dem Asbest sehr Ähnlichem, mit ... anderen nichtleitenden Stoffen,

die man heute in England unter einem Namen erzeugt, der vielen, die mit solchen Dingen handeln, wohlbekannt ist.

Das Gebäude über dem Stein war oval; oder eine Kuppel, von welcher ... ein Teil zurückgerollt werden konnte, so daß die Sterne wirksam wurden — die Konzentration von Energien, die von Körpern ausgehen, die selbst brennen, zusammen mit Elementen, die man in der Erdatmosphäre gefunden und nicht gefunden hat ...

Die Konzentration durch die Prismen oder das Glas (wie man es heute nennen würde) hätte auf die Instrumente, die mit den verschiedenen Arten der Fortbewegung durch Induktion verbunden waren, denselben Kontrolleffekt, wie heute Fernsteuerung durch Radiowellen, Schwingungen oder Leitungen; diese vom Stein angetriebene Kraft wirkt auf die Antriebskräfte in den Fahrzeugen selbst.

... Das Gebäude war so konstruiert, daß bei zurückgerollter Kuppel die direkte Kraftübertragung auf verschiedene Fahrzeuge wenig oder gar nicht behindert werden konnte, wenn diese durch den Weltraum bewegt werden sollten — ob nun innerhalb des Gesichtskreises, unter Wasser, unter anderen Elementen oder durch andere Elemente hindurch.

Die Aufbereitung dieses Steins lag damals ausschließlich in den Händen der Eingeweihten. Die Macht hatten jene inne, welche die Einflüsse der Strahlen lenkten, die unsichtbar für das Auge entstanden, aber auf die Steine selbst als Antriebskräfte wirkten — ob nun das Luftfahrzeug durch die damals verwendeten Gase emporgetrieben wurde, oder mehr dem Vergnügen dienende Fahrzeuge, die sich dichter an der Erdoberfläche, auf oder unter dem Wasser fortbewegten.

Diese wurden nun durch konzentrierte Strahlen angetrieben, von den Steinen, die sich in der Mitte der Kraftstation, oder des Kraftwerks (wie die Bezeichnung heute lauten würde), befanden.

Cayce kehrt immer wieder zum Mißbrauch der schrecklichen Kräfte zurück, die von dieser Superzivilisation entwickelt worden waren: »... die Kraftgewinnung aus der Sonne selbst bis zum Strahl, der zur Atomzertrümmerung führt ... hatte die Vernichtung dieses Landesteiles zur Folge.«

Wenn — es kann ja immer nur wenn heißen — wenn also eine solche Katastrophe oder eine Reihe von Katastrophen geschehen ist, so wäre diese große Kraftquelle gemeinsam mit den Städten, Mauern, Kanälen und anderen Anlagen von Atlantis ins Meer gestürzt. Es ist interessant, daß die von dieser Theorie bezeichneten Örtlichkeiten genau mit jenen übereinstimmen, wo so viele elektromagnetische Abweichungen innerhalb des Bermuda-Dreiecks vorgekommen sind, wie etwa in der Tongue of Ocean, bei Bimini und anderswo.

Während man von solchen Kraftwerken kaum erwarten kann, daß sie nach Tausenden von Jahren noch arbeiten, so ist es in diesem Zusammenhang doch interessant, sich über das Wesen der geheimnisvollen »weißen Wasser« Gedanken zu machen, die Augenzeugen — von Kolumbus bis zu den Astronauten — beobachtet haben. Die Ströme von weißem Wasser scheinen am gleichen Punkt oder an den gleichen Punkten auszufließen, den gleichen Weg empor zu nehmen und dann ein bis zwei Kilometer weiter abzutreiben. Ihre zu Beginn verschnörkelten Linien verlieren dann an Deutlichkeit, fast als würden sie unter Druck entweichende Gase anzeigen.

Kompaßabweichungen und das Versagen elektrischer Geräte könnten auch durch eine übermäßige Ansammlung von Metall unter Wasser verursacht werden. Das konnte man in verschiedenen Teilen der Welt beobachten, wo das Vorhandensein bekannter Erzlager Kompaßabweichungen zur Folge hatte. Unter dem Meeresboden oder noch tiefer liegende Massen können möglicherweise sogar die Meeresoberfläche beeinflussen. In einem NASA-Bericht aus dem Jahr 1970 ist von einem »Hohlraum« auf der Oberfläche des Ozeans über dem Puerto-Rico-Graben die Rede. Wissenschaftler schrieben die Vertiefung der Oberfläche »einer ungewöhnlichen Verteilung der Masse unter dem Meeresboden« zu, die eine Abweichung von der Schwerkraft verursachte.

Im Fall des Bermuda-Dreiecks wurde angenommen, daß zerstörte Kraftquellen noch immer etwas von ihrer Stärke bewahrt haben und, zu bestimmten Zeiten ausgelöst, nicht nur für die magnetische und elektronische Abweichung verantwortlich sind, sondern auch die elektrischen Impulse für magnetische Stürme liefern.

Diese Theorie, eine der ungewöhnlichsten unter denen, die die Geschehnisse im Bermuda-Dreieck zu erklären suchen, ist auf den Vorlesungen von Cayce und dem Glauben an ihren Inhalt gegründet. Mit Recht kann man jedoch die Frage stellen: Gibt es irgendeinen Grund für den wissenschaftlich Interessierten, auch nur e i n e r der Behauptungen von Cayce zu trauen, es sei denn, man bewundert sie einfach als das Ergebnis einer lebendigen Vorstellungskraft? Es entspricht nicht nur der Wahrheit, daß manche der Kraftquellen, die er vor 35 Jahren beschrieben hat, damals noch nicht entdeckt waren, ja nicht einmal in der Vorstellung der »Wirklichkeit« existierten (einige sind bis heute nicht erforscht), es darf auch nicht vergessen werden, daß Cayce kein Physiker war. Auch kein Historiker. Er war einfach ein Hellseher und ein Wunderheiler von hervorragendem Ruf. Prophezeiungen, die er während seiner Vorlesungen machte und die mit Wunderheilungen nichts zu tun haben, treffen jedoch mit geradezu unangenehmer Genauigkeit zu, so die Atombombe, die Ermordung von US-Präsidenten, Rassenunruhen und sogar Erdrutsche in Kalifornien.

Außerdem basieren Cayces Vorlesungen angeblich auf Visionen oder Erinnerungen seiner Patienten an frühere Leben, ein Umstand, der ihnen die Glaubwürdigkeit bei jenen nimmt, die aus religiöser oder wissenschaftlicher Überzeugung oder aufgrund eigener logischer Überlegungen die Theorie der Wiedergeburt ablehnen. Man fragt sich, ob es für solche detaillierte und wissenschaftlich wertvolle Beschreibungen vergangener Zivilisationen und deren mögliche gefährliche Entwicklung nicht eine andere Erklärung geben könnte.

In der religiösen und philosophischen Überlieferung des alten Indien, die so oft eine seltsam moderne Betrachtung der Dinge und der Welt enthält, finden wir Hinweise auf »ein kosmisches Bewußtsein«, das heißt ein ständiges Vorhandensein von Erinnerungen an alles, was früher geschehen ist. Heute werden Telepathie, Einfluß und verborgene Fortdauer von Erinnerung und die Kraft psychischer Ausstrahlung auf der Erde und im Weltraum ernsthaft studiert, sowohl als Erscheinungsformen wie auch als Mittel der Verständigung. Sie werden von der modernen wissenschaftlichen Forschung keineswegs abgewertet. Experimente der führenden Weltraummächte — der USA und der UdSSR — lassen vermuten, daß die Sience-fiction künftig zu einer echten Wissenschaft werden könnte. Möglicherweise sind erstaunliche neue Entwicklungen auf diesem Gebiet zu erwarten, denn bis heute waren ja nur einige wenige begabte Geschöpfe, nahezu ohne es zu wissen, dazu fähig, die Gedanken anderer zu lesen und vielleicht auch ihre verborgenen Erinnerungen an die Vergangenheit aufzunehmen. In diesem Fall könnte es sich um Erinnerungs-Chromosomen handeln, die wir von unseren Ahnen übernommen haben. Wir erben physische Eigenschaften und Anlagen nicht nur von unseren Eltern und Großeltern, sondern auch, vielleicht in geringerem Maße, von unseren entfernteren Ahnen, und diese Erinnerungs-Chromosomen könnten ein Teil dieses Erbes sein. Es gibt genügend Raum im menschlichen Gehirn (von dem schätzungsweise nur 10 Prozent genützt werden), um solche ererbte Erinnerungen zu speichern.

Damit könnten die unvollständigen Erinnerungen eines Menschen erklärt werden, das quälende Gefühl, einen Ort schon einmal besucht zu haben, obwohl man weiß, daß man in seinem Leben noch nicht dort gewesen ist; die bedrückende Gewißheit, eine große Zeitspanne in einem einzigen Traum verbracht zu haben; das Zurückrufen von Einzelheiten aus früheren Leben durch Personen, die manchmal, aber nicht immer unter Hypnose standen (daß sie oft historisch getreu waren, zeigte sich, wenn früher unbekannte Informationen über die fragliche Zeitspanne entdeckt wurden); Fälle, in denen Kinder die Sprache ihrer Ahnen plötzlich beherrschten und gleich darauf wieder vergaßen, eine Sprache, deren Gebrauch sie unmöglich erlernt haben konnten. Oft wird all dies der Seelenwanderung zugeschrieben, einem Glauben, der von Buddhismus, Hinduismus und jener Religion geteilt wird, die wahrscheinlich das längste Leben in der Religionsgeschichte aufzuweisen hat, der des alten Ägypten. Die Theorie des ererbten Erinnerungsvermögens bietet jedoch eine mögliche Alternative, denn sie nähert sich in Wahrheit der gleichen Sache, wenn auch in etwas veränderter Form. Wir müssen uns nur vorstellen, daß es unsere eigenen Ahnen sind, die uns mit ihren anderen Eigenschaften ihre Erinnerungen vererben, so wie »Generationen« von Computern derart programmiert werden können, daß sie ihren gesamten Datenvorrat an nachfolgende Maschinen weitergeben.

Nun, ob Edgar Cayce tatsächlich mit wiedergeborenen Seelen Kontakt hatte oder mit den »wiedergeborenen« Erinnerungen jener Leute, die seine Dienste in Anspruch nahmen, der Effekt bleibt der gleiche. Das durch seine Vorlesungen erweckte Interesse an Atlantis gab jedenfalls neue Impulse, die seit den unerwarteten Entdeckungen der letzten Jahre ständig zunehmen Diese Entdeckungen lassen auch Cayces Aussagen in bemerkenswerter Weise glaubhaft erscheinen.

Die Anhänger der Theorie, daß eine hochentwickelte Weltzivilisation vor den ersten kulturellen Ansätzen in Ägypten und Sumer existierte, wurden lange für Schwärmer, Sensationshascher, Phantasten oder einfach für Narren gehalten. Diese Reaktion des sogenannten archäologischen oder prähistorischen »Establishments« ist verständlich, wenn wir bedenken, daß die Existenz einer bedeutenden Zivilisation vor dem 3. Jahrtausend v. Chr. die säuberlichen Tabellen und Stufeneinteilungen der Geschichte von ihrem frühen Beginn in Ägypten und Mesopotamien, über die Kultur der Griechen und Römer bis zum möglichen Höhepunkt in unserer eigenen »Super-Zivilisation« beträchtlich durcheinanderbringen würde. Zwar wird oft anderen, wenig bekannten Kulturen vorübergehende Anerkennung gewährt, so zum Beispiel den prähistorischen Kulturen von Nord- und Südamerika, Indien, Zentralasien und bestimmter anderer

Gebiete, doch stören diese ja keinesfalls unsere eigene »direkte zivilisatorische Entwicklungslinie«.

In allen alten Kulturen existierten eine Fülle von Legenden und Berichten, die sich auf die plötzliche Vernichtung einer großen Zivilisation vor der Sintflut beziehen, die so weit fortgeschritten war, daß sie den Himmel und die Götter — oder Gott — bedrohte. Mögen diese Berichte einander auch merkwürdig ähneln, so könnte es sich doch einfach um eine interessante oder belehrende Geschichte handeln, die sich im Lauf der Jahrtausende über antike Marktplätze und entlang von Karawanenwegen oder Schiffahrtsrouten über die ganze Welt verbreitet hat und die in der religiösen Überlieferung nahezu sämtlicher Völker der Erde bewahrt wurde. Legenden von einer allumfassenden Flut, von einem Turm, den die Menschen zum Himmel zu bauen versuchten, aber durch eine von Gott gesandte Sprachverwirrung daran gehindert wurden, und ähnliche Geschichten wurden schon von den ersten spanischen Eroberern in der indianischen Zivilisation Nord- und Südamerikas vorgefunden. Überall auf der Welt gibt es im Umkreis jener kolossalen Bauten, die nur durch die Steinbau- und Transporttechniken einer hochentwickelten Technologie entstanden sein konnten und heute zu Ruinen zerfallen sind, von der eingeborenen Bevölkerung bewahrte Legenden. Diese weisen stets auf eine götterähnliche Rasse, welche jene Steine bewegt hatte, viele tausend Jahre bevor die Geschichte des Volkes begann. Es gibt sogar Spuren einer Art uralter Handelssprache, möglicherweise einer Urahnin des Griechischen mit aramäischen Einsprengseln, die in Sprachzonen festgestellt wurde, die so weit vom Mittleren Osten entfernt sind, daß man meinen könnte, sie wäre von dem Wasser der Ozeane an den entferntesten Küsten angeschwemmt worden. Sie hat Wörter eines archaischen Griechisch im Hawaianischen und in anderen polynesischen Sprachen hinterlassen, ebenso in der Maya-Sprache von Yucatán, im Nahuatl, der Sprache der Azteken, und in der verlorenen Guanche-Sprache der Kanarischen Inseln, die von einer geheimnisvollen weißen Rasse gesprochen wurde. (Die Guanches, von spanischen Expeditionen im fünfzehnten Jahrhundert entdeckt und von ihnen bald wieder ausgerottet, hatten die Erinnerung an eine größere Heimat mit einer höheren Kultur bewahrt, die im Ozean versunken war.) Auch die alten amerikanischen Sprachen enthielten Wörter von deutlich aramäischem oder phönizischem Ursprung, und solche, die jenen der sinitischen und polynesischen Sprachen auf der anderen Seite des Pazifik gleichen. Sie alle deuten auf ausgedehnte Reisen und uralte kulturelle Kontakte hin. Phönizische, aramäische, minoische, griechische und andere Inschriften in unbekannten Sprachen werden mit zunehmender Häufigkeit im nord- und südamerikanischen Dschungel oder in Gebieten der Dritten Welt gefunden. Legenden, religiöse Mythen und linguistische Kuriosa reichen aber nicht aus, um den Glauben an den Wahrheitsgehalt der Cayce-Berichte, der Stammesüberlieferungen, Legenden und sogar schriftlichen Zeugnisse der Antike zu bestärken, die sich auf hochentwickeltes Wissen und die Existenz verschiedener »moderner« Einrichtungen auf dem Gebiet der Fortbewegung, Nachrichtenübermittlung und Zerstörung kosmischen Ausmaßes in prähistorischer Zeit beziehen.

Gerade aber in den erwähnten Gebieten kam es in den letzten Jahren zu ungewöhnlichen Entdeckungen und Neubewertungen früher entdeckten Materials. Sie betreffen erstaunliche Hinweise auf fortgeschrittenes Wissen und raffinierte Erfindungen, die zu einem Zeitraum gehören, der lang vor jenem liegt, den uns die Geschichte als den Beginn der ersten Kulturen im Mittleren Osten angibt. Es ist interessant, in diesem Zusammenhang daran zu erinnern, daß sich die Legenden der Ägypter wie der Sumerer auf eine frühere, größere Kultur beziehen, von welcher sie Anregung und Ansporn erhalten haben. In manchen Kulturen, wie im alten Ägypten, in Bolivien, Peru, Mittelamerika, Mexiko und Indien, um nur einige zu nennen, blieb die Zivilisation statisch oder bildete sich zurück, anstatt mit dem ursprünglichen Impetus fortzuschreiten.

Einer ernsthaften Anspielung darauf, daß uralte Kulturen dieser Erde Maschinen kannten, die »schwerer als Luft« waren, wird zumeist mit Spott begegnet. Trotzdem wurde in den

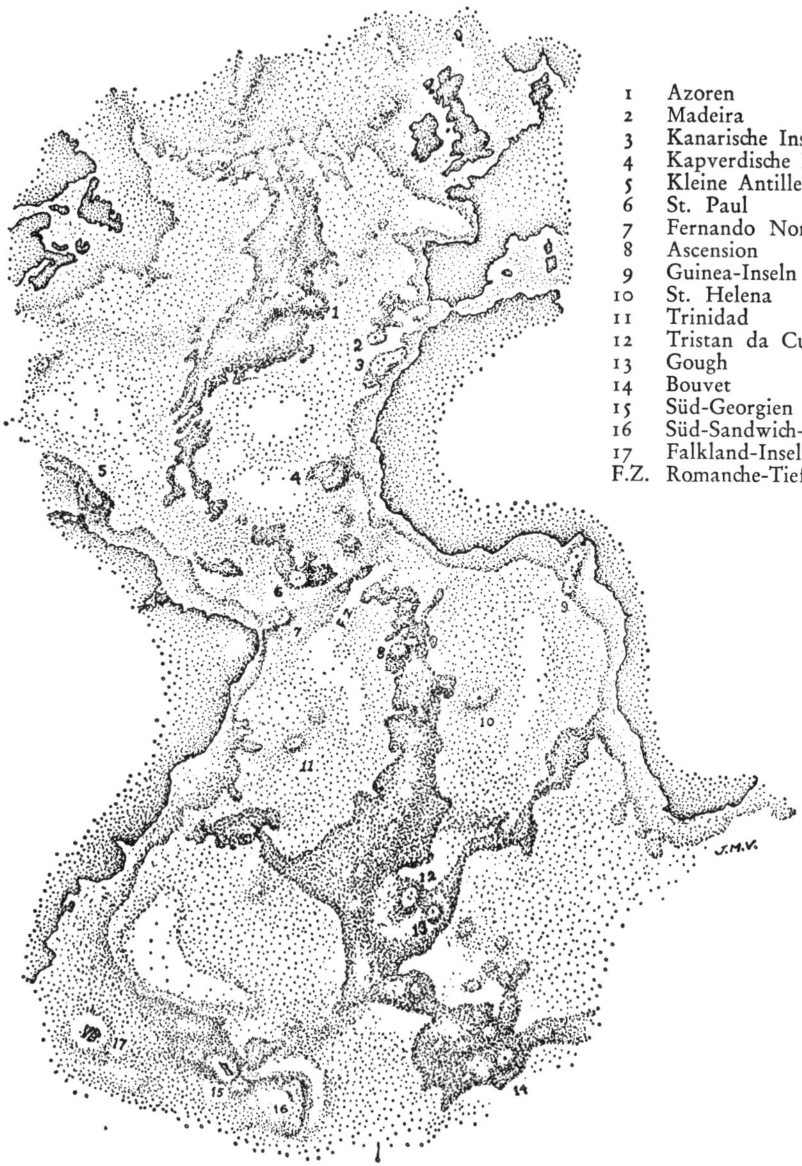

1 Azoren
2 Madeira
3 Kanarische Inseln
4 Kapverdische Inseln
5 Kleine Antillen
6 St. Paul
7 Fernando Noronha
8 Ascension
9 Guinea-Inseln
10 St. Helena
11 Trinidad
12 Tristan da Cunha
13 Gough
14 Bouvet
15 Süd-Georgien
16 Süd-Sandwich-Inseln
17 Falkland-Inseln
F.Z. Romanche-Tiefe

Der Mittelatlantische Rücken, der Verbindungen mit Südamerika und Afrika aufweist und nur durch die am Äquator liegende Romanche-Tiefe unterbrochen wird. Inseln im Ozean, die mit dem Rücken in Verbindung stehen, sind in der Legende rechts oben angeführt. Manche dieser Inseln haben möglicherweise, als der Meeresspiegel vor ungefähr 12 000 Jahren niedriger war, weite Landgebiete gebildet, die damals aus den ausgedehnten Atlantischen Inseln bestanden, die Plato beschreibt, »Atlantis« eingeschlossen. Die Meerestiefe ist auf beiden Seiten des Rückens durch hellere Flecke angegeben (die 3800-Meter-Konturlinie gilt hier für die Landsockel und interkontinentalen Rücken).

letzten Jahren eine wachsende Zahl von Artefakten und schriftlichen Hinweisen entweder entdeckt oder erneut untersucht, die auf eine Kenntnis oder sogar Vertrautheit mit Flugmaschinen und Flugverkehr zu einem Zeitpunkt schließen lassen, der weit vor der sogenannten »Morgenröte der Geschichte« liegt. Diese Berichte und Modelle können auch nicht mit den phantasievollen Berichten der antiken Mythologie verglichen werden, die von Ikarus und seinen durch Wachs zusammengehaltenen Federschwingen oder von Apollo und seinem von vier feurigen Rossen gezogenen Sonnenwagen erzählen. Die erwähnten Modelle geben ganz konkrete Hinweise, die ein Wissen um Aerodynamik und eine Kenntnis der für das Abheben, den Antrieb, das Bremsen und Landen einer Flugmaschine wesentlichen Faktoren erkennen lassen.

In der antiken Goldsammlung der Republik Kolumbien gibt es zum Beispiel ein Goldmodell, das man lange für einen Vogel, eine Motte oder einen fliegenden Fisch gehalten hat. Dieses Modell wurde gemeinsam mit anderen, schätzungsweise mindestens 1800 Jahre alten Objekten in einem Grab gefunden. Das Artefakt wurde von Ivan Sanderson mit der Lupe untersucht. Sanderson vermutete, daß es nicht das Modell eines lebenden Wesens darstellte, sondern das eines mechanischen Objekts, das stark an ein modernes Flugzeug erinnerte, mit trapezförmigen Flügeln, Maschinenraum, Cockpit, Windschutz und einer mit Querrudern oder Höhensteuern ausgestatteten Heckflosse, alles so angeordnet wie bei einem modernen Flugzeug. Dieses Objekt wurde auch einigen Piloten und Ingenieuren vorgelegt, unter anderem J. A. Ullrich, einem Piloten mit Kampferfahrung in zwei Kriegen und Lehrer für Aerodynamik. Befragt, was es darstelle, sagte Ullrich, der die Herkunft des Objekts nicht kannte und auch nicht wußte, daß es früher für das Modell eines Vogels, Insekts oder Fisches gehalten worden war, es sei ihm zuerst als das Modell eines F-102 Kampfflugzeugs erschienen. Die Form der Flügel weise darauf hin, daß es sich um ein Düsenflugzeug handle. Er bemerkte, daß manche Faktoren, so das Fehlen von Hecksteuerung, bei der F-102 nicht vorhanden waren, hingegen bei den erst kürzlich in Schweden entwickelten neuen Saab-Maschinen. Seine Theorie ist vor allem im Hinblick auf Cayces Erwähnung von Fahrzeugen interessant, die durch die Luft und unter dem Meer fliegen konnten. Außerdem hat sie Bezugspunkte zu Berichten aus dem Bermuda-Dreieck, über UFOs, die mit großer Geschwindigkeit in das Wasser eindringen und es wieder verlassen. Ullrich sagt wörtlich:

> Die Bauart ist nur für bestimmte Flugarten wertvoll — für extreme Flughöhe. Dieser Flügeltyp ist für die Atmosphäre bis zu 15 000 oder 18 000 Meter geeignet. Die Pfeilform der Tragflächen dient dazu, Schwingungen zu verhindern, wenn die Schallmauer durchstoßen wird ... Die Konstruktion der Flügel zeigt Möglichkeiten zum Überschallflug ... Wenn man mit überhöhter Geschwindigkeit fliegt, bildet sich ein Luftkissen ... Es würde auch imstande sein, sich unter Wasser fortzubewegen, ohne die Schwingen abzureißen. Um ein Fahrzeug mit hoher Geschwindigkeit durch ein solches Medium zu bewegen, müßte es in dieser Art konstruiert sein.

Aber dieses »Flugzeug« — wenn es sich um eines handelt — ist kein groteskes archäologisches Unikat. Andere Exemplare, manche mit zwei Reihen von Flügeln, sind seither in präkolumbianischen Gräbern gefunden worden. Man kann nur vermuten, welch andere merkwürdige Modelle prähistorischer Mechanik, von späteren Benützern wahrscheinlich gar nicht als solche erkannt, verlorengegangen sind, als die spanischen Conquistadores alle Goldgegenstände, die sie ausfindig machen konnten, zu Barren einschmolzen, um ihre Verteilung unter den Eroberern zu erleichtern.

Bildliche Darstellungen von Dingen, die wie Flugzeuge oder Raketen aussehen, wurden in zunehmendem Maß in der Kunst der altamerikanischen Kulturen entdeckt. Da die meisten schriftlichen oder bildlichen Überlieferungen der Kulturvölker von den Spaniern zerstört wurden, sind diese Hinweise auf andere Art bewahrt worden — manchmal in Stein geritzt, auf eine Vase gemalt, in Stein gemeißelt oder in Stoffe eingewebt, die zum Einhüllen von Mumien verwendet wurden. Ein besonders auffallendes Beispiel ist eine halb ruhende, in den Stein eines Sarkophagdeckels gemeißelte Maya-Figur, die im Kern einer Tempelpyramide in Palenque, Mexiko, gefunden wurde. Was das sehr ins Detail gehende Relief darstellt, weiß man nicht. Ein Maya-Forscher sagt, der Grund wäre ein Erdungeheuer, auf welchem die Figur ruht, während das Ganze von einem Baum überragt zu sein scheint. Der russische Wissenschaftler Alexander Kasanzew hat eine gewagte Erklärung angeboten. Er glaubt, daß die ruhende Figur in einem stilisierten, in Konstruktion und Ausführung unseren heutigen Raketen vergleichbarem Raumfahrzeug eingeschlossen ist. Selbst die Stellung der männlichen Figur (oder des Piloten) zeigt Parallelen zu jenen, in welcher sich unsere Astronauten innerhalb einer Rakete befinden, und alle Charakteristika, von der Antenne bis zu Lenksystem, Turbokompressoren, Armaturenbrett, Treibstofftanks, Verbrennungsraum, Turbine und Auspuff sind erkennbar, wenn auch im Hinblick auf ästhetische Wirkung verändert. Man hat das Gefühl, daß diese Darstellungen von Flugzeugen und Raketen Mahnungen oder Erinnerungen an eine Zeit höherer Zivilisation darstellen, als solche Fahrzeuge tatsächlich in Gebrauch standen.

Im August 1973 erhielten die Astronauten von Skylab 2 einen höchst ungewöhnlichen Auftrag. Sie sollten, wenn möglich, die Nasca-Linien fotografieren, eine Reihe von seltsamen Zeichnungen im peruanischen Nasca-Tal. Man wollte feststellen, ob sie vom Weltraum aus sichtbar waren. Diese Bodenmarkierungen von ungeheurer Ausdehnung bilden eine Reihe von geraden Linien, geometrischen Figuren und riesigen Tierdarstellungen, die nur aus der Luft sichtbar sind, sowie Linien, die ganz deutlich Landebahnen für Flugzeuge zu markieren scheinen. Sie wurden zu einer unbekannten Zeit in der Vergangenheit in den Boden gekerbt oder in den felsigen Grund der Ebene geritzt. Es gab keine lokalen Legenden um diese Linien, und da sie vom Bodenniveau aus nicht erkennbar waren, wurden sie erst während einer Suche nach Wasservorräten in den Anden von der Luft aus entdeckt.

Die Linien und gigantischen Zeichnungen erstrecken sich über einen etwa 100 Kilometer langen und 17 Kilometer breiten Abschnitt des Nasca-Tals. Manchmal verschwinden sie vor kleinen Bergen und kommen in direkter Linie auf der anderen Seite wieder zum Vorschein. Manchmal sind die Zeichnungen, wie im Falle der vermutlichen Landebahn, ziemlich ausgedehnt, manchmal bilden sie riesige, künstlerisch vollendete Bilder von Tieren, Fischen und Vögeln, sogar eine riesige Spinne ist darunter. Es gibt zwar über ihren Ursprung zahlreiche Theorien, aber die einzige, die sich von selbst aufdrängt, ist die, daß sie von Menschen mit hochentwickelten Meßinstrumenten geschaffen wurden, und zwar zu dem Zweck, vom Himmel aus gesehen zu werden. Nur von dort kann man nämlich ihren Konturen folgen.

In der Bucht von Pisco an der Küste Perus befindet sich eine hohe Felswand, auf der ein nicht ganz 250 Meter langer riesiger Dreizack oder, wenn man will, Kandelaber eingeritzt ist, der, anders als die Nasca-Linien, vom Meer aus leicht von den eindringenden Spaniern gesehen werden konnte. Sie interpretierten ihn als ein Zeichen der Dreifaltigkeit, das sie zur Eroberung des Landes und Bekehrung der Heiden ermutigen sollte. Welchen Zweck immer die Zeichnung gehabt haben mag, sie ist von der Luft aus eher zu erkennen als vom Meer. Die mittlere Zacke des Dreizacks zeigt direkt zum Nasca-Tal, als wäre sie ein Richtungsweiser zu den sogenannten »Landebahnen«, die vielleicht selbst die Operationsbasis der Flugzeuge darstellten, deren goldene Modelle uns so verblüffen.

Auch in anderen Gebieten Nord- und Südamerikas findet man geometrische Linien und kolossale Figuren, sichtlich entworfen, um aus der Luft gesehen zu werden. So etwa die riesigen menschenähnlichen Figuren in der Tarapaca-Wüste in Chile und im Navajo-Labyrinth in Kalifornien, und die Elefanten- und Schlangen-Wälle in Wisconsin. Aber es gibt sie in anderen Teilen der Welt, die oft keine archäologischen Bezüge zur Frühgeschichte aufweisen.

Im großen Warenlager der Archäologie, dem Ägypten der Pharaonen, sind erst kürzlich einige überraschende Hinweise auf antike Flugmaschinen aufgetaucht. Anders als die kolumbianischen Goldflugzeuge sind diese aus Holz verfertigt und wurden in Gräbern gefunden, wo sie das trockene ägyptische Klima für Jahrtausende vor dem Verfall bewahrt hatte. Diese Modelle, die wie Segelflugzeuge aussehen, wurden in Museen gefunden, wohin man sie aus den uralten Gräbern, wo sie entdeckt worden waren, gebracht und für Vogeldarstellungen gehalten hatte. Ein hölzernes Modell, das sich jetzt im Museum für ägyptische Altertümer befindet, wurde von Dr. Khalil Messiha 1969 identifiziert und studiert. Es stellt keineswegs einen Vogel dar und besitzt dieselben Charakteristika wie Modelle von modernen Eindeckern. Das Seitensteuer oder Heck verläuft senkrecht, der Rumpf besitzt ein kielförmiges Profil. Bezüglich der auf beiden Seiten erkennbaren V-förmigen Winkel bemerkte Dr. Messihas Bruder, der Flugingenieur G. Messiha, folgendes:

> Der negative V-förmige Winkel erfüllt die gleichen Aufgaben wie der positive; ein Profil zeigt, daß die Oberfläche des Flügels Teil einer Ellipse ist, die die Stabilität des Fluges gewährleistet; der flossenförmige Rumpf mindert den Luftwiderstand und stellt das Ergebnis jahrelanger experimenteller Arbeit in der Aeronautik dar.

Das Flugzeug ist auch jetzt, nach Tausenden von Jahren, noch flugtüchtig, wenn es wie ein Modellsegler gehandhabt wird; es gleitet wunderbar und demonstriert so das aerodynamische Wissen seiner urzeitlichen Konstrukteure. Seit Dr. Messiha als erster erkannt hatte, daß die Spannweite der Flügel einiger dieser Vogelmodelle nahezu mit der Spannweite der Tragflächen der neuen Caravelle identisch ist, wurden andere mögliche Flugzeuge oder Gleiter identifiziert und 14 von ihnen 1972 in einer Schau im Museum für ägyptische Altertümer ausgestellt, als Beweis für die Kenntnis der Flugtechnik im alten Ägypten. Wir wissen nicht, ob diese urzeitlichen Kunstgegenstände damals geschaffen oder von einer älteren Kultur übernommen worden sind. Da jedoch die meisten in ägyptischen Gräbern gefundenen Objekte nur Modelle von größeren Originalen sind, ist es möglich, daß unter dem Wüstensand ein Originalsegler oder ein anderes Luftfahrzeug den Ausgrabenden erwartet.

Die vollständigsten schriftlichen Überlieferungen aus antiker Zeit, die sich auf Flugzeuge beziehen, sind wahrscheinlich die des Hindu-Epos' *Mahabharata.* Obwohl man annimmt, daß es seine gegenwärtige Form 1500 vor Christus erhalten hat, so wurde es doch offensichtlich wieder und wieder von Vorlagen kopiert, die bis in die graue Vorzeit zurückreichen.

Das Epos handelt von den Taten der Götter und Ureinwohner Indiens, enthält jedoch darüber hinaus eine Fülle von Detailkenntnissen wissenschaftlicher Natur. So zum Beispiel Hinweise auf Flugmaschinen und Raketenantrieb, die in der Mitte des 19. Jahrhunderts, als es zum erstenmal übersetzt wurde, für die Übersetzer keinen Sinn ergaben. Die Techniken, die da vor Tausenden von Jahren beschrieben worden waren, sollten in der modernen Zeit ja erst ein halbes Jahrhundert später entwickelt werden. Viele der den *vimanas* genannten Flugmaschinen gewidmeten Verse des *Mahabharata* enthielten, zum völligen Unverständnis der Übersetzer, detaillierte Informationen über die Prinzipien ihrer Konstruktion. In einem anderen altindischen Text, im *Samarangana Sutradhara,* werden die Vorteile und Nachteile verschiedener Typen von Flugmaschinen ausführlich diskutiert, und zwar im Hinblick auf ihre jeweilige Tauglichkeit im Aufsteigen und Landen und auf ihre Fluggeschwindigkeit. Wir finden auch eine Beschreibung der Treibstoffquelle (Quecksilber) und Empfehlungen bezüglich Holzarten und leichter, hitzeabsorbierender, für den Bau von Flugmaschinen geeigneter Metalle. Zusätzlich gibt es noch informative Details darüber, wie man Bilder von feindlichen Flugzeugen anfertigt, Hinweise auf Methoden, um ihre

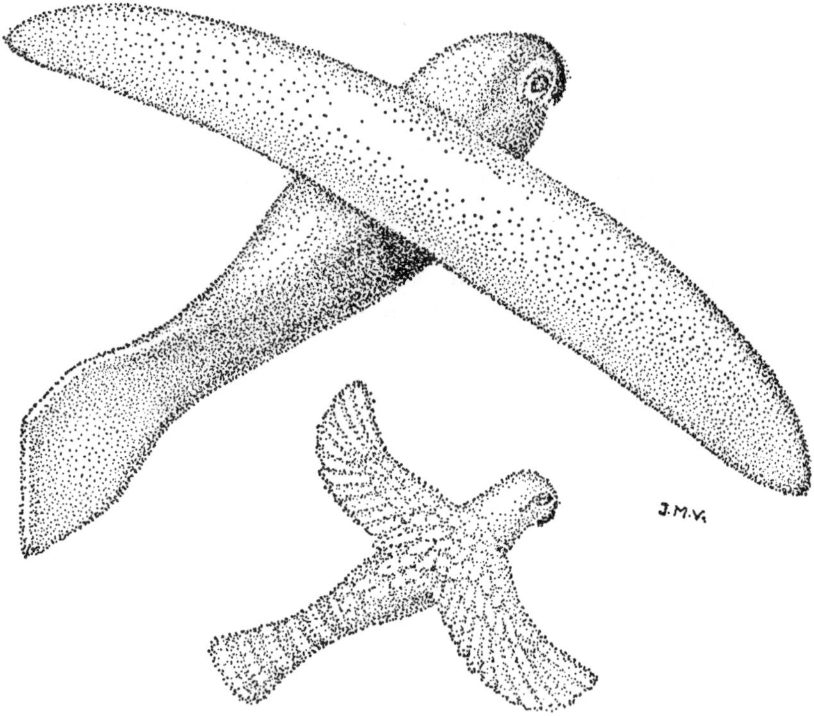

Altägyptisches Segelflugzeug; Gräberfund. Wurde ursprünglich für die Darstellung eines Vogels gehalten, der antiken Darstellung eines Geiers gegenübergestellt. Das Flugzeug (links) läßt auf Kenntnis der Gesetze der Aerodynamik schließen, denn es zeigt die Krümmung, den Winkel zwischen den pfeilförmigen Tragflächen und dem Rumpf, und den zum Rumpf V-förmig geneigten Winkel zum Auf- und Absteigen. Der Schwanz des Flugzeugs ist vertikal gestellt — ein Merkmal, das Vögel nicht aufweisen. Die Flügel des Segelfliegers sind so gebaut, daß sie ein darüberliegendes Vakuum erzeugen können, um aufzusteigen. Wenn sie auch manche zum Fliegen notwendige Voraussetzungen haben, so sind Vögel, die mit beweglichen, gefiederten Flügeln und Schwänzen ausgestattet sind, doch anders gebaut als Flugzeuge, und der Bau des Gleiters gibt ausreichend Zeugnis, daß er nicht das Modell eines Vogels darstellt, sondern das Modell einer Flugmaschine, die schwerer ist als Luft. Außerdem fliegt er eine ziemlich weite Strecke, wenn man ihn mit der Hand wirft.

Angriffspläne zu erfahren, auf Mittel, um ihre Piloten bewußtlos zu machen, und endlich darauf, wie man feindliche *vimanas* zerstört.

In einem anderen altindischen Klassiker, dem *Ramayana,* existieren merkwürdige Beschreibungen von Reisen mit Flugzeugen vor Tausenden von Jahren. Einzelheiten des Blicks über Ceylon und Teile der indischen Küste sind so naturgetreu geschildert und ähneln so sehr dem, was man heute sieht — die Brecher an der Küste, die Krümmung des Landes, das Ansteigen der Hügel, der Anblick der Städte und Wälder —, daß man nahezu überzeugt ist, daß manche Luftreisende in Urzeiten die Erde tatsächlich eher vom Himmel aus als nur in ihren Vorstellungen gesehen haben. In einer zeitgenössischen Kurzfassung des *Ramayana,* dem *Mahavira Charita,* kehrt der Gottheros Rama von Lanka zurück, wo er soeben sein Weib Sita befreit hat, und wird mit einem besonderen *vimana* vorgestellt, beschrieben als: »unbehindert in seiner Bewegung, von gewünschter Geschwindigkeit, unter völliger Kontrolle, dessen Bewegung ständig dem Willen ... (dessen, der es fliegt) ... unterworfen ist, ausgestattet mit Fenstern in den Gemächern und vorzüglichen Sitzen ...«, ein alter Klassiker liest sich da geradezu wie eine moderne Anzeige für Air India. Im selben Text finden wir einen Dialog, der besonders verblüffend wirkt, wenn wir uns erinnern, daß er der gegenwärtigen Raumfahrt ebenso wie der Erkenntnis, wie die Dinge im Weltraum aussehen, um einige tausend Jahre vorausging:

Rama: Die Bewegung dieses hervorragendsten aller Wagen scheint verändert.

Vishishara: ... Dieser Wagen verläßt nun die Nähe der in der Mitte gelegenen Welt.

Sita: Wie kommt es, daß sogar am Tage ... dieser Sternenkreis erscheint?

Rama: Königin! Es ist in der Tat ein Kreis von Sternen, aber wegen der großen Entfernung können wir ihn am Tage nicht sehen, da unsere eigenen Augen von den Sonnenstrahlen getrübt werden. Nun ist dies durch den Aufstieg dieses Wagens hinweggenommen ... (und so können wir die Sterne sehen).

Ob diese Berichte nun Erinnerungen an eine ältere, technisch entwickeltere Zivilisation sind oder nur den Vorstellungen heutiger Science-fiction-Schreiber vergleichbare Phantasie — manche dieser Berichte aus Urzeiten klingen merkwürdig aktuell, das Material ausgenommen, das als Kraftquelle für die Flugmaschinen verwendet wurde (möglicherweise, ja sogar sicher falsch aus dem Original übersetzt):

> ... Drinnen muß man die Quecksilber-Maschine aufstellen, mit ihrem das Eisen erhitzenden Apparat darunter. Durch die Kraftmittel, die im Quecksilber enthalten sind, das den fahrenden Wirbelwind in Bewegung setzt, kann ein Mann, der drinnen sitzt, eine weite Strecke in den Himmel hineinfahren ... vier Quecksilber-Behälter müssen in die innere Konstruktion eingebaut werden. Wenn diese von kontrolliertem Feuer erhitzt worden sind ... entwickelt das *vimana* Donnerkraft durch das Quecksilber ... Wenn diese Eisenmaschine mit sorgfältig verschmolzenen Fugen mit Quecksilber gefüllt wird, und das Feuer in den oberen Teil geleitet wird, entwickelt es Kraft, mit dem Gebrüll eines Löwen ... und wird sofort zu einer Perle am Himmel ...

Modelle oder bildliche Darstellungen von Flugmaschinen oder Berichte von Raketen und Flügen in den Weltraum sind aber nur ein Hinweis, kein Beweis für hohe wissenschaftliche Entwicklung. Manche Methoden jedoch und Gegenstände, die erst viele Jahre nach ihrer Entdeckung als das erkannt wurden, was sie wirklich waren, liefern einen greifbaren Beweis für die früher nicht vermuteten technologischen Fähigkeiten prähistorischer Menschen.

Ein gutes Beispiel ist auch der »Sterncomputer« von Antikythera. Das ist ein kleiner Bronzegegenstand, zusammengesetzt aus Tafeln, Rädern oder Nummernscheiben, die vom Meerwasser verklebt sind. Er wurde vor über siebzig Jahren zusammen mit anderen Fundgegenständen, hauptsächlich Statuen, aus einem auf dem Grund des Ägäischen Meeres liegenden antiken Wrack geborgen. Nahezu sechzig Jahre später wurde er einer eingehenden Untersuchung unterzogen und in Säurebäder gelegt. Die Forschungsarbeit von Derek de Solla Price, George Stamires und anderen Archäologen ergab, daß er ein mit Zahnrädern versehenes Instrument zum Auffinden der Sterne darstellte, das zur Berechnung planetarischer Umlaufbahnen und zur Standortbestimmung in der Nacht diente, ein Hinweis auf unvermutete Kenntnis von Navigation und Astronomie in antiker Zeit. Dr. Price sagte dazu wörtlich: »... Kein Instrument, das diesem gleicht, ist irgendwo erhalten ... Der Fund eines solchen Objekts gleicht dem Fund eines Düsenflugzeugs im Grab von König Tut ...« — ein Vergleich der im Licht der jüngsten Funde gar nicht mehr so absurd erscheint.

Andere konkrete Beweise technischen Fortschritts liegen vielleicht nach wie vor in Museen, wo sie als »religiöse Gegenstände« oder »Kinderspielzeug« bezeichnet oder einfach mit dem Etikett »unbestimmbar« versehen sind. Wilhelm König, ein deutscher Archäologe, grub kurz vor dem Zweiten Weltkrieg in einer 2000 Jahre alten Fundstätte nahe Bagdad und förderte einige seltsame Artefakte zutage, mit Erdharz überzogene Zylinder, die in Gefäßen enthalten und mit metallenen Verschlußstöpseln versehen waren — in anderen Worten: Trockenbatterien ohne Elektrolyt, der — woraus immer er bestanden haben mag — verdampft war. Einige dieser Batterien funktionierten später fehlerlos, nachdem neuer Elektrolyt — Kupfersulfat — hinzugefügt worden war. Nach diesem Anfangsfund entdeckte Dr. König Teile von anderen Batterien, die schon in Museen ausgestellt und mit »Verwendung unbekannt« beschriftet waren. Seit diese Batterien ausgegraben und identifiziert wurden, entdeckte man im Irak und im Mittleren Osten zahlreiche Objekte dieser Art. Sie wurden anscheinend zum Galvanisieren von Metallen verwendet. Man fragt sich, ob diese uralte Kenntnis der Elektrizität, vielleicht ererbt von einer frühen Kultur, dann jedoch vergessen, bis sie im 18. Jahrhundert wiederentdeckt wurde, in antiker Zeit auch für andere als galvanische Zwecke benutzt wurde. In der Welt der Griechen und Römer wurden zur Beleuchtung Fackeln und Öllampen verwendet. Wo immer heute noch Durchgänge zwischen antiken Gebäuden erhalten sind, kann man an den Decken Spuren von Ruß finden. In der noch weiter zurückliegenden ägyptischen Zivilisation zeigen wunderbar geformte und bemalte unterirdische Tunnels jedoch keinerlei Spuren von Fackeln oder Öllampen an den Decken. Auch an den Wänden oder Decken mancher Höhlen in Westeuropa mit den großartigen Werken aus dem 12 000 bis 30 000 Jahre zurückliegenden Aurignacien und Magdalenien sind keine zu finden. Ein altägyptisches Wandrelief im Hathor-Tempel von Dendera, Ägypten, das lange ein archäologisches Rätsel bildete, zeigt eine Szene, wo Diener scheinbar riesige Glühlampen tragen, die Glühfäden in der Form dünner Schlangen enthalten und mit einer Kapsel oder einem Schalter mit umsponnenen Kabeln verbunden sind, ähnlich starken elektrischen, durch Hochspannungsisolatoren verstärkten Lampen. Zu diesen Kabeln sagt Dr. John Harris aus Oxford:

> ... Die Kabel sind im Grund die exakte Kopie einer technischen Illustration, wie sie gegenwärtig gebräuchlich ist. Das Kabel ist sehr stark und gestreift dargestellt, eher ein Bündel vieler (und für viele Zwecke vorgesehener) Leitungen als ein einziges Hochspannungskabel ...

Es gibt noch andere auf Papyrus gezeichnete und in Stein gemeißelte Bildwerke, die das trockene ägyptische Klima durch Jahrtausende bewahrt hat. Betrachtet man sie unbefangen, so meint man Darstellungen moderner Erfindungen vor sich zu haben, die bereits in der Antike genutzt wurden. Man erinnert sich, daß es in den altägyptischen Quellen Hinweise auf die Herrschaft der Götter gibt, die vor der ersten Dynastie regiert hatten, zu einer Zeit der überlegenen Zivilisation und wunderbaren Kräfte, wie sie in der Erinnerung und in den Aufzeichnungen der meisten alten Kulturen der Erde aufscheint.

Es ist verblüffend, wenn man sich klarmacht, daß uralte Kulturen, die sich lange vor den Griechen und Römern entfaltet hatten, Kenntnisse der Astronomie, der höheren Mathematik, der Zeitberechnung, der Vermessung der Erde und des Sonnensystems besaßen, Tausende von Jahren, bevor man dieses Wissen in moderner Zeit entwickelte oder wiederentdeckte. Um diese

In Stein gemeißeltes, jahrtausendealtes Bildwerk aus dem Tempel der Hathor in Dendera, Ägypten. Die früher als »Kultobjekte« beschriebenen Gegenstände erinnern stark an gewaltige Glühlampen mit umsponnenen Kabeln, die an eine Art von Schalter oder Generator angeschlossen sind. Zeugnisse für die Kenntnis der Elektrizität sind in verschiedenen Gegenden Ägyptens und des alten Mittleren Ostens gefunden worden, zusammen mit Hinweisen auf deren Gebrauch für Galvanisierungs- und möglicherweise auch Beleuchtungszwecke.

Informationen zu erlangen, muß jene Frühkultur oder müssen jene Frühkulturen Teleskope oder andere ausreichend präzise Instrumente besessen haben, um genaue Berechnungen anzustellen.

Außerordentliche Entdeckungen wurden beim Studium gewisser mittelalterlicher Landkarten gemacht, besonders von Professor Charles Hapgood *(Maps of the Ancient Sea Kings).* Er verbrachte viele Jahre damit, diese Karten im Licht der in ihnen enthaltenen Informationen über Erdteile, die zur Zeit der Anfertigung dieser Karten wahrscheinlich noch unbekannt waren, wieder zu untersuchen. Manche waren von verschwundenen, früher in der großen Bibliothek des alten Alexandria aufbewahrten Originalen durch die Jahrhunderte wieder und wieder kopiert worden. Sie zeigen eine verblüffend genaue Kenntnis von Ländern, die (unserer Schulweisheit zufolge) noch unentdeckt waren, als das Original und selbst die Kopien angefertigt wurden. So verzeichnen sie etwa bereits Nord- und Südamerika, Jahrtausende vor Kolumbus.

Die Piri-Reis-Karte, der Teil einer größeren Weltkarte aus antiker Zeit, 1929 mitten im Gerümpel des früheren Harems des vertriebenen türkischen Sultans gefunden, zeigt klar die wahre Küste der Antarktis, wie sie ohne das sie bedeckende Eis verliefe. Die Prüfung antarktischer Landkerne in der Nähe des Ross-Meeres hat ergeben, daß die Antarktis seit mindestens 6000 Jahren von Eis bedeckt ist. Das würde bedeuten, daß die Originalkarte ziemlich lange vor der überlieferten Geschichte angefertigt wurde, und zwar während der Zeitspanne, die man Atlantis und ihrer angeblichen Weltkultur zuschreibt.

Die König-Jaime-Weltkarte von 1502, ebenfalls eine Kopie wesentlich älterer Karten, zeigt die Wüste Sahara als ein fruchtbares Land mit großen Seen, Flüssen und Städten, das sie einst in sehr fernen Zeiten war. Die Buache-Weltkarte von 1737 zeigt die von einer antiken griechischen Karte kopierte Antarktis (die Existenz der Antarktis wurde bis zu ihrer Entdeckung im Jahre 1820 von der modernen Welt nur vermutet) in Form zweier ausgedehnter, von einem Binnenmeer getrennter Inseln.

Könnte das Eis der Antarktis entfernt werden, so würde das Land darunter genau diese Form haben, obwohl diese Tatsache bis zu den Entdeckungen der Expeditionen im geophysikalischen Jahr 1958 unbekannt war. Andere Karten zeigen in Teilen von Europa, Großbritannien und Irland noch manche der Gletscher der letzten Eiszeit. Auf einer anderen ist die Bering-Straße nicht als eine Meerenge dargestellt, sondern als die Landenge, die sie einmal war.

Als hervorstechendes Merkmal dieser immer wieder kopierten Karten der Antike gilt, daß ihre genauen Koordinaten und das Wissen um die geographische Länge (in der Neuzeit nicht vor dem Ende des 18. Jahrhunderts entwickelt) eine Kenntnis der sphärischen Trigonometrie und des Gebrauchs von hervorragend präzisen geodätischen Instrumenten zeigen. Dazu kommt die Möglichkeit, daß sie ursprünglich vor etwa acht- bis zehntausend Jahren entworfen wurden, zu einer Zeit also, die viele Jahrhunderte vor unserer eigenen aufgezeichneten Geschichte liegt.

Merkwürdige Spuren genauer astronomischer Berechnungen existieren in den Überlieferungen uralter Völker, obwohl sie, soweit wir wissen, über Fernrohre keiner Art verfügten, um solche Meßwerte zu gewinnen. Zu ihnen zählt die Kenntnis der beiden Monde des Mars (und ihrer Entfernung vom Planeten), die der sieben Satelliten des Saturns, der vier Monde des Jupiter und der Venusphasen (in babylonischen Schriften die »Hörner« genannt). Selbst die Gestalt weit entfernter Sterne wurde entdeckt: das Sternbild Skorpion ist so benannt, weil es einen »Schweif« hat, einen Kometen innerhalb des Sternbildes, der jedoch nur durch ein gewaltiges Fernrohr gesehen werden kann. Die Maya aus Zentralamerika auf der anderen Seite des Ozeans nannten dieses Sternbild ebenfalls Skorpion, ein Wissen, das sie vielleicht mit einer früheren Kultur geteilt haben. (Von allen Urvölkern berechneten die Maya das Sonnenjahr mit der genauesten Zahl, die je von einem Kalender, den unseren mit 365,2420 Tagen eingeschlossen, erreicht worden ist, nämlich mit 365,2422 Tagen.)

Als die wissenschaftlichen Kenntnisse nach ihrem in Urzeiten erreichten Höhepunkt augenscheinlich wieder abnahmen, wurden manche dieser astronomischen Informationen zu Legenden, wie zum Beispiel die vom Gott (Planeten) Uranus, der seine Kinder (Monde) fraß (Mondesfinsternis) und dann wieder ausspie (Ende der Mondesfinsternis). Obwohl also das Phänomen nicht mehr beobachtet werden konnte, weil die entsprechenden Mittel dazu fehlten, wurde die astronomische Information doch in halbreligiösen Mythen bewahrt.

Das vielleicht ungewöhnlichste noch vorhandene und zur Prüfung greifbare Zeugnis früherer Wissenschaft ist die Cheops-Pyramide in Gizeh. Jahrtausendelang wurde sie für ein Grab gehalten, obwohl eine von den Kopten bewahrte Überlieferung (die Kopten sind eine ägyptische Minderheit, die direkt von den alten Ägyptern abstammt) darauf hinweist, daß sie ein Sammelwerk des Wissens aus der Zeit der »Herrschaft der Götter« war. Sie würde sich als steinernes Buch erweisen, das von Surid, einem der Könige vor der Flut, zusammengestellt worden war, um in der Zukunft von jenen enträtselt zu werden, die genügend fortgeschrittene Kenntnisse besäßen, es zu lesen.

Schon während der Invasion Ägyptens durch Napoleon wurde festgestellt, daß die Cheops-Pyramide verborgene Mitteilungen enthielt. Die Franzosen benutzten sie als trigonometrischen Punkt und fanden heraus, daß die Seiten genau nach den vier Himmelsrichtungen ausgerichtet waren, der Längenmeridian durch den Scheitelpunkt der Pyramide verlief und diagonale, durch den Scheitelpunkt gezogene und nach Norden verlängerte Linien das Nildelta halbieren würden. Eine genau nach Norden, durch den Schnittpunkt der Grundflächendiagonalen verlängerte Linie würde den Nordpol nur um sechs Kilometer verfehlen. Dabei muß man im Auge behalten, daß der Nordpol in den Jahrhunderten seit der Erbauung der Cheops-Pyramide seine Position verändert haben kann.

Das heutige metrische System basiert auf dem Meter, dem 40millionten Teil des Meridians, ein Maßsystem, das von den Franzosen kurz nach ihrem Einmarsch in Ägypten entwickelt wurde. Die pyramidische Elle (1,27 m), von den alten Ägyptern

Tausende von Jahren vor dem französischen Meter verwendet, ist in der Länge dem Meter nahezu gleich, aber doch genauer, da sie auf der Länge der Polarachse basiert anstatt auf der Länge eines Meridians, der sich den Umrissen der Erde entsprechend verändern kann.

Bestimmte, an der Cheops-Pyramide in ägyptischen Ellen vorgenommene Messungen zeigen eine erstaunliche Kenntnis der Erde und ihrer Lage innerhalb des Sonnensystems — eine Kenntnis, die vergessen und erst in moderner Zeit wiederentdeckt wurde. Mathematisch wird das so ausgedrückt: Der Umkreis der Pyramide entspricht der Zahl der Tage im Jahr, 365,24; der doppelte Umkreis ergibt den Gegenwert einer Minute eines Grades am Äquator; die Entfernung von der Basis bis zum Scheitelpunkt, gemessen an der Seitenschräge, beträgt ein Sechshundertstel eines Breitengrades; die Höhe, mit 10^9 multipliziert, ergibt die ungefähre Entfernung zwischen Erde und Sonne; der Umkreis, durch die doppelte Höhe der Pyramide geteilt, ergibt den Wert Pi, 3,1416 (wesentlich genauer als die Zahl, die griechische Mathematiker der Antike erreichten, nämlich 3,1428); das Gewicht der Pyramide mit 10^{15} multipliziert ergibt das ungefähre Gewicht der Erde. Die Erdachse verändert sich im Weltraum von Tag zu Tag (so entsteht hinter der Sonne alle 2200 Jahre eine neue Konstellation des Tierkreises) und erreicht ihre ursprüngliche Stellung einmal in 25 827 Jahren, eine Zahl, die in den pyramidalen Berechnungen aufscheint (25 826,6), wenn die Diagonalen der Grundfläche addiert werden. Die Messungen des Königsraumes innerhalb der Cheops-Pyramide ergeben die genauen Ausmaße der beiden pythagoräischen Grunddreiecke (2 . 5 . 3 und 3 . 4 . 5), obwohl sie einige tausend Jahre vor Pythagoras erbaut worden ist. Und das sind erst einige der übereinstimmenden Messungen.

Man fragt sich, warum eine so riesige und komplizierte Anlage errichtet werden sollte, um Informationen dieser Art weiterzugeben, es sei denn, daß die Überlebenden einer Reihe globaler Katastrophen, die diese technischen Möglichkeiten noch besaßen, ihr Wissen der Zukunft in einer Form weitergeben wollten, in der es nicht zerstört werden konnte, selbst wenn alle damals noch existierenden Aufzeichnungen und Sprachen verlorengingen. In diesem Zusammenhang wird man an die Idee erinnert, daß Mathematik und mathematische Gleichungen ein wirkungsvolles Verständigungsmittel wären, falls Entdecker aus dem Weltraum die Erde — oder Weltraumsonden von der Erde andere zivilisierte Planeten — erreichen sollten. Der wissenschaftliche und technologische Hintergrund für ein solches Unternehmen wäre ja notwendigerweise auf mathematischen Überlegungen gegründet. Die Botschaft der Pyramide, nicht aus der Zukunft, sondern aus unserer eigenen Vergangenheit stammend, wird vielleicht noch mehr Wissen enthüllen, sobald sich unsere Erkenntnisfähigkeit weiterentwickelt hat.

Von Erforschern der Cheops-Pyramide wie auch der koptischen Überlieferung wurde manchmal behauptet, daß die Cheops-Pyramide die Dokumentation einer Wissenssubstanz darstellt, die später zersplittert wurde oder verlorengegangen ist, mit Ausnahme des Teils, der in Legenden bewahrt wurde. Solche Spuren einer früheren, weltweiten Zivilisation oder von Zivilisationen, die wir zu erkennen meinen, scheinen anzuzeigen, daß diese neben einigen — den unseren ähnlichen — Entwicklungen Fortschritte auf anderen Gebieten erzielt haben könnten, die uns bis heute weithin nicht vertraut sind. Von kolossalen Steinbauten überall auf der Welt weiß niemand wirklich, wer sie erbaut hat. Sie ähneln einander im allgemeinen nicht nur in der Konstruktion, sondern auch in ihrer Ausrichtung gegenüber den Planeten, der Sonne, dem Mond und deren Umlaufbahnen, den Sternbildern und den übrigen Fixsternen sowie anderen Kräften, etwa den Magnetfeldern und Erdströmen. Zu diesen rätselhaften prähistorischen Bauten zählen die Pyramiden von Teotihuacán in Mexiko und den älteren Städten von Yucatán, die Ruinen der Vor-Inkazeit in den peruanischen Anden, die Zeichnungen im Nasca-Tal und die massiven Ruinen von Tiahuanaco in einer Höhe von über 4000 Meter. Ferner die riesigen Steinbauten auf den Britischen Inseln, besonders Stonehenge und Avebury, und die manchmal bis in den Ozean hinausreichenden Monolithen der Bretagne. Auch die prähistorischen Ruinen auf den Mittelmeerinseln, im Mittleren Osten und in Südostasien zählen dazu, ebenso die Reste kyklopischer Bauten auf den Karolinen, Marquesas und anderen Inseln im Pazifik. Außerdem die monolithischen Anlagen unter der Karibischen See, die prähistorischen Steinbauten von Niebla in Spanien, die Bauten unbekannter Herkunft in Nordafrika — Ägypten eingeschlossen —, die großen Erdwälle in den Vereinigten Staaten und die archaischen Pyramiden in China.

Bis in das erste Jahrzehnt unseres Jahrhunderts hinein wurden alle Behausungen in China vor ihrer Erbauung von einem Geisterbeschwörer ausgerichtet, um aus den glückbringenden Pfaden oder ungesehenen Strömen Nutzen zu ziehen, die über oder durch die Erde laufen. (Man wird sich erinnern, daß die ersten Kompasse, so wie wir sie kennen, aus China kamen.) Ein scharfsinniger Schilderer der chinesischen Landschaftsarchitektur, Dr. Ernst Börschmann, nahm an, daß die Anordnung von Tempeln, Pagoden und Pavillons um ein Zentrum, von dem sie ausstrahlten, einem magnetischen Feld gleichen. Das Verfolgen der Kraftlinien in der Erde (auf chinesisch *feng shui*, »Windwasser«), möglicherweise der Restbestand einer uralten, hochentwickelten Wissenschaft, wurde als Aberglaube und Überbleibsel der Feudalzeit abgetan, obwohl einer anderen Form des Aberglaubens, der Akupunktur, die ein weiterer wissenschaftlicher Restbestand sein könnte, vom gegenwärtigen Regime in China weitgehende Beachtung gezollt wird.

Wenn die Kraft des Magnetismus und Antimagnetismus in Urzeiten verstanden und bis zu einem Punkt weiterentwickelt wurde, wo die Schwerkraft, selbst eine Form des Magnetismus, wie andere Naturkräfte gelenkt werden konnte, so wäre das eine Erklärung für manche der technologisch unerklärlichen prähistorischen Bauten. Manche von ihnen sehen ja buchstäblich so aus, als wären sie auf die Spitze der Berge emporgeschleudert und am Rand von Abgründen niedergesetzt worden.

Es ist fesselnd, wenn man überlegt, daß manche Restbestände uralter elektromagnetischer Techniken, in diesem Fall in Form versiegelter innerer Kammern, die Pyramiden immer noch schützen könnten, während die Wissenschaftler von heute sich bemühen, ihre Geheimnisse zu entschleiern. Eine Zeitlang war man darangegangen, die innere Struktur der Chephren-Pyramide von Gizeh mit Schallwellen und kosmischen Strahlen, die durch die Gesteinsmasse geführt wurden, zu durchdringen. Dieses Projekt wurde von Dr. Amr Gohed von der Ein Shams Universität in Kairo geleitet, der unter anderen Hilfsmitteln auch einen neuen IBM 1130 Computer verwendete. Obwohl die Tests mit größter Sorgfalt durchgeführt wurden, ergaben die das gleiche Gebiet betreffenden Aufnahmen Tag um Tag völlig verschiedene Ergebnisse. Dr. Gohed: »... Es verstößt gegen alle Gesetze der Wissenschaft und der Elektronik ...« und ist »wissenschaftlich nicht möglich.« Ein Artikel der Londoner *Times* berichtete: »... Die erhofften großen Entdeckungen entpuppten sich als eine Unzahl sinnloser Symbole ...« Dr. Gohed erklärte zum bisherigen Scheitern des Projekts: »... Es gibt da einen Einfluß, der in der Pyramide wirksam ist und allen Gesetzen der Wissenschaft Trotz bietet ...«

Eher noch könnte das, worum es hier geht, einfach anderen Gesetzen gehorchen, vielleicht auch die Anwendung oder Abwandlung anderer Gesetze sein, die wir heute noch nicht begreifen — Spannungen und Anziehungskräfte, die die verborgenen Kräfte der Erde, der Planeten, der Sonne, des Mondes und der Sterne darstellen.

In seinem Buch *The View over Atlantis* bezieht sich John Mitchell auf die Einheit der prähistorischen Kultur und beweist, daß: »... überall auf der Erde Werke prähistorischer, mit dem Gebrauch des polaren Magnetismus vertrauter Baukunst zu finden sind.« Er nimmt an, daß wir »... innerhalb der Ruinen einer urzeitlichen Anlage leben, deren ungeheure Ausdehnung dazu führte, daß man sie bis jetzt nicht erkennen konnte ...« Mitchell verbindet auf diese Weise die großen Steinreste der prähistorischen Zeit, die heute noch in den Ebenen, Gebirgen, Wüsten, Dschungeln und Meeren der Welt bestehen. Seiner Meinung nach nahmen »... die Philosophen dieser Zeit« an,

»daß die Erde ein lebendes Wesen wäre und ihr Körper, wie der jedes anderen Lebewesens, ein innerhalb seines Magnetfeldes befindliches und mit diesem in Beziehung stehendes Magnetfeld besaß. Die Nervenzentren der Erde, den Akupunkturpunkten der chinesischen Medizin am menschlichen Körper entsprechend, wurden bewacht und geheiligt durch geweihte Bauten, die selbst als Mikrokosmen der kosmischen Ordnung entworfen waren ...«

Hinweise darauf, daß es eine oder mehrere Weltzivilisationen in sehr weit zurückliegender Vergangenheit gegeben hat, sind bis heute überliefert. Diese Zivilisationen sind als Folge natürlicher oder von Erdbewohnern hervorgerufener Katastrophen verschwunden, und zwar um einiges früher, als unsere eigenen überlieferten kulturellen Anfänge im 4. Jahrtausend v. Chr. einsetzen. Gebäude oder Monumente, aus einer solchen Zeit auf uns gekommen, können, so imponierend sie sind, schwer oder überhaupt nicht datiert werden. Dazu kommt, daß die Zeitspanne, die wir früher für das Auftreten und die Entwickelung des zivilisierten Menschen angenommen haben, kaum genügend Raum für den Aufbau dieser weitgehend hypothetischen Kultur gibt. Die jüngsten Entdeckungen von Dr. Louis und Mary Leakey in Olduvai Gorge, Tansanien, und von Richard Leaky in Kenia deuten darauf hin, daß der primitive Mensch schon vor 2 Millionen Jahren aufgetreten sein kann. Werkzeuge, die in den Vallonet-Höhlen in Frankreich gefunden wurden, hat man ein Alter von 1 Million Jahren zugeschrieben. Die Untersuchung der Schädel des Cro-Magnon-Menschen (von dem allgemein angenommen wird, er habe vor 30 000 bis 35 000 Jahren gelebt) hat erwiesen, daß sein Schädelinhalt und die aus ihm zu schließende Gehirnmasse der unseren zumindest gleich und manchmal sogar überlegen war.

Während die wunderbaren Höhlenmalereien in Frankreich und Spanien als ein Teil des künstlerischen Welterbes anerkannt wurden, so können andere, weniger bekannte Zeugnisse vielleicht eine fundamentale Neubewertung des Zeitalters des zivilisierten Menschen zur Folge haben. In flache Steinplatten geritzte, durch die sie bedeckenden Erdschichten datierbare bildliche Darstellungen in Lussac-les-Châteaux, Frankreich, zeigen solche erstaunliche Zeichnungen aus einer im allgemeinen den Höhlenmenschen zugeschriebenen Periode. Tausende von Jahren vor der Dämmerung der uns bekannten Zivilisation geschaffen, stellen sie unerwartet modern wirkende Menschen dar, Männer, die wallende Gewänder, Stiefel, Gürtel, Mäntel und Hüte, gestutzte Bärte und Schnurrbärte tragen.

Andere merkwürdige Wandmalereien, ungefähr aus derselben Periode, die sich tief in südafrikanischen Höhlen befinden, zeigen weiße Reisende, die in sorgfältig ausgeführte, aber undefinierbare Gewänder gehüllt sind und sich vielleicht auf einer Art prähistorischer Safari oder Entdeckungsreise befunden haben.

Das Konzept der Evolution, der Entwicklung der Lebewesen von niederen zu höheren Formen, verlangt, daß ein Menschentyp dem anderen in aufsteigender Stufenreihe folgt, auf welcher immer die geeignetsten und am höchsten entwickelten Typen die primitiveren ersetzen. Während das im allgemeinen — wie bei dem fortgeschrittenen Cro-Magnon-Menschen, der den rohen Neandertaler ablöst — richtig ist, so war es doch in der langen Geschichte der Erde immer möglich, daß beide dieser Typen und auch andere zusammen existierten. Diese Situation besteht auch heute noch bei einer Weltbevölkerung, die Atomwissenschaftler und australische Ureinwohner gleichermaßen einschließt.

Wenn es eine fortgeschrittene Zivilisation vor der uns bekannten gegeben hat, so kann man doch vernünftigerweise annehmen, daß mancher Hinweis überlebt haben dürfte, um einen klaren Beweis zu ergeben (wenn etwas in der Archäologie überhaupt je völlig klar ist), daß eine solche technisch entwickelte Kultur nicht nur vor einigen, sondern vor vielen Jahrtausenden existiert hat. Falls unsere eigene Zivilisation zerstört werden sollte, so würden viele Bauten, Maschinen und Geräte zugrunde gehen, verrotten und unkenntlich werden, bevor noch einige tausend Jahre vergangen wären. Einige Zeugnisse würden erkennbar bleiben, wenn sie innerhalb der sich bewegenden Erde, unter dem ewigen Frost des nördlichen oder antarktischen Eises begraben oder auf dem Meeresboden verborgen lägen.

Die Entwicklung des Karbon 14, Kalium-Argon, Uran-Thorium, der Thermolumineszenz und Dendrochronologie (Datierungsmethode aus den Jahresringen der Baumstämme) und andere Datierungsmöglichkeiten haben manche unserer althergebrachten Theorien über die ersten Daten der Zivilisation erschüttert. So hat man festgestellt, daß eine Eisenmine in Ngwenya, Lesotho, von unbekannten Bergleuten vor 43 000 Jahren betrieben wurde. Im Iran gefundene Steinwerkzeuge sind 100 000 Jahre alt. Ausgedehnte Kupferbergwerksanlagen im nördlichen Michigan entstanden, augenscheinlich Jahrtausende bevor die ersten Indianer dorthin kamen. In Wattis, Utah, brach man beim Ausschachten des neuen Stollens einer Kohlenmine in eine unerwartete Reihe bereits bestehender Stollen unbekannten Alters ein. Die in diesen Stollen gefundene Kohle war so verwittert, daß sie nicht mehr zum Brennen verwendet werden konnte. Es gibt keine indianischen Legenden, die von solchen Minen handeln, noch trieben die Indianer je Bergbau unter Tag.

Als der Mensch das Innere der Erde mehr und mehr erforschte, wurden in Kohle, Stein oder anderen Schichten eingeschlossene urzeitliche Werkzeuge entdeckt, die auf ein so hohes Alter schließen lassen, daß es nur ungefähr geschätzt werden kann. Ein in einem Kohlenflöz eingebetteter Schuhabdruck im Fisher Canyon, Nevada, wurde auf 15 Millionen Jahre geschätzt; von dem in einem Sandsteinfelsen unter der Wüste Gobi gefundenen Abdruck der geriffelten Sohle eines Schuhs oder einer Sandale wird angenommen, daß er vor einigen Millionen Jahren dort hinterlassen wurde. Ein anderer versteinerter Sohlenabdruck einer Sandale, entdeckt in der Umgebung von Delta, Utah, wies eingeschlossene Triboliten auf, die also zu dieser Zeit oder nachher dort existiert haben müssen. Triboliten sind paläozoische Meerestiere, die, so glaubt man, vor 200 Millionen Jahren ausgestorben sind. Ein 1959 in einem italienischen Bergwerk ausgegrabenes, versteinertes menschliches Skelett war von Schichten umgeben, deren Alter auf Millionen von Jahren geschätzt wurde.

In Kalifornien wurde ein Eisennagel gefunden, der in einem Stück Quarz so völlig eingeschlossen war wie die im Bernstein der Nordsee konservierten prähistorischen Insekten. In einem Stück Feldspat aus der Abbey Mine in Treasure City, Nevada, wurde im Jahr 1865 eine 5 Zentimeter lange Metallschraube gefunden, die zwar oxydiert war, aber ihre Form und die ihres Gewindes innerhalb des Feldspats zurückgelassen hatte; der Stein selbst wurde auf Millionen von Jahren geschätzt. Im vorigen Jahrhundert wurde in Schöndorf bei Vöcklabruck in Österreich ein kleines, aus Eisen bestehendes würfelförmiges Objekt, weniger als einen Kubikzentimeter im Umfang, innerhalb eines Kohleblocks gefunden, der gespalten worden war. Eine eingeschnittene Linie bildet eine Rille rund um den Würfel, der selbst abgerundete Ecken besitzt, als wäre er mit einer Maschine bearbeitet worden. Natürlich gibt es keine Erklärung dafür, wozu dieser Gegenstand diente oder wie er vor Millionen von Jahren in den Block Kohle kam.

Aus der Zeit der Eroberung Perus gibt es einen Bericht, daß eine von Spaniern geführte Indianermannschaft in einer peruanischen Mine einen im Fels eingeschlossenen Nagel fand. Das rief große Verblüffung hervor, nicht nur wegen des offenbaren Alters des Nagels, sondern auch deshalb, weil in Amerika Eisen bis zur Ankunft der Spanier nicht bekannt gewesen war.

Ein in Blue Lick Springs, Kentucky, gefundenes Mastodon wurde in einer Tiefe von 3,65 Meter ausgegraben. Als man die Grabung jedoch fortsetzte, entdeckte man ein Pflaster von bearbeiteten und einander angepaßten Steinen knapp 1 Meter tiefer *unter* der Stelle, wo das Mastodon gelegen hatte. Das ist nur ein Beispiel von Funden urzeitlicher Steinarbeit innerhalb der USA, die so alt sind, daß sie durch umgebende oder darüberliegende Objekte (wie im Fall des Mastodons) nicht datiert werden können.

Diese und andere Funde sind mit historischen Begriffen so

schwer zu erklären, daß man ihnen oft mit Mißtrauen begegnet. Es kommt aber auch vor, daß sie Besuchern aus anderen Welten zugeschrieben werden, die ihre Fußabdrücke in unserer Welt zu Zeiten hinterließen, die so fern liegen, daß Flächen, die heute fester Felsen sind, damals aus geschmeidigem und zähflüssigem Material bestanden haben. Natürlich ist es möglich, daß diese Fußabdrücke und einfachen Gegenstände von Menschen stammen, die urzeitlichen Völkern der Erde angehörten. Die Entdeckungen in den Bergwerken würden dann bedeuten, daß die Zeit dieser Zivilisation so weit zurückliegt, daß nur das, was in der Erde verborgen oder in anderen Materialien enthalten war, bis jetzt gefunden, aber in seiner Bedeutung nicht erkannt wurde. Man fragt sich, wie viele kleine Hinweise im Laufe der Jahrhunderte wohl zerstört wurden, während nur wenige rätselhafte Beispiele erhalten blieben, um noch andere — nicht nur legendäre – Zeugnisse urzeitlicher Zivilisation zu liefern.

Legenden und in Stein gemeißelte bildliche Darstellungen von ausgestorbenen, aber klar erkennbaren Tieren könnten einen anderen Hinweis auf das Alter der menschlichen Kultur darstellen. Die Zeichnung eines dem Toxodon sehr ähnlichen Tieres wurde auf einem Tongeschirr in Tiahuanaco, der 4000 Meter hoch gelegenen Stadt in den bolivianischen Anden, gefunden. Vom Toxodon, einem prähistorischen, ein wenig dem Flußpferd ähnlichen Tier, wurde früher angenommen, es wäre schon lange vor der Entwicklung zivilisierter Menschen ausgestorben. In jedem Fall aber entsprach sein Lebensraum nicht einem kahlen, 4000 Meter hohen Plateau wie dem von Tiahuanaco, noch wäre dieses Gebiet überhaupt für den Standort einer großen Kultur geeignet gewesen. Es gibt aber Spuren, wie zum Beispiel Kornfeldterrassen oberhalb der jetzigen Schneegrenze in den umgebenden Bergen oder einen tiefen See, der Meeresfauna enthält, die darauf hindeuten, daß das gesamte Gebiet zur Zeit der Erbauung Tiahuanacos viele hundert Meter tiefer lag, möglicherweise auf Meereshöhe und an der Küste.

Auf dem Marcahuasi-Plateau nahe von Kenko in Peru gibt

es kolossale, in Stein gemeißelte Darstellungen. In manchen Fällen wurden sogar ganze Felsen durch diese Arbeiten in ihrer Gestalt verändert. Diese wenn auch im Laufe ungezählter Zeitalter verwitterten Steinarbeiten der Vor-Inkazeit können als Darstellungen von Löwen, Pferden, Kamelen und Elefanten identifiziert werden, Tieren, von denen angenommen wird, daß keines von ihnen zur Zeit menschlicher Zivilisation in Südamerika gelebt hat. Ebenfalls in Peru, in den Ruinen einer Küstenstadt nahe Pisco, sind auf sehr alten Keramikgegenständen der Vor-Inkazeit Lamas mit fünf Zehen dargestellt. Diese fünf Zehen hatten die Lamas viele tausend Jahre früher statt des gespaltenen Hufs, den sie später entwickelten.

An Felswänden sowohl Nord- als auch Südamerikas wurden Zeichnungen von Tieren entdeckt, die wie Dinosaurier aussehen. Da aber zum Beispiel die gewöhnlichen Eidechsen, giftigen Krustenechsen und Leguane ihren weitentfernten Dinosaurier-Ahnen sehr ähnlich sind, so ist es schwierig festzustellen, ob diese Exemplare prähistorische Ungeheuer oder gewöhnliche Eidechsen darstellen. Das mag auch bei einer indianischen oder vorindianischen Felszeichnung der Fall sein, die eine große, in eine Felswand am Big Sandy River in Oregon eingeritzte Eidechse zeigt. Das Bildwerk ähnelt jedoch in hohem Maß einem Stegosaurier.

1924 fand die Doheny-Expedition uralte Felsenbilder im Havasupai Canyon, in der Nähe des Grand Canyon. Eine Steinzeichnung zeigte Menschen, die ein Mammut angriffen, ein unerwarteter Fund für Amerika, wo man gewöhnlich annahm, der Mensch wäre, geologisch gesehen, eine ziemlich junge Erscheinung. Unter den anderen untersuchten Felsenbildern befand sich ein ziemlich getreues Porträt eines Tyrannosauriers, aufrecht stehend und teilweise auf seinen Schwanz gestützt, ganz genauso, wie ihn spätere Rekonstruktionen in Museen zeigen. Entlang dem Amazonas und seinen Nebenflüssen gefundene Steinzeichnungen scheinen wieder andere prähistorische Tiere, besonders den Stegosaurier, darzustellen.

In der Nähe des mexikanischen Dorfes Acámbaro wurden

1945 während der Grabungen an einer Fundstelle Tonstatuetten zutage gefördert, die jahrelang eine archäologische Sensation darstellten. Es handelt sich um Modelle von Flußpferden, Kamelen, Pferden und Riesenaffen sowie Dinosauriern aus dem Mesozoikum. (Die Echtheit dieses Fundes wurde später angezweifelt, da der Entdecker, Waldemar Julsrud, der anbot, nur für unversehrt gefundene Statuetten zu zahlen, unabsichtlich die eingeborenen Indianer ermutigte, Reproduktionen anzufertigen.) Karbon-14-Tests an den Figuren haben jedoch gezeigt, daß sie zwischen 3000 und 6500 Jahre alt sind. Eine der Figuren ähnelt so sehr einem Brachiosaurier genannten Dinosaurier, daß man, lägen dazwischen nicht ganze geologische Zeitalter, glauben könnte, der Künstler hätte tatsächlich ein solches Tier gesehen.

Die Tatsache, daß Urmenschen Tiere zeichneten oder modellierten, die Dinosauriern ähnelten, ist natürlich kein Beweis, daß sie sie je vor Augen bekamen (obwohl sie ihre Gebeine gesehen haben können). Der Drache des hl. Georg, der chinesische Drache, ebenso wie der drachenähnliche Sirrush, der entlang den Mauern von Babylon unter anderen, uns vertrauten Tieren abgebildet ist, all diese Tiere haben ja kaum je wirklich gelebt. Da jedoch manche Details darauf schließen lassen, daß der erste Mensch viel früher auftrat, als allgemein vermutet wird, so kann er auch mit einigen Tieren vertraut gewesen sein, von denen man glaubte, daß sie um diese Zeit schon ausgestorben waren.

Manche dieser Überlebenden könnte man zeitlich in den späteren Abschnitten des Tertiärs ansiedeln. Da jedoch einige der Bildwerke scheinbar Reptilien des Mesozoikums darstellen, das lange vor dem Auftreten des Menschen liegt, könnte man eine verblüffende Erklärung vorschlagen. Wenn hochzivilisierte Menschen auf der Erde zu einer Zeit existierten, die vor der unseren liegt, so hätte sie ihre wissenschaftliche Neugier sicher zur Entdeckung des früher auf der Erde heimischen Jura-Dinosauriers geführt, so wie es auch bei uns der Fall war. Nach dem Verschwinden dieser früheren Zivilisation hätte dieses Wissen in Legenden (von Drachen) und in Bildwerken bewahrt werden können. Halten wir uns vor Augen, daß wenig mehr als 100 Jahre vergangen sind, seit konservative Forscher das Vorhandensein kolossaler Fossilien auf der Erde mit der Behauptung erklärten, Gott habe eben die Fossilien zur selben Zeit gemacht, als er die Erde schuf.

Andrew Tomas, der in seinem Buch *We Are Not the First* historische Anachronismen beschreibt, erzählt von dem ausgegrabenen Schädel eines Auerochsen (einem wilden Urochsen), der sich jetzt im Moskauer Museum für Urgeschichte befindet. Der Schädel, einige hunderttausend Jahre alt, ist an seiner Vorderseite von einem kleinen, offensichtlich durch ein rundes Projektil verursachten Loch durchbohrt. Das Fehlen radialer Sprünge ebenso wie die Form des Lochs lassen auf eine unter großer Hitzeeinwirkung und mit hoher Geschwindigkeit abgefeuerte Kugel schließen. Das, was man für eine Kugel hält, wurde auch nicht erst nach dem Tod des Auerochsen abgefeuert, denn die Nachforschung ergab, daß die Wunde einige Zeit, nachdem sie beigebracht worden war, wieder verheilte. Es gibt noch ein anderes Beispiel in London (im Naturhistorischen Museum), wo ein mit 40 000 Jahren datierter, in einer Höhle in Sambia gefundener menschlicher Schädel ausgestellt wird, der ein ähnliches Loch in der linken Seite aufweist, ebenfalls ohne radiale Sprünge. Die Möglichkeiten, die diese prähistorischen Schüsse, wenn es solche sind, eröffnen, sind verblüffend.

Diese Entdeckungen, so vereinzelt und vieldeutig sie sein mögen, weisen doch auf die Wahrscheinlichkeit hin, daß zivilisierte Menschen auf Erden schon viel länger existieren, als früher angenommen wurde. Wir wollen die Möglichkeit, daß die Erdzivilisation aus dem Weltraum auf die Erde gebracht wurde, gar nicht in Erwägung ziehen, wie das schon häufig geschehen ist. Es wäre ja auch auf unserem eigenen Planeten Zeit und Raum genug vorhanden, um einer oder mehreren Kulturen Gelegenheit zu geben, Selbstvernichtung zu entwickeln, sei es nun durch Krieg, Störung der Umwelt oder durch andere, unwissentlich ausgelöste zerstörerische Kräfte.

Wenn wir ihren Beginn mit 4000 v. Chr. annehmen, so hat sich unsere eigene Kultur in nur 6000 Jahren aus einer primitiven Ackerbau- und Hirtenkultur bis zur Kernspaltung entwickelt. Zieht man das Alter der Menschheit in Erwägung, so gibt es ausreichend Zeit für andere Kulturen, um ein Niveau zu erreichen, das annähernd mit dem unseren übereinstimmt. Eine nochmalige Prüfung der auf uns gekommenen antiken Aufzeichnungen gibt manchen Hinweis darauf, daß der Mensch schon früher die Fähigkeit zur Selbstzerstörung erreicht hat. Während es in der Bibel Anspielungen auf Vernichtung gibt (Sodom und Gomorrha), ebenso in den griechischen Mythen und in vielen indianischen Legenden Nord- und Südamerikas, so finden wir in den uralten, immer wieder kopierten Aufzeichnungen Indiens aus prähistorischer Zeit die ziemlich detaillierte Beschreibung von Gebrauch und Wirkung eines Vorgangs, der den zu Kriegszwecken ausgelösten Atomexplosionen sehr ähnlich ist.

Unerwartete Hinweise auf solche neueste Entwicklungen unserer technologischen Zivilisation sind in zahlreichen alten Schriften Indiens gegenwärtig, die, anders als so viele Dokumente der westlichen Welt, dem Feuer und der Zerstörung entgangen sind. Als wären sie heute geschrieben und nicht vor Tausenden von Jahren, beschäftigen sie sich mit Gegenständen wie der Relativität von Zeit und Raum, kosmischen Strahlen, dem Gesetz der Schwerkraft, Strahlung, der kinetischen Energie und der Atomkraft. Die Vaisesika-Schule wissenschaftlicher Philosophen im alten Indien entwickelte oder bewahrte die Theorie, daß Atome sich in unaufhörlicher Bewegung befinden. Sie unterteilen die Zeitmessung in eine Reihe unglaublicher Sekundenbruchteile, von denen der winzigste als die »Periode« angesehen wurde, »die ein Atom braucht, um seine eigene Raumeinheit zu durchqueren«.

Erstaunlich modern klingende Anspielungen enthält in reichem Maße das *Mahabharata*, ein kolossales Kompendium von über 200 000 Versen, das die Erschaffung des Kosmos, Religion, Gebete, Sitten, Geschichte und Legenden über die Götter und

Heroen des alten Indien beschreibt. Man nimmt an, daß es ursprünglich vor 3500 Jahren verfaßt worden ist. Es bezieht sich jedoch auf Ereignisse, die angeblich Jahrtausende davor stattgefunden haben. Unter den Versen des *Mahabharata* befinden sich einige, die sich wie lebendige, aus erster Quelle stammende Beschreibungen eines Atomkriegs lesen.

Als westliche Studenten der Philosophie und der Religion in den achtziger Jahren des 19. Jahrhunderts das *Mahabharata* lesen und studieren konnten (eine Übersetzung wurde 1884 fertiggestellt), hielten sie die zahlreichen, immer wiederkehrenden und merkwürdig detaillierten Hinweise auf urzeitliche Luftschiffe *(vimanas)* und die Anweisungen für deren Betrieb sowie für die Erkennung feindlicher Luftschiffe natürlich für poetische Phantasie. Es gab sogar noch verwirrendere Anspielungen auf eine Waffe, die dazu diente, feindliche Armeen lahmzulegen *(mohanastra* — »der Pfeil der Bewußtlosigkeit«), ebenso wie Beschreibungen von »zweistöckigen, rote Flammen speienden Himmelswagen mit vielen Fenstern, die in den Himmel emporrasen zu den Regionen der Sonne und der Sterne, bis sie wie Kometen aussehen ...«

Man darf nicht vergessen, daß das *Mahabharata* übersetzt wurde, Jahrzehnte bevor es Flugzeuge, Gift- oder Nervengas, bemannte Raketen und Atombomben gab. Die Erwähnung solcher Dinge bedeutete für die Leser der Viktorianischen Zeit nichts anderes als das Produkt wild wuchernder Phantasie. Andere Anspielungen wurden von westlichen Studenten des *Mahabharata* mit Leichtigkeit verstanden, soweit sie sich auf relativ moderne Bewaffnung und entsprechend kontrollierte Feuerkraft bezogen, auf verschiedene Arten von Artillerie und Raketen, auf »Eisenkugeln«, Bleigeschosse, Sprengstoffe aus Salpeter, Schwefel und Holzkohle, auf Bomben mit Raketenantrieb, die imstande waren, Stadttore zu sprengen, und zylindrische Geschütze, die ein Donnergetöse machten *(agneyastras).* Obwohl gerade diese Dinge dem alten Indien zugeschrieben wurden, hatten einige der Leser den Verdacht, sie wären »unetymologisch« oder in die Übersetzung eingefügt worden, aus dem verständlichen Versuch der Inder, sagen zu können: »Wir hatten sie vor euch.«

Andere im *Mahabharata* erwähnte geheimnisvolle Waffen wurden später, im Verlauf des Ersten Weltkriegs, besser verstanden. Der indische Militärschriftsteller Ramchandra Dikshitar *(War in Ancient India)* wies darauf hin, daß die Kriegführung nun mit dem *Mahabharata* gleichgezogen habe: Die modernen Flugzeuge entsprächen den *vimanas,* die Waffe *mohanastra,* die ganze Armeen in Bewußtlosigkeit fallen ließ, dem Giftgas; er erläuterte auch den Gebrauch des Nebelgeschosses, das einen dichten Tarnungsnebel erzeugte, und verglich die *tashtra,* die »imstande war, eine große Zahl von Feinden zur gleichen Zeit zu töten«, mit verbesserten modernen Explosivstoffen.

Was in den achtziger Jahren oder selbst noch während des Ersten Weltkriegs als geheimnisvoll oder lächerlich galt, ist nahezu für jeden, der in der unsicheren Welt von heute lebt, nicht länger rätselhaft. Die folgenden Auszüge, die von einem urzeitlichen Krieg handeln, sind uns so vertraut, daß sie uns frösteln lassen, obwohl Jahrtausende sie von unserem eigenen Atomzeitalter trennen. Die Beschreibung einer gegen eine feindliche Armee abgefeuerten Spezialwaffe lautet:

> Ein einziges Geschoß, mit aller Kraft des Universums ausgestattet. Eine weißglühende Säule von Rauch und Flammen, so hell wie zehntausend Sonnen, erhob sich in all ihrem Glanz ... es war eine unbekannte Waffe, ein eiserner Blitzstrahl, ein riesenhafter Todesbote, der das gesamte Volk der Vrishnis und Andhakas [die Feinde, gegen die sie in Anwendung gebracht wurde] zu Asche verbrannte ... Die Leichen waren bis zur Unkenntlichkeit entstellt. Ihre Haare und Nägel fielen aus; Tongeschirr brach ohne sichtbaren Grund, und die Vögel wurden weiß. Nach wenigen Stunden waren alle Lebensmittel verseucht ... um diesem Feuer zu entkommen, warfen sich die Soldaten in Flüsse, um sich und ihre gesamte Ausrüstung zu waschen.

[Diese mächtige Waffe] ... trug Mengen [von Kriegern] mit Streitrossen und Elefanten und Wagen und Waffen hinweg, als wären sie trockenes Laub ... vom Winde verweht ... sie sahen sehr schön aus, wie Vögel ... die von Bäumen wegfliegen ...

Als sichtbare Folge der Explosion einer solchen Superwaffe beschrieb der Autor, der die Wirkung entweder selbst erlebt, aus anderen Berichten zusammengetragen oder sich einfach vorgestellt hat, keinen Atompilz, sondern große Wolken, deren eine sich über der anderen öffnete, wie eine Reihe verschiedener kolossaler Regenschirme: eine Vorstellung, die von der unseren verschieden ist, aber keineswegs einen schlechten Vergleich darstellt.

Sogar die ungefähren Abmessungen der Waffe oder Bombe werden angegeben:

... Ein Schaft, so verhängnisvoll wie das Zepter des Todes. Er maß 3 Ellen und 6 Fuß. Ausgestattet mit der Donnerkraft des tausendäugigen Indra war er ... für alle lebenden Wesen todbringend ...

Auch ein Bericht vom Zusammentreffen zweier Raketen in der Luft ist überliefert.

... Die beiden Waffen begegneten einander freischwebend. Da begann die Erde mit all ihren Gebirgen und Seen und Bäumen zu zittern, und alle lebenden Wesen wurden durch die Energie der Waffen erhitzt und stark angegriffen. Die Himmel flammten auf, und die zehn Punkte des Horizonts füllten sich mit Rauch ...

Viele meinen, der im *Mahabharata* beschriebene große Krieg beziehe sich auf die »arische« Eroberung des indischen Subkontinents vom Norden her. Dieses Ereignis hätte, der Zeit entsprechend, in der es stattfand, auch in verständlichen Ausdrükken beschrieben werden können (wie die *Ilias*), ohne Waffentypen zu erwähnen, die merkwürdig in die Zukunft weisen und der Science-fiction zuzurechnen sind.

In diesem Zusammenhang ist auch erwähnenswert, daß Skelette, die in Mohenjo-Daro und Harappa in Pakistan gefunden wurden, sich als äußerst radioaktiv erwiesen. Von der Geschichte dieser uralten Städte ist so gut wie nichts bekannt, außer daß sie plötzlich zerstört wurden.

Antike Beschreibungen von Flugzeugen und Atomkriegen — wie vorausschauend sie auch immer sein mögen — müssen natürlich nicht unbedingt bedeuten, daß der Berichterstatter diese Wunder persönlich beobachtet hat oder daß sie je außerhalb seiner regen oder krankhaften Einbildungskraft existierten. In unserer Zeit hatte der Buck Rogers Comic Strip ganz offenherzig die Anwendung von Atombomben zum Thema, bis das FBI, kurz bevor die supergeheime wirkliche Atombombe in New Mexico getestet wurde, den Autor überredete, von solchen Hinweisen in seinem Strip abzusehen. Ein anderes prophetisches Zusammentreffen im Bereich der Science-fiction beinhaltet Jules Vernes »Reise zum Mond«. Hier wird Florida als Basis eines erfundenen Mondfluges bezeichnet und somit der tatsächliche Mondflug um mehr als ein Jahrhundert vorweggenommen. Durch ein weiteres prophetisches Zusammentreffen sind die Abmessungen, die Verne vor 100 Jahren für Kapitän Nemos imaginäres Unterseeboot angab, nahezu mit jenen der heutigen US-Atomunterseeboote identisch. Noch verblüffender ist ein anderer Fall in der Literatur. Als Jonathan Swift 1726 »Gullivers Reisen« schrieb, schilderte er die Satelliten des Mars und gab ihre nahezu genauen Abmessungen sowie Einzelheiten ihrer Umlaufbahn um den Planeten an, obwohl diese zwei Monde, die er so nebenbei (und so genau) in seinem Romanwerk erwähnte, erst 1877 entdeckt wurden. Nun, Verne, Swift und der Schöpfer des Buck Rogers Comic Strips lebten in einer wissenschaftlichen Welt, in welcher die Möglichkeit solcher Entdeckungen eine Frage der Zeit war. Die indischen Aufzeichnungen aber liegen vielleicht mehr als 6000 Jahre zurück.

Manche Asiaten, aber auch Angehörige der westlichen Welt, die sich der Theorie verschrieben haben, daß der zivilisierte Mensch schon eine viel längere Zeit existiert, als früher vermutet wurde (das Zurückverlegen der Zeitgrenze der Zivilisation scheint in der Tat Jahrhunderte und sogar Jahrtausende freizulegen, die nun ausgefüllt werden könnten), weisen die Möglichkeit nicht von sich, daß es überall auf der Welt Wellen der Zivilisation gab, von denen manche außer in Legenden keine Spur hinterlassen haben. Sie sind deshalb bereit zu glauben, daß die unerwartet detaillierten indischen Hinweise auf Atome, Atomkraftwerke, Atomwaffen und hochentwickelte Technologien einfach die bewahrte Erinnerung an prähistorische, wissenschaftlich fortgeschrittene Zivilisationen darstellen. Im Zusammenhang mit den indischen Legenden sollten wir auch die Tatsache bedenken, daß gewisse Abschnitte der Erdoberfläche aussehen, als wären sie durch atomare Einwirkung, die Jahrtausende vor den Atomversuchen der Gegenwart stattgefunden hat, beschädigt worden. Diese Örtlichkeiten befinden sich in Sibirien, im Irak, in Colorado und in der Mongolei (wo die chinesischen Atomtests neue, den alten vergleichbare Schäden hinterlassen).

Im Zuge einer Probegrabung im südlichen Irak wurde 1947 eine Art von archäologischem Stollen nach und nach in einzelne Schichten von Kulturen vorgetrieben. Vom jetzigen Bodenniveau ausgehend stieß man auf Schichten der Babylonier, Chaldäer und Sumerer, mit Schwemmschichten zwischen verschiedenen Zeitaltern der Stadtkultur, dann auf die ersten Dorfkulturschichten, weiter auf eine Schicht, die der primitiven Bauernkultur 6000 bis 7000 Jahre v. Chr. entsprach. Darunter fanden sich Hinweise auf eine Hirtenkultur, und zuletzt wurde ein Zeitalter erreicht, das dem Magdalenien vor etwa 16 000 Jahren entspricht. Noch tiefer unten, am Grund aller Schichten, wurde ein Boden von geschmolzenem Glas aufgedeckt, der nur einem glich: dem Wüstenboden in New Mexico nach den Explosionen, die unser gegenwärtiges Atomzeitalter einleiteten.

9

Beschützer, Kidnapper oder unparteiische Beobachter?

Wenn aus dem Bermuda-Dreieck oder aus anderen Gebieten der Welt Flugzeuge, Schiffe und Menschen von UFOs oder anderen Wesen entführt werden, so sollte ein wichtiger Bestandteil jeder Nachforschung die Frage nach der möglichen Ursache oder den möglichen Ursachen sein. Manche Forscher sind der Meinung, daß intelligente Wesen, die wissenschaftlich den vergleichsweise primitiven Völkern der Erde um Lichtjahre voraus sind, sich seit Jahrhunderten damit befassen, unsere Fortschritte zu beobachten, um eventuell einzugreifen und uns daran zu hindern, unseren eigenen Planeten zu zerstören. Dies würde natürlich eine uneigennützige Veranlagung der Wesen aus dem inneren oder äußeren Weltraum voraussetzen, wie sie bei Entdeckern und Pionieren nicht immer vorzuherrschen pflegt.

Vielleicht existiert in der Nähe des Bermuda-Dreiecks und an gewissen anderen Knotenpunkten elektromagnetischer Gravitationsströme eine Tür oder ein Fenster zu einer anderen Dimension, durch welche mit ausreichender Erfahrung ausgestattete außerirdische Wesen systematisch und ganz nach Belieben einzudringen vermögen. Begegnen sie aber Menschen, so wird für diese eine Rückkehr unmöglich, entweder weil sie technisch dazu noch nicht imstande sind, oder weil sie von fremden Mächten daran gehindert werden. Viele dieser Vorfälle, besonders solche, die das Verschwinden ganzer Schiffsmannschaften betreffen, lassen auf Raubexpeditionen schließen, auf denen menschliche Wesen für Weltraumzoos, für Ausstellungen, die verschiedene Epochen der planetarischen Entwicklung zum

Gegenstand haben, und zu Experimentierzwecken gesammelt werden.

Dr. Manson Valentine meint, daß es verschiedene und manchmal auch feindliche Gruppen von Besuchern geben könnte, die aus dem Weltraum, aus den Tiefen des Ozeans oder sogar aus einer anderen Dimension kommen. Manche dieser Wesen, die uns besuchen, könnten unsere Vettern aus einer Jahrtausende zurückliegenden Verwandtschaft und genügend zivilisiert sein, um uns und die Erde aus uneigennützigen Gründen zu beschützen. Freilich könnte es auch sein, daß sie einfach um ihre eigene Umwelt besorgt sind. Sollte das der Fall sein, so muß man annehmen, daß die außerirdischen Besucher um die zunehmende Gefahr weltweiter Vernichtung und Zerstörung wissen, in welcher sich die Erde und ihre Bevölkerung befinden. Diese Situation kann in den vergangenen Jahrtausenden schon mehrfach eingetreten sein. Wenn sich die Erde aber auch in Gefahr befand, so wurde sie doch nicht bis zur Unbewohnbarkeit verwüstet, wie dies das Schicksal mancher Planeten und Monde gewesen sein mag. Die Erinnerung an Zeiten herannahender Weltkatastrophen wird von den Nachkommen sehr alter Völker bis heute bewahrt. Aus manchen ihrer Überlieferungen geht hervor, daß nicht nur eine, sondern mehrere globale Katastrophen stattgefunden haben. Die Indianervölker Mittelamerikas haben bis heute drei Weltuntergänge gezählt und rechnen mit einem vierten Weltende, diesmal durch Feuer, zu einem Zeitpunkt, der in nicht allzuferner Zukunft liegt. Die Hopi, unter den indianischen Stämmen der Vereinigten Staaten diejenigen, deren Überlieferungen über ihre Wanderungen und das Bild der Welt im allgemeinen am vollständigsten sind und bemerkenswert ins Detail gehen, erzählen von drei früheren Weltuntergängen. Der erste geschah durch Vulkanausbrüche und Feuer, der zweite durch Erdbeben und eine zeitweilige Störung des Gleichgewichts der Erdachse und der dritte durch Überschwemmungen und das Absinken der Kontinente, weil kriegerische Einwohner der »Dritten Welt« ihre Städte gegenseitig durch Luftwaffen zerstörten. Der Hinweis auf eine Störung des Gleichgewichts der Erdachse zeugt von außerordentlichen Kenntnissen dieses kleinen indianischen Stammes über die wahre Gestalt und die Umdrehung der Erde. Die Theorie des »Abtrudelns« der Erde stimmt mit einer wissenschaftlichen Theorie aus späterer Zeit überein, die Hugh Auchincloss Brown entwickelte. Er schrieb es einem wachsenden Übergewicht von Eis auf einem der Pole zu, daß die Erdachse in ihrem Gleichgewicht gestört wurde.

Alte religiöse Legenden Indiens erzählen von neun Erdkrisen, während die Berichte anderer Kulturen der Antike hinsichtlich der Zahl schwanken, immer aber regelmäßig wiederkehrende globale Katastrophen erwähnen.

In seinem Kritias-Dialog zitiert Plato einen ägyptischen Priester, der dem Athener Gesetzgeber Solon, als er Ägypten besuchte, folgendes mitteilte:

> ... Es gab viele Zerstörungen der Menschheit, und wird sie wieder geben. Sie entstehen aus vielerlei Ursachen.

Nachdem er ihm erklärt hatte, wie die Ägypter die Erinnerung an manche dieser Ereignisse in ihren Aufzeichnungen bewahrt hatten, sagte er angeblich zu Solon:

> ... und dann, zur üblichen Zeit, senkte sich ein Strom vom Himmel herab wie eine Pest ... und somit muß man wieder von vorn beginnen wie die Kinder ... [und fügte, sozusagen als einen letzten Seitenhieb auf die lückenhafte griechische Überlieferung, hinzu:] Ihr erinnert euch nur an eine Sintflut, doch es gab deren viele ...

Die Theorie zyklisch verlaufender Zivilisationen, die in der Antike vorherrschte und in Asien bis zu einem gewissen Grad immer noch vertreten wird, steht in deutlichem Gegensatz zu der Fortschrittstheorie unserer eigenen Kultur und ihrer vorgefaßten Meinung über den Zwang und Ablauf der Zeit sowie das ständige Fortschreiten der Zivilisation und wissenschaftlichen Entwicklung. Je mehr aber unser eigenes Wissen zunimmt, desto mehr sind wir vielleicht auch imstande zu erkennen, daß die in der Antike gemachten Beobachtungen und Vermutungen doch ihre Richtigkeit erweisen werden.

Weltkatastrophen und die Zerstörung ganzer Zivilisationen können in früheren Zeiten aus verschiedenen Gründen erfolgt sein. Manchen von ihnen müssen wir heute selbst ins Auge blikken, so entschieden wir uns auch dagegen wehren. Besonders wichtig ist in diesem Zusammenhang die Frage der Überbevölkerung, ein Problem, das unter den antiken Aufzeichnungen nur im *Mahabharata* Erwähnung findet, als ob der indische Subkontinent damals wie heute unter dem Würgegriff der Überbevölkerung gelitten hätte. Der schon in antiken Quellen erwähnte Atomkrieg, eine andere gewaltige Bedrohung in unserer Zeit, wäre natürlich ein Weg, dieses Problem zu lösen. Allerdings würde ein solcher Krieg auf unserem Planeten die Zerstörung von Leben in weitem Ausmaß zur Folge und auch katastrophale Auswirkungen auf seine künftige Bewohnbarkeit haben. Sollten die atomaren Reaktionen stark genug sein, könnten sie dazu noch seismische Katastrophen und durch das Schmelzen des Polareises bewirkte Fluten auslösen.

Katastrophen, die nicht mit der Atomenergie, sondern mit anderen Gebieten der technologischen Entwicklung in Verbindung stehen und deren Ergebnis erst im Lauf der Zeit bekanntwerden wird, kommen vielleicht gerade jetzt auf uns zu. Wir haben es heute ja nicht nur mit Atomtests, den Problemen des Atommülls, der Verschmutzung von Luft und Wasser und der gestörten Beziehung der Lebewesen zu ihrer Umwelt zu tun, sondern haben uns unwissentlich auch noch auf andere Experimente eingelassen, deren Entwicklung schließlich erschreckende Konsequenzen zeigen könnte.

Eine Bemerkung von Dr. Columbus Islin, des früheren Direktors des Ozeanographischen Instituts von Woods Hole, mag dazu als Beispiel dienen. Im Zusammenhang mit dem Anwachsen des Kohlendioxydgehalts der Atmosphäre stellt er folgendes fest:

Während der letzten hundert Jahre sollte die wachsende Verwendung fossiler Brennstoffe in unserer weltweiten industriellen Zivilisation zu einer Produktion von etwa 1,700 Billionen Tonnen Kohlendioxyd geführt haben, 70 Prozent der Menge, die sich jetzt in der Atmosphäre befindet. Da ungefähr zwei Drittel des hinzukommenden Kohlendioxyds vom Meer absorbiert werden, so kann mit einem Ansteigen des Kohlendioxydgehalts von etwa 20 Prozent in der Atmosphäre gerechnet werden.

Die Wirkung einer solchen Erhöhung des Kohlendioxydgehalts ist nicht leicht vorherzusagen, aber es gibt Gründe zu der Annahme, daß sich die tieferen Schichten der Atmosphäre dadurch um einige Grade erwärmen könnten. So vollziehen wir — mehr oder weniger ungewollt — ein großes Experiment.

Die Auswirkungen eines durch den Menschen verursachten Abschmelzens des Polareises, die darauf folgenden Flutwellen und die Überschwemmung von Meeresküsten in aller Welt erinnern an die Sintflut der prähistorischen Zeit, die Landoberflächen im Atlantik, in der Karibik, im Mittelmeerraum und anderswo bedeckte und von der wir heute annehmen, daß sie keineswegs in den Bereich der Legende gehört. Sogar das Ausfließen von Öl aus einem der immer riesiger werdenden Supertanker oder aus einer arktischen Pipeline könnte ein großräumiges Abschmelzen des Polareises mit unvorhersehbaren Folgen bewirken.

Die Ausrottung so vieler Tierarten könnte eine andere mögliche Quelle künftiger Katastrophen sein, über deren Ausmaß wir uns noch keine Meinung bilden können. Wie erinnerlich nahm Noah, den man als Urvater der Ökologen bezeichnen könnte, nicht nur sieben Paare der nützlicheren Tiere an Bord der Arche, sondern auch je ein Paar all der anderen Tiere, ob sie nun nützlich waren oder nicht. Vielleicht ist der Aufstieg von der Barbarei zur Zivilisation und schließlich zur Erkenntnis und Nutzung der Kernspaltung ein natürlicher Prozeß, der nicht nur auf der Erde, sondern auch in anderen Teilen des Universums stattgefunden hat. Möglicherweise haben andere zivilisatorische Systeme, außerirdische oder — wie Valentine, Sanderson und andere vermuten — von dieser Erde stammende, aber für uns nicht sichtbare, über den Trieb zur Selbstzerstörung triumphiert. Sie benutzen unsere Welt — über solche Wege oder offene Türen wie das Bermuda-Dreieck — entweder als Studienobjekt, um Teile unserer Kultur zu bewahren oder um sie davor zu schützen, sich selbst zu zerstören. Vielleicht planen sie sogar, unsere Welt zu beherrschen, so wie es stärkere Nationen mit den weniger entwickelten versuchen. Solchen Beobachtern irgendwelche Beweggründe zu unterstellen, würde allerdings bedeuten, daß wir bei ihnen eine Denkweise voraussetzen, die der unseren ähnlich ist: Wilde Tiere können unmöglich begreifen, warum Sammler sie einfangen und ausstellen, anstatt sie zu töten und aufzufressen. Wie schon vermutet wurde, sind die UFOs vielleicht nur damit beschäftigt, unseren Planeten »auszukundschaften«. Wenn ja, dann tun sie das schon seit geraumer Zeit.

Sollte die Hypothese zutreffen, daß andersartige Wesen die Erde besuchen und beobachten, um Informationen und Studienobjekte — zu welchem Zweck immer — zu sammeln, und zwar besonders innerhalb des Bermuda-Dreiecks, wäre es nicht uninteressant, Vermutungen darüber anzustellen, warum sich die UFOs gerade auf dieses Gebiet konzentrieren. In längst vergangenen Zeiten gesichtete »himmlische« Flugzeuge lassen darauf schließen, daß sie in Gebieten kulturellen und technischen Fortschritts erschienen sind, als dieser bestimmte Höhepunkte erreicht hatte, wie um von Zeit zu Zeit festzustellen, wo neue Zentren der Zivilisation sich entwickelten und ob sie nicht Gefahren in sich trügen. Wenn wir uns die Reihenfolge der antiken Berichte vor Augen führen, die sich auf Besuche himmlischer Götter und Flugzeuge auf Erden beziehen, können wir wechselnde Schwerpunkte unterscheiden, die sich zu einem verschwommenen Muster zusammenfügen. Die ersten, bis in Einzelheiten beschriebenen Besuche waren die im alten Ägypten zur

Zeit des Pharaos Thutmosis III. und der Weltraumausflug des Sumerers Etana. Natürlich haben wir noch genauere Hinweise auf außerirdische Kontakte im Alten Testament, wo Ezechiel von dem Besuch einer Art von Raumschiff auf Erden erzählt, das innerhalb von 19 Jahren viermal erschien. Einmal sah Ezechiel sogar zwei dieser Schiffe und war auch, wie Etana, selbst ihr Passagier. Um einen solchen Hinweis kann es sich möglicherweise auch bei Elias handeln, der in einem »feurigen Wagen« in den Himmel auffuhr und nie mehr zurückkehrte. Aus Indien besitzen wir die Erinnerung an einen Raumflug in der Beschreibung der Luftreise des Rama. In altamerikanischen Quellen wird von Göttern berichtet, die in Maschinen vom Himmel kamen, um Tiahuanaco zu errichten. Die zahlreichen Berichte aus Griechenland, Rom, dem Europa der Renaissance und, in unseren Tagen, aus aller Welt, besonders aber aus dem Gebiet des Bermuda-Dreiecks, lassen auf die Möglichkeit schließen, daß die Beobachter offenbar am Fortschritt der technologischen Zivilisation auf der Erde, und zwar besonders an der Luftfahrt, der Eroberung des Weltraums und an der modernen Kriegführung interessiert sind. Im Zweiten Weltkrieg und im Koreakrieg waren »foo-fighters« (unidentifizierte Lichter oder Objekte, die Bomber oder Kampfflugzeuge auf ihren Einsätzen begleiteten) ziemlich alltäglich. Den Berichten zufolge scheint sich das Auftreten von UFOs in der Nähe von Raumflugstationen zu konzentrieren. Das mag seine Ursache entweder darin haben, daß sie den jeweils höchsten Stand unseres technischen Fortschritts repräsentieren, oder darin, daß sie eine Bedrohung des Sonnensystems oder eines Teiles des Universums darstellen.

In den Theorien von Ivan Sanderson wird jedoch angedeutet, daß auch hochentwickelte Lebensformen im Ozean von der wachsenden Bedrohung unserer eigenen ozeanischen Umwelt betroffen sein könnten.

Es scheint, als hätte es zusätzlich zu den im 6. Kapitel angeführten Beispielen noch einige verblüffende Hinweise auf die Tätigkeit von UFOs u n t e r Wasser gegeben, die von Einheiten der US-Marine aufgespürt und beobachtet wurden. Mit Ausnahme des ersten wurden Berichte über diese Vorfälle, wie das so üblich ist, tunlichst der Öffentlichkeit vorenthalten. Einer der bemerkenswertesten Berichte handelt von einem Unterwasserobjekt, das sich mit einer Geschwindigkeit von über 150 Knoten bewegte und zuerst von einem Zerstörer und unmittelbar danach von einem U-Boot verfolgt wurde. Beide Schiffe nahmen im Jahre 1963 an einer Übung der US-Marine in der südlichen Ecke des Bermuda-Dreiecks teil. Da im Manöver auch das Aufspüren und Verfolgen geübt wurde, nahm man an, das Objekt wäre ein Bestandteil der Übung. Dreizehn weitere Marinefahrzeuge bemerkten das rasch operierende und mit einer Schiffsschraube versehene Objekt und trugen ihre Beobachtung ins Logbuch ein. Die Spur des Objekts, das seine unglaubliche Geschwindigkeit beibehielt, wurde insgesamt vier Tage lang verfolgt, zeitweise in Tiefen von über 6000 Meter. Es wurde nie genau identifiziert, obwohl die meisten Berichte darin übereinstimmen, daß es allem Anschein nach nur von einer einzigen Schraube angetrieben wurde.

Während Berichte von aus dem Meer auftauchenden, im Meer untertauchenden oder unter Wasser operierenden UFOs in der Vergangenheit ziemlich häufig waren, so wurden diese Objekte doch selten so nahe gesehen und ihre Spur so unmittelbar verfolgt wie in den soeben geschilderten Manövern von 1963.

Wenn wir unter den Wassern der Meere die Existenz eines älteren Zweiges der Menschheit oder anderer »zivilisierter« Lebensformen annehmen, so haben sich solche Wesen, die ja über einen sehr viel größeren Lebensraum verfügen, als er den zivilisierten Lebensformen auf der Erdoberfläche zur Verfügung steht, während der letzten Jahrtausende nicht mit unseren Taten beschäftigt. Sobald aber unsere technische Leistungsfähigkeit eine beginnende Gefahr für sie und ihre Umwelt darstellte, könnte ihre bisher duldsame Politik eine Veränderung erfahren. Die geheimnisvollen Vorgänge im Bermuda-Dreieck müßten dann als Probebesichtigungen oder Forschungsaktionen vor dem Beginn entschiedenerer Maßnahmen angesehen werden.

Ivan Sanderson vermutet, daß gewisse unerklärte und unveröffentlichte Berichte über riesige Unterwasserkuppeln, von denen einige von Schwammtauchern vor der Küste Spaniens gesichtet und auch von der Meeresoberfläche aus von Hummerfängern und Berufsfischern am amerikanischen Kontinentalsockel wahrgenommen worden sind, sich auf Teile eines Unterwassergitters (wenn nicht heimlicher Verteidigungsanlagen) beziehen. Unter Wasser lebende Erdbewohner könnten diese Anlagen konstruiert haben, um sich gegen die fortschreitende Verschmutzung und Vergiftung des Meeres zu schützen. Da die Erde ja ein riesiger Dynamo ist, wäre es in diesem Zusammenhang denkbar, die Erde durch das Verlegen elektromagnetischer Leitungsnetze zu »verdrahten« und durch das Auslösen entsprechender Impulse sogar die Umdrehung der Erde zu ändern.

Der Gedanke, die Erde selbst anzuzapfen, erinnert ebenso an antike Überlieferungen wie an vergleichsweise neue Theorien. Diese beziehen sich auf die großen Kraftquellen der Atlantis, jene vielleicht auf dem Grund der Sargasso-See liegenden kristallenen Laserkomplexe, die nach Jahrtausenden zum Teil immer noch funktionieren und elektromagnetische Aberrationen verursachen, die das technische Versagen oder die Vernichtung von See- und Luftfahrzeugen zur Folge haben.

Natürlich stellen wir unsere Vermutungen über die Gründe, die den Besuchen außerirdischer Wesen zugrunde liegen, und die Absichten, welche diese Wesen verfolgen, in einer Weise an, die über den uns vertrauten Denkrahmen nicht hinausgeht. So kann man ohne weiteres auch annehmen, daß die Besucher gekommen sind, um uns vor uns selbst zu schützen. Andere, weniger optimistische Beobachter haben hingegen vermutet, die Besucher wären nicht in der Absicht gekommen, uns zu schützen, sondern um uns zu berauben. Diese Annahme erscheint logisch, wenn man die Anzahl von Flugzeugen, Booten, Schiffen und ihren Besatzungen in Betracht zieht, die innerhalb des Bermuda-Dreiecks verschwunden sind.

Dr. John Harder, Professor für Maschinenbau in Berkeley und UFO-Forscher, stellte die ungewöhnliche, aber wenig schmeichelhafte Theorie auf, die Erde könnte eine Art »kosmischer Zoo« sein, »abgeschlossen vom Rest des Universums«, in welchem »die Wärter gelegentlich eine Stichprobe zur Kontrolle der Einwohner vornehmen«.

Eine andere zur Diskussion gestellte Theorie besagt, daß die Besucher der Menschheit indifferent gegenüberstehen, da sie mit eigenen, von uns heute noch nicht vorstellbaren Zielen beschäftigt sind, und daß all diese »Unfälle« (wir wissen ja immer noch nicht mit Bestimmtheit, ob jemand der Verschwundenen gestorben ist) versehentlich, durch Projektion in das Ionisationsfeld, zustande gekommen sind.

Diese Theorie hat Zeitungsschreibern die periodisch wiederkehrende Gelegenheit zu Schlagzeilen wie »Versunkene Atlantis existiert und kidnappt Schiffe und Flugzeuge« gegeben. Die Möglichkeit, daß ein Laserstrahl ein Flugzeug zerstören oder in Atome auflösen kann, ist denkbar. Die Idee jedoch, daß Kraftanlagen oder kolossale Laser-Komplexe nach ihrem vor Jahrtausenden erfolgten Versinken immer noch funktionieren könnten, scheint lächerlich, da Riesenlaser, so wie wir sie uns vorstellen, gewartet und bedient werden müßten.

Nun, Laser sind in unserer Welt eine vergleichsweise junge Entdeckung, und es ist wahrscheinlich, daß sie in Zukunft zu einem noch viel höheren Grad der Perfektion entwickelt werden. Der (noch nicht entwickelte) ultraviolette Laser wird beträchtlich mehr Energie besitzen als die Röntgen-Laser. Das wird auch bei den von gespeicherter Sonnenenergie aus operierenden Lasern der Fall sein oder bei solchen, die vielleicht, wie im Fall von Atlantis, mit Energie gespeist werden, die aus dem Inneren der Erde stammt. Eine hochzivilisierte technologische Ära der Vergangenheit muß sich ja nicht unbedingt in der gleichen Weise oder in der gleichen Abfolge entwickelt haben wie unsere eigene, noch müßte sie den gleichen Beschränkungen unterliegen, die heute nach wie vor unsere sich weiterentwickelnde Technologie hemmen.

Prüft man die Fälle spurlosen Verschwindens im Bermuda-Dreieck, so stellt man fest, daß es einen einzigen roten Faden gibt, der diese Ereignisse miteinander verbindet: Die Schiffe und Flugzeuge sind entweder völlig verschwunden, oder sie werden ohne ihre Besatzungen und Passagiere gefunden. Manche dieser Vorfälle können durch ungewöhnliche Umstände oder durch das Zusammentreffen von Schlechtwettereinbrüchen und menschliches Versagen erklärt werden. Viele der Geschehnisse fanden aber bei klarem Wetter, nahe dem Hafen, der Küste oder dem Flugplatz statt und bleiben — den zur Zeit bestehenden Vorstellungen gemäß — anscheinend unerklärlich.

Zur Geschichte des Bermuda-Dreiecks gehören von den Nebeln antiker und moderner Legenden umwölkte Ereignisse ebenso wie das unerklärliche und sichtlich periodisch auftretende Fehlverhalten von Naturkräften, aber auch Theorien von Physikern, die, wenn auch noch unbewiesen, unser Weltbild völlig umgestalten könnten. Das Bermuda-Dreieck stellt die Verbindung zu verlorenen und versunkenen Ländern, zu vergessenen Zivilisationen und zu Erdbesuchern her, die seit Jahrhunderten zu uns kommen, deren Herkunft und Absichten aber nach wie vor unbekannt sind.

Es ist freilich wesentlich leichter, einfach zu behaupten, das Bermuda-Dreieck existiere nur in der Einbildung von Mystikern, Anhängern von Kulten, Abergläubischen und Sensationshungrigen, als Theorien aufzustellen, die eine Erklärung des zur Zeit noch Unerklärlichen versuchen. Einer der Kommentatoren, der glaubt, daß im Bermuda-Dreieck nichts anderes passiert sei als eine Häufung von Unfällen, von denen jeder einzelne erklärt werden könne, hat festgestellt, daß die, »die an das Bermuda-Dreieck glauben, auch an Seeschlangen glauben«. Nun, wenn das eine nicht existiert, so muß das ja nicht unbedingt ein Beweis dafür sein, daß es auch das andere nicht gibt; und wenn eine Seeschlange endgültig und zufriedenstellend identifiziert ist, so muß das noch lange nicht bedeuten, daß andere Seelegenden dadurch glaubwürdiger werden.

Im allgemeinen sind die Menschen nicht willens, sich mit rätselhaften Erscheinungen auseinanderzusetzen, die nicht völlig erklärt oder in für sie verständlichen Begriffen erläutert werden können. Es ist beruhigender, sich nur mit dem zu beschäftigen, was uns im Umkreis der körperlichen Welt entgegentritt, als mit einer unbekannten Gefahr konfrontiert zu werden. Wenn ein Phänomen nicht erklärt werden kann, so ist es am besten, es einfach zu ignorieren — beruhigender und in mancher Hinsicht auch naiver. Aber die Zeit der wissenschaftlichen Naivität und der stillschweigend mit inbegriffenen Beruhigung ist vorbei. Endgültig vorbei seit dem Morgen des 16. Juli 1945 in Alamogordo, New Mexico, als die Atomtheorie ihren eigenen, schlüssigen Beweis erbrachte, nicht länger eine Theorie zu sein.

Wir leben heute in einer Welt, wo die Grenzen von Wissenschaft und Pseudowissenschaft fließend sind — einer Welt, wo Dinge, die einst für magisch oder für Träume von Magiern gehalten wurden, nun von der Wissenschaft anerkannt und durch wissenschaftliche Nomenklatur begreifbar gemacht wurden. Biologen können heute Leben erzeugen, Kälte-Biologen werden bald imstande sein, menschliches Leben durch das Einfrieren lebendiger Körper für immer zu bewahren. Die erträumte Verwandlung von starren Bildern in die beweglichen des Films ist Wirklichkeit geworden. Psychokinese, das Bewegen von Objekten durch die Kraft des Willens, ist nicht länger eine Sache frivoler Schwindler, sondern ernsthaft experimentierender Forscher. Telepathie in und aus dem Weltraum ist Gegenstand der Forschung bei beiden führenden Weltraummächten. Der Traum des Alchimisten, die Verwandlung der Materie, ist nicht länger unmöglich, und der einzige Grund, der das Verwandeln von Blei in Gold verhindert, ist der, daß es zu teuer käme (!).

Kosmisch betrachtet hat der Himmel der Wissenschaft so große Sprünge bekommen, daß manche von denen, die es vorziehen, auf sicherem und vertrautem Grund zu stehen, verwirrt sind und sich nicht mehr zurechtfinden. Die mögliche Existenz von Antimaterie, die Krümmung von Raum und Zeit, neue Konzepte von Schwerkraft und Magnetismus, die vermutete Existenz von dunklen Planeten in unserem eigenen System, von nach innen explodierenden Sonnen, neuen Sternen und kleinen

Materieteilchen, die schwerer sind als ganze Planeten, von Quasaren und dunklen Löchern im Weltraum, die Vorstellung eines unendlichen Universums, das sich jenseits unseres durch Fernrohre einsehbaren Gesichtskreises zu Millionen von unentdeckten Milchstraßen ausdehnt, das ist das verborgene Wissen, das uns erwartet. Wir eilen mit so großer Beschleunigung vorwärts, daß kein »Geheimnis« uns überraschen sollte, nur weil es nicht logisch erklärbar erscheint.

Das Bermuda-Dreieck, ein Gebiet, das in einer vertrauten Gegend unseres Planeten liegt, obwohl es vielleicht mit Mächten in Verbindung steht, von denen wir noch nichts (aber vielleicht doch bald etwas) wissen, könnte eines dieser Geheimnisse sein. Als biologische Spezies nähern wir uns jetzt der Reife. Wir können uns der Suche nach mehr Wissen oder nach neuen Erklärungen nicht entziehen, sei es in dieser Welt oder jenseits von ihr.

Der Autor möchte folgenden Personen (oder Organisationen), die zu diesem Buch Ratschläge, Anregungen, Sachgutachten, Informationen oder Fotos beigesteuert haben, seine Dankbarkeit ausdrücken. Ihre Erwähnung besagt aber nicht, daß sie von den in diesem Buch aufgestellten Theorien wissen oder sie akzeptieren, es sei denn, es wird ausdrücklich darauf hingewiesen.

Besonderen Dank schuldet der Autor Dr. J. Manson Valentine, Ehrenkurator des Museum of Science in Miami und Forschungsassistent des Bishop Museum in Honolulu, für seine Zeichnungen, Kartenskizzen, Fotos und (im Text zitierten) Interviews.

Die übrigen Namen werden in alphabetischer Reihenfolge angeführt:

Lebaron Barker, Verleger
Norman Beam, Autor, Vortragender, UFO-Forscher
José María Bensaúde, Präsident der Navecor-Linie, Portugal—Azoren
Valerie Berlitz, Autorin, Künstlerin
Boeing Commercial Airplane Company
Hugh Auchincloss Brown, Ingenieur für Elektronik, Autor
Jean Byrd, Präsidentin, Isis
Edgar Evans Cayce, Elektroingenieur, Autor
Hugh Lynn Cayce, Präsident der »Gesellschaft für Forschung und Erleuchtung«
Diane Cleaver, Verlegerin und Autorin
Cynthia James Coffey, Forscherin, Schriftstellerin
Julius Egloff jr., Ozeanograph
Fairchild Industries

Mel Fisher, Taucher und Rettungsschwimmer
Athley Gamber, Präsidentin der Red Aircraft
Carlos González G., UFO-Forscher
Professor Charles Hapgood, Kartograph, Historiker, Autor
Dr. Bruce Heezen, Ozeanograph, Autor
Captain Don Henry, Schiffskapitän, Taucher
Robert Hieronimus, Autor, Künstler, Präsident der AUM
J. Silva Júnior, Direktor der »Terra Nostra« auf den Azoren
Theodora Kane, Erzieherin, Künstlerin
Edward E. Kuhnel, Rechtsanwalt (Spezialist für Seerecht)
Library of Congress
Captain Gene Lore, Chefpilot der TWA
Howard Metz, Pyramidenforscher
Albert C. Muller, Strahlenphysiker
National Archives and Records Service
Alan C. Nelson, Sportsegler
Thomas O'Herron, US-Botschaft, Lissabon
Arnold Post, Autor, Ozeanograph, Taucher
Reynolds Metals Company
Ivan T. Sanderson, Forschungsreisender, Zoologe, Autor, Begründer der SITU
Sabina Sanderson, Autorin, Forscherin, Direktorin der SITU
Gardner Soule, Autor, Ozeanograph
John Wallace Spencer, Autor, Vortragender, UFO- und Bermuda-Dreieck-Forscher
Joe Talley, Schiffskapitän
Jim Thorne, Ozeanograph, Schiffskapitän, Taucher, Autor
Carl Payne Tobey, Mathematiker, Astronom, Astrologe, Autor
Carolyn Tyson, Marinemalerin
Paul J. Tzimoulis, Ozeanograph, Autor, Verleger, Fotograf
United States Air Force
United States Coast Guard
United States Navy
Vijay Verma, Staatliches indisches Touristenbüro
Charles Wakeley, Flug- und Hubschrauberpilot

G. Theon Wright, Autor, Forschungsreisender, Parapsychologe
Roy H. Wirshing, Lieutenant Commander, USN-Ret., Vortragender, Autor
Robie Yonge, Pilot, Kommentator, UFO-Forscher

Bibliographie

Vor der Erwähnung einiger Bücher, auf welche in diesem Werk Bezug genommen wird, will der Autor die Aufmerksamkeit des Lesers auf die *Bermuda Triangle Bibliography* lenken, die von Larry Kusche und Deborah Blouin an der Arizona State University im April 1973 zusammengestellt wurde. Sie enthält zahllose Hinweise auf Bücher, Zeitungs- und Zeitschriftenartikel, die das Bermuda-Dreieck zum Thema haben. Diese Bibliographie zitiert zwar Hunderte von Autoren, aber die greifbarsten und vollständigsten Hinweise auf das Phänomen Bermuda-Dreieck finden wir in den Werken von Sanderson, Spencer und Gaddis, die tieferstehend angeführt sind.

Barker, Ralph, *Great Mysteries of the Air*, London 1966

Berlitz, Charles, *Mysteries from Forgotten Worlds*, New York 1972

Die Bibel, King-James-Ausgabe

Blumrich, J., Die Raumschiffe des Propheten Ezechiel und ihre Bestätigung durch moderne Technik, Econ-Verlag 1973. Amerikan. Ausgabe: *The Space Ships of Ezekiel*, New York 1973

Bosworth, A. R., *My Love Affair with the Navy*, New York 1969

Briggs, Peter, *Men in the Sea*, New York 1968

Brown, Hugh Auchincloss, *Catalysms of the Earth*, New York 1967

Burgess, Robert F., *Sinkings, Salvages, and Shipwrecks*, New York 1970

Carnac, Pierre, *L'histoire commence à Bimini*, Paris 1973

Chevalier, Raymond, *L'avion à la découverte du passé*, Paris 1964

Edwards, Frank, *Stranger Than Science*, New York 1959
—, *Strangest of All*, New York 1956
Freuchen, Peter, *Peter Freuchen's Book of the Seven Seas*, New York 1957
Fuller, John G., *Incident at Exeter*, New York 1966
Gaddis, Vincent, *Invisible Horizons*, Philadelphia 1965
Gaston, Patrice, *Disparations mystérieuses*, Paris 1973
Godwin, John, *This Baffling World*, New York 1968
Gould, Rupert T., *Enigmas*, New York 1965
Keyhoe, Donald E., *Flying Saucer Conspiracy*, London 1955
Kosok, Paul, *Land, Life and Water in Ancient Peru*, New York 1965
Mahabharata, übersetzt von Protap Chandra Roy, Kalkutta 1889
Mahavira
O'Donnell, Elliot, *Strange Sea Mysteries*, London 1926
Sagan, Carl, *Intelligent Life in the Universe*, San Francisco 1966
Sanderson, Ivan T., *Invisible Residents: A Disquisition upon Certain Matters Maritime, and the Possibility of Intelligent Life Under the Waters of This Earth*, New York 1970
—, *Investigating the Unexplained*, Englewood Cliffs, New Jersey, 1972
Snow, Edward Rowe, *Mysteries and Adventures Along the Atlantic Coast*, 1948
Soule, Gardner, *Undersea Frontiers*, Chicago 1968
—, *Ocean Adventure*, New York 1964
—, *Wide Ocean*, Chicago 1970
—, *Under the Sea*, New York 1971
Spencer, John Wallace, *Limbo of the Lost*, Westfield, Mass., 1969
Steiger, Brad, *Atlantis Rising*, New York 1973
Stewart, Oliver, *Danger in the Air*, New York 1958
Stick, David, *Graveyard of the Atlantic*, Chapel Hill 1952
Titler, Dale, *Wings of Mystery, Riddles of Aviation History*, New York 1966

Tomas, Andrew, *We Are Not the First*, London 1971; dt.: »Wir sind nicht die ersten. Auf den Spuren eines uralten Wissens«, Hieronimi 1972
Tucker, Terry, *Beware the Hurricane!*, Bermuda 1966
Villiers, Alan, *Wild Ocean*, New York 1957
Waters, Frank, *Book of the Hopi*, New York 1969
Wilkins, Harold T., *Flying Saucers on the Attack*, New York 1954
—, *Strange Mysteries of Time and Space*, New York 1959